国宏智库青年丛书

农村土地承包经营权流转制度改革与实践研究

李红娟◎著

中国社会科学出版社

图书在版编目（CIP）数据

农村土地承包经营权流转制度改革与实践研究 / 李红娟著.
—北京：中国社会科学出版社，2021.5
（国宏智库青年丛书）
ISBN 978 - 7 - 5203 - 7872 - 7

Ⅰ.①农… Ⅱ.①李… Ⅲ.①农村—土地承包制—土地
流转—研究—中国 Ⅳ.① F321.1

中国版本图书馆 CIP 数据核字（2021）第 023263 号

出 版 人　赵剑英
策划编辑　喻　苗
责任编辑　刘凯琳
责任校对　任晓晓
责任印制　王　超

出　　版　中国社会科学出版社
社　　址　北京鼓楼西大街甲 158 号
邮　　编　100720
网　　址　http://www.csspw.cn
发 行 部　010 - 84083685
门 市 部　010 - 84029450
经　　销　新华书店及其他书店

印　　刷　北京明恒达印务有限公司
装　　订　廊坊市广阳区广增装订厂
版　　次　2021 年 5 月第 1 版
印　　次　2021 年 5 月第 1 次印刷

开　　本　710×1000　1/16
印　　张　16
字　　数　239 千字
定　　价　89.00 元

农村土地承包经营权流转制度是我国土地制度改革创新的重要实践成果,是新时期深化农村改革、促进城乡融合发展的重要途径。我国的农村土地承包经营权制度改革,从施行家庭联产承包责任制的集体所有、家庭承包经营的"两权分离",到农村土地所有权、承包权、经营权"三权分置",始终围绕着推动农村生产关系适应市场经济发展,农地产权解构与重构的脉络展开。通过土地承包经营权流转,把农村土地资源进行再次配置和优化农村土地产权结构,提高资源配置效率,实现农民的土地财产权益,拓展农民增收渠道和壮大农村发展经济基础。农村土地承包经营权流转不仅涉及农村和农业经济的高效可持续性发展,更牵涉到农村土地权利关系的稳定、资源公平分配以及社会和谐健康发展。农村土地承包经营权法律制度是实现土地承包经营权依法流转的前提条件,是土地承包经营权流转有法可依、有法能依的重要制度保障。农地制度变迁不是孤立发生的,而是嵌入在国家发展的宏观战略之中,国家现代化道路在农地这种要素上的体现。近年来,随着乡村振兴战略实施和农地"三权分置"改革的深化,土地承包经营权流转法律制度改革始终是学术界和实务界共同关注的焦点,是国家"三农"问题制度设计和改革创新的一个着力点。

本书从农村土地承包经营权流转法理基础入手,分析和论证当前农村土地承包经营权流转的基本法律逻辑。梳理现行法律框架下,关于农地承包经营权流转内涵界定、相关研究学术观点,并结合政策演进路径,判断和分析未来农地产权制度改革发展的趋势。提出农村土地承包经营权的流转含义有两个层次，其一是不改变农村土地所有权权属，保留农村土地承包权，流转农村土地经营权；其二是流转期限限定下，土地使用权收益以债权方式让渡给他人的一种法律形态。在对农村土地承包经营权流转的含义、动因、流转的形式和权利特征等论证分析基础上，进一步深入分析农村土地承包经营权"三权分置"制度改革之法律逻辑，认为"三权分置"中"承包权""经营权"过渡阶段的制度改革的政策性产物，并非新设了一项土地权利，农地经营权流转法律关系受合同法和债权相关法律法规调整。

理论的研究往往不能脱离实践而单独存在，以问题为导向、以权利的保障和实现为目标的理论研究更贴近于现实需要。本书第二章、第三章、第四章对农村土地承包经营权流转进行了实证考察和总结，并剖析了当前农地流转存在的主要问题、矛盾纠纷及改革障碍。其中，第二章以农地流转中的审判案例为分析，系统分析和归纳近些年农地流转实践中出现的法律纠纷主要类型、特征、化解路径等。第三章为地方实践的改革创新模式分析，选取各地富有成效的试点改革创新案例，主要做法及经验启示。第四章是结合前边的基础理论和实证分析，研究实践中农地流转存在的主要问题。分析总体思路为，司法案例总结—实践改革创新模式分析—主要问题提炼和剖析，形成来源于实践回归于实践的分析路径。

从案例分析的结果看，我国农村土地承包经营权流转纠纷大量产生跟利益驱动、法律意识不强、法律制度不完善、政策不稳定、农村土地制度供给不足有很大关系。其中，法律问题主要表现在农村土地承包经营权流转法律关系不清、法律体系不完善、缺乏协调性，流转规则不清晰、流转方式规则不明确、实现配套机制不完善，土地流转法律关系不够清晰，流转方式的规则不明确等。从各地改革实践改革创新模式考察结果来看，当前的农村土地流转相关配套制度存在诸多不足，包括农村土地流转合同制度欠缺、抵押制度不健全、流转登记制度不完善、流转侵权救济不力等问题。这些问题阻碍了农村土地制度改革的进程，也给土地流转留下了隐患，并且产生了各种的土地矛盾和纠纷，影响社会的和谐稳定，甚至造成了群体性事件，亟须进行法律制度的完善和配套体制机制支持的跟进，进而保障依法改革有序推进农地产权自愿有偿流转和退出。

在理论基础分析和实证考察基础上，以问题为导向，以保护农民土地权益和促进农村经济发展为目标，结合我国国情和各地试点制度创新有益探索经验，针对性地提出了完善我国农村土地承包经营权流转制度完善的建议。包括理顺农村土地承包经营权流转法律关系，明确农地承包经营权流转法律主体、成员资格权确认标准、"三权分置"各项权利的边界、完善农村土地流转实现方式和具体规则、完善农村土地承包经营权流转合同制度、完善农村土地确权登记制度，完善农地抵押权法律关系、健全抵押风险防范机制、积极培育专业的农村土地承包经营权流转社会组织，发挥第三方平台在土地流转中的作用、完善农村土地承包经营权流转救济制度等，构建多层次、全方位、立体式的农村土地承包经营权流转权益保护体系。

目 录

Contents

第一节　研究背景和意义

我国正处在一个城乡融合、农业现代化、农民居民化、农村社区化的高速发展过程中，土地制度进行较大幅度改革和调整、社会结构和产业结构也在运动式的转变。随着城市化进程的不断推进和大量农民外出务工，许多拥有农村土地承包经营权的农民不再耕种土地，而是选择将土地转让于他人从事农业生产，或者干脆撂荒。在农村土地承包经营权流转过程中，土地承包经营权与经营权的分离，使得土地权利和主体都处于不确定状态。当前，在乡村振兴战略下，农村土地承包经营权流转的速度和力度持续加大，土地流转矛盾和纠纷也更加突出，如何在稳定土地权利关系和保护农民土地权益框架下，改革和创新农地产权制度，定分止争，是一个现实的问题。

一　国家政策大力支持和鼓励农村土地承包经营权流转

近年来，国家出台一系列的政策对农民土地权利进行确权，鼓励农村土地承包经营权流转，并对农村土地承包经营权的权属提出了新的规定。其中，2014 年中央一号文件提出要培育新型土地经营主体，引导农村土地经营权流转。① 2015 年 1 月 22 日《国务院办公厅关于引

---

① 2014 年 11 月 20 日，中共中央办公厅、国务院办公厅印发了《关于引导农村土地经营权有序流转　发展农业适度规模经营的意见》，提出引导土地经营权有序流转，坚持家庭经营的基础性地位，积极培育新型经营主体，发展多种形式的适度规模经营，巩固和完善农村基本经营制度。

导农村产权流转交易市场健康发展的意见》首次明确将农村土地的"所有权""承包权""经营权"进行"三权分置"。2015年10月11日,党的十六届五中全会通过的《"十三五"规划》再次提出要依法流转农村土地。①2016年10月30日,由中共中央办公厅、国务院办公厅联合发布的《关于完善农村土地所有权承包权经营权分置办法的意见》,强化了土地经营权的物权保护的法律地位。2017年10月31日,中国的土地承包法修正案草案明确提出在稳定土地关系的情况下,推动农村土地承包经营权流转的规定。②2018年2月4日,中共中央办公厅、国务院办公厅发布《中共中央国务院关于实施乡村振兴战略的意见》,提出依法推进农村土地承包经营权"三权分置"和"平等保护土地经营权"的要求。③2019年2月19日,中共中央、国务院发布《关于坚持农业农村优先发展做好"三农"工作的若干意见》,强调完善落实集体所有权、稳定农户承包权、放活土地经营权的法律法规和政策体系。2020年2月5日《中共中央 国务院关于抓好"三农"领域重点工作 确保如期实现全面小康的意见》提出全面推开农村集体产权制度改革,有序开展集体成员身份确认、集体资产折股量化、股份合作制改革等试点改革工作,激活市场、激活要素、激活主体。这些鼓励和发展土地承包经营权流转政策的出台,是对农地承包经营权流转的法律制度体系的有益的补充,也为下一步的土地制度改革创新提供了方向指引,但是与此同时,也暴露出现有的农地承包经营权流转法律制度和法律理论的供给不足,缺乏整体性、系统性、协调性的法律体系配套支撑,尤其是在对各项权利属性的界定、对现实法律问题的解决和应对、对各项权利关系的调整等方面显得捉襟见肘。

---

① 《中共中央关于制定国民经济和社会发展第十一个五年规划的建议》提出"依法流转土地承包经营权,发展多种形式的适度规模经营"。

② 土地承包法修正案草案明确提出"国家依法保护农村土地承包关系稳定并长久不变,为给予农民稳定的土地承包经营预期,耕地承包期届满后再延长三十年"。

③ 中共中央办公厅、国务院办公厅发布《中共中央国务院关于实施乡村振兴战略的意见》,提出依法推进农村土地承包经营权"三权分置"和"平等保护土地经营权"的要求。"完善农村承包地'三权分置'制度,在依法保护集体土地所有权和农户承包权前提下,平等保护土地经营权。"

二　全国各地推进农村土地承包经营权流转的制度创新

近年来，按照国家土地承包经营权流转试点改革要求，全国各地以不同形式和方式推进农村土地承包经营权流转的模式创新，深入贯彻落实中央、省、市城乡融合改革各项决策部署，以促进城乡要素资源自由流动为目标，深入推进统筹城乡综合配套改革，探索打通农村土地承包经营权市场化路径，促进了城乡生产要素自由流动，并取得了卓有成效的经验积累。同时，随着土地流转制度改革进程的深入，在改革实践创新中也遇到了诸多法律障碍和困惑，农地流转制度改革缺乏系统性顶层设计和立法保障不足，加之各地在模式创新改革中进展太快，而相应的配套保障制度跟进较慢，一些潜在的问题和深层次矛盾开始浮出水面，制约农村土地制度改革红利释放，影响制度创新纵深拓展，使农村土地承包经营权流转有效运行面临较为严峻的考验。[1]例如，农村土地承包经营权流转方式和规则不明确，土地流转配套制度衔接不畅等，不能为实践土地流转创新提供有效的操作依据和法律制度支撑。由于缺乏规范化的流程、程序设计，导致土地流转制度改革标准不统一，改革创新随意性仍然较大。为此，需要探讨农地流转制度改革不足之处，补短板，强弱项，防范农村土地流转风险，以便更好的服务于当前的农村土地承包经营权流转改革创新，保护新形势下农民的土地权益，发挥法律在农村土地产权改革中的保障作用。

三　现行法律制度和理论研究不能有效供给发展的需求

农村土地承包经营权流转深入和推进农村经济体制改革的一项重要任务，对实现规模化经营、提高土地利用效率和增加农民收入有重要的现实意义。由于法律的滞后、不健全、制度的供给不足等原因，农村土地承包经营权流转过程中存在诸多的矛盾和纠纷，有的甚至演

---

[1]　鲍卫翔：《对当前市场监管体制机制运行的若干思考——以温州市场监管系统为例》，《中国市场监管研究》2016 年第 2 期。

变成为极端的集体性事件，影响社会的稳定与和谐。例如，农村土地承包经营流转内涵法律界定问题，农村土地流转新型主体确定和权利确定、土地承包经营权流转对象、范围界定及流转方式问题、土地承包经营权与其他两项土地权利法律关系性质问题，对农村土地承包经营权的主体识别问题，农村土地承包经营权继承性质问题，土地承包经营权合同纠纷问题，对下乡工商资本的风险防范和利益保护问题等。因此，亟须以问题为导向对这些问题进行归纳、总结、分析、寻找应对路径。综上，由于发展农村经济和改革创新形势所迫，实践问题倒逼，需要理论结合实践，进行理论和实证系统的研究和分析，为农村土地承包经营权流转的制度完善和实践改革创新提供有价值的参考。

第二节　研究思路和框架

一　研究思路

本书研究思路主要基于三个层次推进：

首先，从理论层面对农村土地承包经营权流转进行法律分析和逻辑探讨。从农地权利流转涉及的法律规定入手，考察其含义和法律逻辑。结合当前改革实践和基础法学理论，对"三权分置"框架下，农地所有权、承包权、经营权的权利来源、属性予以辨析，试图在此基础上区分和厘清三项权利各自的边界、流转规则和实现路径。

其次，关于农地承包经营权流转实证考察和剖析。分两个层次进行，其一是对农村土地承包经营权流转中的司法案例进行总结和分析，从具体审判实践中找出当前困扰土地流转权利实现的障碍，矛盾纠纷的表现形式以及背后指向的原因；其二是就当前全国各地改革实践中农地流转模式创新进行考察和论证。在试点地区等调研的基础上，深入剖析当前形势下农村土地承包经营权流转的新情况、新形式、新特点以及突出问题和障碍。总结、归纳和分析阻碍农地安全、顺畅、有效流转问题的根源，从体制、制度、机制等不同角度归纳探讨，并分析其形成的原因。

最后，结合当前农村土地承包经营权流转改革的需要和农村土地权利发展趋势，以实现农民财产性权利和保护农民土地权益为出发点，从不同的角度层面提出农地流转制度及相关体系的完善建议，并在整体研究分析基础上，提出具体的对策实施路径，为我国农地承包经营权流转的立法、司法、执法、改革实践提供有价值的参考。

二 主要内容

本书的研究总共分为五章：

第一章，从农村土地承包经营权流转的基本含义入手，考察现行法律体系框架下，农村土地承包经营权流转的法律界定、学界对农村土地承包经营权流转的各种观点；辨析在农地流转模式下，土地承包经营权的主体构成类别；讨论了学界对农村土地承包经营权属性界定的各类看法；从农村土地承包经营权流转动因、形式、特点三方面分析农地承包经营权流转之法理；最后，对当前土地制度改革之"三权分置"从权利来源、基本属性及权责边界等方面，进行了论证和逻辑分析。

第二章，通过近年司法审判中较为典型的 15 个农村土地承包经营权纠纷案例分析，对我国农地承包经营权流转侵权纠纷形式进行了论证和分析。这些案例包括主体资格确认、土地流转合同效力确定、采用出租方式流转纠纷、采用转包方式流转纠纷、因为合同不规范等原因引起的纠纷等。

第三章，在实地调研考察基础上，归纳总结我国各地推进的农地流转制度改革的典型创新模式。一方面总结改革的主要做法，可复制可推广的经验启示，便于形成下一阶段的制度创新支撑；另一方面对各地改革中遇到的制度障碍和现实问题进行概括和分析，探讨问题背后所指向的深层次的原因。

第四章，在前三章论证和分析基础上，提出我国农地流转过程中面临的主要困难和障碍。有制度层面的，体制层面的，还有机制层面的。主要包括农村土地承包经营权流转法律体系不完善、缺乏协调性，流转规则不清晰、流转方式规则不明确、实现配套机制不完善，土地流转法律关系不够清晰，流转方式的规则不明确；流转合同制度欠缺、抵押制度不健全、流转登记制度不完善、流转侵权救济不力等问题。

第五章，关于我国农村土地承包经营权流转制度完善建议。坚持问题导向，以农民土地权益保护为目标，结合各地试点制度创新探索经验，针对性地提出了我国农村土地承包经营权流转制度改进路径和对策。包括明确农地承包经营权流转法律主体、农村集体成员资格权确认标准、"三权分置"各项权利的边界、权责实现方式、健全和完善农村土地承包经营权流转方式等；完善农村土地承包经营权合同制度，包括界定农地流转合同属性、健全合同管理制度、确立村规民约合同备案审查制度等；完善农村土地确权登记制度，完善农地抵押权法律关系、健全抵押风险防范机制、积极培育专业的农村土地承包经营权流转社会组织，发挥第三方平台在土地流转中的作用、加强农地流转侵权救济和风险防控等。

三 研究框架

研究框架如图1所示：

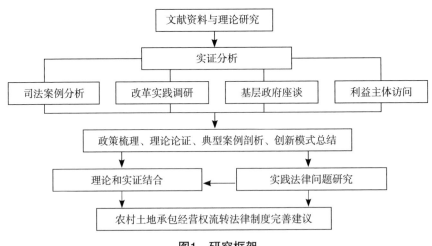

图1 研究框架

第三节　研究创新和不足

一　研究创新

（一）研究视角和方法上的创新

农村土地问题常见于作为经济学、管理学、社会学、人口学等学科的讨论和研究。在法学上的研究也往往偏向于政策方面的分析。另外，不同学术领域的研究各有侧重，研究目标和成果也是各为所用。本书交叉运用经济学与法学研究方法，研究目标力求兼具法律制度保障和提高经济效益，在农村土地承包经营权流转法律关系稳定、社会秩序安全的框架下，促进流转效率、提高流转经济效益的应用型研究。

（二）理论上的创新

将农村土地承包经营权的权利属性确定为债权，并认为该权利是制度改革过渡阶段的产物，其权利特征和性能具有不稳定性。认为农村土地承包经营权身份属性限制了流转，阻碍了农地财产性权利实现，不同属性的农地承包经营权权能决定了不同的流转形式。从农村土地权利法律关系上看，农村土地所有权是基础权利，集体经济所有权人对土地具有控制权；土地承包经营权是基于农村土地承包合同产生的权利，是用益物权，是所有权项下分离出来的使用权；承包权和经营权是市场经济发展下的制度创新形式，前者具有身份权性质，以物权形式实现，后者具有财产权性质，以债权形式实现。以上四项权利（所有权、承包经营权、承包权、经营权）之间的权能和属性表现如表1所示。

表1   农村土地权利属性关系

	主体	客体	权能	期限	属性
农村集体土地所有权	国家和集体经济组织	耕地、林地、草地、山岭、河滩地以及其他土地	占有、使用、收益和处分	永久	物权
农村集体土地承包经营权	本集体经济组织成员及其他单位、农户或个人	耕地、林地、草地以及其他用于农业的土地	占有、使用、收益	耕地30年；草地30年至50年；林地30年至70年	用益物权 有期限性 身份性 财产性
农村集体土地承包权	本集体经济组织成员	耕地、林地、草地以及其他用于农业的土地	收益	耕地30年；草地30年至50年；林地30年至70年	身份权 成员权 专属权
农村集体土地经营权	本集体经济组织外的个人或者单位	耕地	占有、使用、收益	按照合同约定；最长不能超过20年	债权 有期限性 财产性

（三）研究内容和结构的创新

以往的研究多见于纯理论的研究，或者纯案例的研究，或者纯改革前沿试点工作研究。本书在逻辑框架上，体现的是"理论＋实证＋前沿探索"结构，是一个既有理论支撑，又有实证考察，又结合到实践改革前沿应用的立体式的分析体系。包括对现有法律规定的分析、对农村土地承包经营权流转基本特征和热点内容的论证和回应，对前沿的制度改革理论"三权分置"进行深入的剖析，试图理顺法律逻辑下的权利边界问题，为后边的实证研究打下坚实的论证基础。

（四）实证分析案例选择和改革实践材料上的创新

本书最大的特色和亮点之处在于实证分析的扎实和深入性。实证分析分为两大类别，其一是在系统化理论分析基础上，甄别和寻找与之配套的典型案例进行剖析，力求做到理论研究与案例分析的融合；其二是各地模式创新调研考察，目标在于研究应用于前沿改革难题的应对。审判案例来自于现实存在的法律纠纷，具有代表性和指引性。而对于各地土地制度改革创新模式调研，绝大多数系作者亲自深入基层进行座谈、走访所得。材料数据新颖、真实可信、研究价值较高。

二　存在不足

（一）文献资料的限制

由于农村土地承包经营权更多的是社会学问题、经济学问题、管理学问题，学界关于该类问题的研究也见于非法学领域的论证。从理性的法学角度对农村土地承包经营权流转的制度构建、实现规则、退出机制、配套政策等进行系统的讨论。现有的研究也多见于制度宏观层面的分析，具体规则的设计和法理的剖析较少，这可能给本书的理论基础部分留下遗憾，也是下一步研究的重点。

（二）研究内容的限制

虽然按照作者所设计的研究内容，本书已经尽量全面覆盖，并且在原有计划上还增加了诸多研究主题，但是，按照笔者对农村土地承包经营权流转的浓厚兴趣以及理想的研究设计，在本书基础上，还有两部分的内容有待于深入研究，其一是关于林地承包经营权流转；其二是关于草地承包经营权流转。林权、草地流转是这几年新兴的土地承包经营权流转问题点，在学术界研究不多，但是实际问题频频出现，需要系统地展开研究，理论为实践问题解决提供支撑。这部分内容笔者也会在未来的研究中予以补齐。

农村土地承包经营权流转法理基础

在当前各地的农地承包经营权流转实践中，各种层次的纠纷层出不穷，侵权现象严重、法律意识淡薄、纠纷解决机制欠缺等，给农地顺畅流转和农民财产权实现造成了梗阻，究其原因，根本在于农村土地承包经营权制度上存在法律权属界定模糊、法律关系不明、权利边界划分不清等原因，这些问题的解决，直接影响土地制度改革的成效，关于农村社会的和谐有序发展。因此，首先需要对农村土地承包经营权流转的法律关系等进行法理的讨论。

第一节　农村土地承包经营权流转概念法律界定

一　农村土地承包经营权流转基本含义

（一）农村土地承包经营权法律规定

农村土地承包经营权是农民最重要的一项财产性的权利。我国农村土地承包经营权是在特殊历史环境下，经过土地制度改革实践和法律确认，最后形成中国特色土地权利制度体系。农村土地承包经营权概念界定，[①] 涉及法律法规较多，包括《宪法》《民法总则》《物权法》《农村土地承包

---

① 根据《中华人民共和国农村土地承包法》第 3 条规定，农村土地承包的方式分为"农村集体经济组织内部的家庭承包方式"和"采取招标、拍卖、公开协商等"对"四荒"土地进行承包的"其他承包方式"两种类型。本书所研究的内容和对象主要范围涉及的是农村土地承包经营权在流转过程中所涉及的法律理论问题和司法实践问题。

经营权法》《民法通则》《土地管理法》等法律，^①从不同的角度和层面提及了农村土地承包经营权，然而，从严格意义说来，目前法律法规中关于"农村土地承包经营权"尚未有明确的界定。其中，宪法中确立了"实行家庭承包经营为基础"的土地承包经营权制度，但对该项权利的基本内涵并未明确界定；^②《中华人民共和国民法通则》第80条第2款、第81条第3款首次从法律上为"农村土地承包经营权"概念理论分析提供了依据；^③但是这里所谓的"土地承包经营权"是狭义的概念；^④《中华人民共和国物权法》第125条从权能上规定了农村土地承包经营权的属性；^⑤《中华人民共和国土地管理法》第2条、第3条明确规定了农村土地承包经营权的主体、客体和范围；^⑥《中华人民共和国土地管理法》第12条从广义上对"农村集体土地承包经营权"进行

---

① 例如《宪法》第8条，《民法通则》第80条、第81条，《物权法》第125条，《农村土地承包法》第2条、第3条，《土地管理法》第12条，《农业法》第12条等。

② 《中华人民共和国宪法》第8条第1款规定："农村集体经济组织实行家庭承包经营为基础、统分结合的双层经营体制。农村中的生产、供销、信用、消费等各种形式的合作经济，是社会主义劳动群众集体所有制经济。参加农村集体经济组织的劳动者，有权在法律规定的范围内经营自留地、自留山、家庭副业和饲养自留畜。"

③ 《中华人民共和国民法通则》第80条第2款规定："公民、集体依法对集体所有的或者国家所有由集体使用的土地的承包经营权，受法律保护。承包双方的权利和义务，依照法律由承包合同规定。"第81条第3款规定："公民、集体依法对集体所有的或者国家所有由集体使用的森林、山岭、草原、荒地、滩涂、水面的承包经营权，受法律保护。承包双方的权利和义务，依照法律由承包合同规定。"

④ 这里所提的"农村土地承包经营权"是与森林的承包经营权、山岭的承包经营权、草原的承包经营权、荒地的承包经营权、滩涂的承包经营权、水面的承包经营权所并列的一个概念，属于狭义上的概念。

⑤ 《中华人民共和国物权法》第125条规定："土地承包经营权是土地承包经营权人对其承包经营的耕地、林地、草地等享有占有、使用和收益的用益物权。"

⑥ 《中华人民共和国农村土地承包法》第2条规定："农村土地，是指农民集体所有和国家所有依法由农民集体使用的耕地、林地、草地，以及其他依法用于农业的土地。"第3条规定："农村土地承包采取农村集体经济组织内部的家庭承包方式，不宜采取家庭承包方式的荒山、荒沟、荒丘、荒滩等农村土地，可以采取招标、拍卖、公开协商等方式承包。"

了范围界定，但是对其内容并未做出明确规定；①《中华人民共和国农业法》第12条、第13条确定了"农村土地承包经营权"的名称，同时规定了该项权利来源于法定或合同约定。② 据此，可以得出我国现行法律体系框架下，"农村土地承包经营权"主要指的是依法律规定或者合同约定，农村土地承包经营权主体所享有的农地（集体经济组织所有的土地、森林、山岭、草原、荒地、滩涂、水面等）使用权权能的总和。

（二）农村土地承包经营权流转观点

《农村土地承包法》第32条、第44条按照土地承包经营权取得方式不同（家庭方式和其他方式），将其分为物权性质和债权性质两种类型。③虽然农村土地承包经营权的流转是一个司空见惯的概念，然而对于这个概念内涵和外延，立法上尚未有明确的规定，学界一直存在争议。④

---

① 《中华人民共和国土地管理法》第12条规定："集体所有的土地，全民所有制单位、集体所有制单位使用的国有土地，可以由集体或者个人承包经营，从事农、林、牧、渔业生产。承包经营土地的集体或者个人，有保护和按照承包合同规定的用途合理利用土地的义务。土地的承包经营权受法律保护。"

② 《中华人民共和国农业法》第12条规定："集体所有或者国家所有由农业集体经济组织使用的土地、山岭、草原、荒地、滩涂、水面可以由个人或者集体承包从事农业生产。国有和集体所有的宜林荒山荒地可以由个人或者集体承包造林。个人或者集体的承包经营权，受法律保护。发包方和承包方应当订立农业承包合同，约定双方的权利和义务。"第13条规定："除农业承包合同另有约定外，承包方享有生产经营决策权、产品处分权和收益权，同时必须履行合同约定的义务。承包方承包宜林荒山荒地造林的，按照森林法的规定办理。"

③ 《农村土地承包法》第32条、第44条将土地承包经营权分为通过家庭承包方式取得的土地承包经营权和通过招标、拍卖等其他方式取得的土地承包经营权两种类型。这两种土地承包经营权无论在性质还是功能上均有明显的不同。前者具有物权的性质，兼有经济发展和生活保障双重功能；而后者表现为债权的性质，仅体现为经济发展功能。因此，在法律制度构造上，前者比后者要复杂得多。

④ 比如常见的与"农村土地承包经营权流转"经常同时使用的概念有"农地流转""土地流转""农村土地流转"等。有的学者将农地流转视为农地经营权的流转，就此认为农地流转就是拥有农地承包经营权的农户，保留承包权，将土地经营权（使用权）转让给其他农户或者经济组织经营的行为。也有学者根据我国《宪法》的规定，认为农村土地流转就是农村土地承包经营权流转的简称，主要是把农村土地的承包权或者使用权转让给其他农户或者组织的行为。这些是狭义方面的农村土地流转的概念界定。还有学者从比较宽泛的角度，将农地流转界定为在农地管理语境下，土地流转和土地功能的流转，农地流转是一种农地承包权或者使用权的转让和流通。参见罗骧《城市进化中的土地管理》，湘潭大学出版社2014年版，第53页。

关于"流转"的概念虽然大多数人认为是农村土地在农户、经济组织或个人之间的流转，也有少数人认为流转的主体包括国家。[①] 法学界关于土地承包经营权流转的讨论主要围绕家庭承包形式而展开，而对于以拍卖、招标等方式的农地流转概念，学术界争议不大。

对于农村土地承包经营权流转概念的界定，学界大致有四种观点：其一认为农地承包经营权流转即农地使用权转让，指的是从农村土地承包经营权中分离出农地使用权，进行使用权转让；[②] 其二是将农地承包经营权流转看作通过权利流通实现土地经济效益的制度，指的是通过一定的运作方式（转包、出租、抵押、作价入股等），土地承包经营权进入流通领域，在不同主体之间流动，并实现土地效益经营的制度；[③] 其三认为，土地承包经营权流转应根据不同的情况分别进行定义，即以家庭承包为主的农村土地承包经营权属于物权性质，以其他方式承包土地是债权性质的权利，不同属性流转行为所受的法律调整规范也存在区别；[④] 其四认为，土地承包经营权流转提法不符合法学术语格式，在法学上权利本身用转移，流转是用来描述权利客体的，农村土地承包经营权的转移是土地主体变更的过程，同时相应的土地权利关系也发生了变化。[⑤]

这些观点在不同语境下对农村土地承包经营权的含义进行了学术表达，有一个共同的特征，即在不改变土地用途的大的框架下进行概念的界定。这种是狭义的农地流转，土地权利关系主要发生在农户与农户之间、农户与集体经济组织之间、农户与其他经济主体之间等。从广义上的农村土地承包经营权流转看，国家与农户之间，国家与集

---

① 张成玉：《农村土地承包经营权流转的相关概念研究》，《甘肃农业》2013 年第 14 期。

② 张红宇：《中国农村的土地制度变迁》，中国农业出版社 2002 年版，第 140 页。

③ 陈小君等：《农村土地法律制度研究——田野调查解读》，中国政法大学出版社 2004 年版，第 280 页。

④ 蒋月等：《农村土地承包法实施研究》，法律出版社 2006 年版，第 75 页。

⑤ 胡吕银：《土地承包经营权的物权法分析》，复旦大学出版社 2004 年版，第 146 页。

体经济组织之间也存在着土地流转关系。① 土地承包经营权流转可分为两种形式：一是在不改变农村集体土地所有权的情况下，农户及其他农业生产经营者之间相互发生的土地承包经营权流转形式。这是狭义的也是我们通常理解的土地承包经营权流转形式，包括土地承包经营权转包、出租、互换、转让、入股、抵押等。二是在改变或者不改变农村集体土地所有权的情况下，农户与国家之间发生的土地承包经营权流转形式，包括土地承包经营权的征收与征用。② 农村土地承包经营权研究观点，反映出理论的表述与实践紧密结合，在不同的历史变迁时期，理论是对实践中认识偏差的矫正，而实践又是理论层面的完善与更新依据，要循序改革渐进规律，尊重政策的延承性，最终上升为法律制度来保障改革的效果和成果。

（三）农村土地承包经营权流转含义

农村土地作为一个系统，其流转过程涉及流转原则、流转方式、流转条件、流转程序和流转机制多个方面。其概念的界定是随着政策演进而不断变化，从最初的全面禁止流转到当前的全面推进产权制度改革，探索土地流转改革模式，促进农村增收，发展农村经济，农村土地承包经营权流转的含义也一直在不断更新与完善。党的不同时期

---

① 从广义上讲，土地承包经营权流转可分为两种形式：一是在不改变农村集体土地所有权的情况下，农户及其他农业生产经营者之间相互发生的土地承包经营权流转形式。而狭义的也是我们通常理解的土地承包经营权流转形式，包括土地承包经营权转包、出租、互换、转让、入股、抵押等。二是在改变或者不改变农村集体土地所有权的情况下，农户与国家之间发生的土地承包经营权流转形式，包括土地承包经营权的征收与征用。征收和征用是一种通常被忽略但事实上也具有传统民事权利流转性质的土地承包经营权流转形式。土地承包经营权的征收与征用通常被理解为行政行为，但从某种程度上讲，土地承包经营权征收与征用同样具有民事权利流转的合意性质，因此，从广义上讲，土地承包经营权征收与征用可视为土地承包经营权的特殊流转方式。参见左平良《土地承包经营权流转法律问题研究》，中南大学出版社2007年版，第5页。

② 这是一种通常被忽略但事实上也具有传统民事权利流转性质的土地承包经营权流转形式。土地承包经营权的征收与征用通常被理解为行政行为，但从某种程度上讲，土地承包经营权征收与征用同样具有民事权利流转的合意性质，因此，从广义上讲，土地承包经营权征收与征用可视为土地承包经营权的特殊流转方式。参见左平良《土地承包经营权流转法律问题研究》，中南大学出版社2007年版，第5页。

的政治主张和任务引领着农村土地经营政策的演进方向，公平与效率的协调伴随着农村土地经营政策演进的整个过程。[①]从概念的演进上看，农村土地承包经营权流转既非法律术语，也非严格意义上的学术术语，而是一个政策性术语。1984 年的中央一号文件规定农地承包期限为不低于 15 年，鼓励土地逐步向种田能手集中。这是第一次从政策文件上提出了流转的概念。1988 年《土地管理法》首次明确"土地使用权转让"的合法性，并规定农村征地补偿标准。2001 年第九届全国人大第四次会议批准的《国民经济和社会发展第十五个计划纲要》第一次提出了"农村土地承包经营权"概念。[②]2007 年《物权法》第 128 条则首次以立法形式明确了农村土地承包经营权流转概念及方式。2019 年9 月 26 日，农业农村部发布《农村土地经营权流转管理办法（修订草案征求意见稿）》（以下简称《流转管理办法》），本办法自 2020 年1 月 1 日起正式施行，对于流转范围进行了界定，对土地经营权流转，流转方式包括出租、入股等方式，工商企业等社会资本通过流转取得土地经营权应当具有从事农业经营的资质等，均进行了明确规定（见表 1-1）。

农村土地权利是一个权利束，包含了多项权能，因此农村土地流转涉及多种土地权能的流转，既包含农村土地使用权的流转，如出租、转包、代耕等，也包括农村土地承包经营权的流转，如农村土地承包经营权的转让、互换等，还包含了农村土地他项权的流转，如农村土地的抵押。从权利性质上而言，既不能将农地承包经营权流转简单地理解为农地使用权的流转，也不能将其概括地等同于农村土地经营权

---

① 韩宁：《中华人民共和国成立以来农村土地经营政策演进研究》，《重庆理工大学学报》（社会科学版）2020 年第 3 期。

② 《国民经济和社会发展第十五个计划纲要》指出"农户承包地使用权流转要在长期稳定家庭承包经营制度的前提下进行，农户承包地使用权流转必须坚持依法、自愿、有偿的原则"。

表1-1　不同历史阶段农地流转标志性的法律政策

时间	1978—1983年	1981—1987年	1988—2001年	2002—2005年	2006—2014年	2015年至今
标志	《中华人民共和国宪法》	中共中央《全国农村工作会议纪要》（1982年中央一号文件）、中共中央《当前农村经济政策的若干问题》（1983年中央一号文件）、中共中央《关于一九八四年农村工作的通知》、《中华人民共和国土地管理法》	《中华人民共和国宪法修正案》、《民法通则》、《国民经济和社会发展第十五个计划纲要》《中共中央关于建立社会主义市场经济体制的若干问题的决定》、中共中央《关于做好农户承包地使用权流转工作的通知》	《中华人民共和国土地承包法》	《中华人民共和国物权法》、中共中央、国务院《关于加大统筹城乡发展力度 进一步夯实农业农村发展基础的若干意见》（2010年中央一号文件）、中共十八届三中全会《中共中央关于全面深化改革若干重大问题的决定》	《民法典》《中共中央关于农村土地征收、集体经营性建设用地入市、宅基地制度改革试点工作的意见》《中共中央 国务院关于实施乡村振兴战略的意见》《农村土地经营权流转管理办法（修订草案征求意见稿）》
内容	任何组织和个人不可侵占、买卖或者以其他形式对土地进行非法转让	社员在承包期内，因无力耕种等原因可以将土地转包，但不能改变集体承包的合同内容	任何组织和个人不得侵占、买卖或者以其他形式非法转让土地，土地的使用权可以依法转让，有权依法自主决定承包地是否流转和流转的形式	稳定和完善土地承包关系；坚持土地集体所有不改变；土地承包经营权利和义务可以转让	农村土地承包经营权可以依法转让，以法律规定了农地流转的形式，健全流转市场，在依法自愿有偿流转的基础上发展多种形式的适度规模经营，赋予农民对承包地占有、使用、收益、流转及承包经营权抵押、担保权能，允许农民以承包经营权入股发展农业产业化经营	农村土地制度改革进入试点阶段，农地流转守住底线，试点先行。系统总结土地制度改革试点经验，逐步扩大试点，加快土地管理制度修改，完善农村土地利用管理政策体系
特征	土地流转概念未形成；农村土地所有权与承包经营权分离	小范围出现农地流转现象；承包地必须经过集体批准方可流转	稳定土地关系；坚持土地集体所有；流转用途不变，包、转让、互换、入股	法律上规范通过家庭承包取得土地承包经营权，建立土地承包经营权制度；实现土地所有权和使用权分离	完善农地质押担保及相关制度；完善农村土地流转市场	深化农村土地产权制度改革，深入推进农村土地流转改革，"三权分置"；完善农地流转制度，创新农地流转方式

的流转。① 从权利归属的角度看，农村土地承包经营权流转有两种层面的含义：其一是土地权属改变而用途未改变的流转。在这种流转层面里，土地用途未变，由于土地经营权从一方主体流转至另一方主体，土地利用关系发生了变化。例如农村土地承包经营权在集体内部转包、农村集体建设用地转让等。其二是土地的用途和权属均发生了改变的流转，这种方式的流转彻底改变了农村土地承包经营权的法律关系，例如通过土地征收形式而实现的土地流转。

从我国法律和政策的设置情况看，农村土地流转主要指的是在不改变土地用途、不改变土地所有权性质和不损害农民集体土地权益情况下，土地使用权在不同权利主体间的流动。② 本书对农村土地承包经营权流转的探讨主要采用狭义的概念内涵，主要是指在未改变农村集体土地所有权情况下，农村土地承包经营权在农户及其他农业生产经营者之间发生转移。这里的农村土地承包经营权的流转，是基于农村土地经营合同，在自愿的基础上所发生的土地利用关系的改变，不包括行政干预下土地权利关系的调整和改变（例如土地征用、征收、村组合并与分立等）。

---

① 根据《土地管理法》《农村土地承包法》《物权法》等法律规定，农民集体土地使用权是指农民集体土地的使用人依法利用土地并取得收益的权利。农民集体土地使用权可分为农用土地使用权、宅基地使用权和建设用地使用权。农用地使用权是指农村集体经济组织的成员或者农村集体经济组织以外的单位和个人从事种植业、林业、畜牧业、渔业生产的土地使用权。宅基地使用权是指农村村民住宅用地的使用权。建设用地使用权是指农村集体经济组织兴办乡（镇）企业和乡（镇）村公共设施、公益事业建设用地的使用权。农村土地承包经营权就是公民集体对集体所有或国家所有由全民所有制或集体所有制单位使用的国有土地的承包经营权。该项权利的权利主体为公民或集体；权利客体为集体所有土地或国家所有由全民所有制单位或集体所有制单位使用的国有土地；权利内容由合同约定。

② 主要包括农村土地承包经营权的流转、农村集体建设用地使用权的流转，农村宅基地使用权流转。2018年《中共中央 国务院关于实施乡村振兴战略的意见》提出，"探索宅基地的所有权、资格权、使用权'三权分置'改革，落实宅基地集体所有权，保障宅基地农户资格权和农民房屋财产权，适度放活宅基地和农民房屋使用权"，同时明确提出"不得违规违法买卖宅基地，要严格实行土地的用途管制，严格禁止下乡利用农村宅基地建设别墅大院和私人会馆"。在《宪法》《物权法》《土地管理法》中有关宅基地使用权不得流转的条款未修改前，中央的政策性文件是与法律相矛盾的。

二 农村土地承包经营权权利主体思辨

依据现行法律和政策规定，我国农村土地承包经营权的主体是发包权人和承包经营权人，[①] 客体是农村土地。[②] 农村土地承包经营权的承包方式为家庭承包，或者通过招标、拍卖、公开协商等方式承包及"入股分配承包"。[③] 其中，土地承包经营权发包人较为统一和明确，主要指的是村集体经济组织、村民委员会或村民小组。[④] 在理论和实践上，关于农地承包经营权流转发包权的范围界定不存在争议，而经营权人由于近年来新主体的多元化发展，存在界定不清、属性不明的情况。在司法实践中，以农村集体经济组织、村民委员会或村民小组为诉讼主体。而无论是从理论还是在司法实践中，关于农村集体承包经营承包权人的主体则较为多元，"农户"、户主、单位、个人等，法律规定不甚明确。[⑤] 土地

[①] 农村土地承包经营权主体根据法律和政策，包括农村集体经济组织、村民委员会、村民小组、农户、个人、新型农业经营主体等多种形式，这部分内容在本书后面关于农村土地承包经营权主体类型部分做详细阐述。

[②] 农村土地指的是农民集体所有和国家所有依法由农民集体使用的耕地、林地、草地，以及其他依法用于农业的土地。

[③] 入股分配承包方式主要是针对"四荒"地而言，四荒地可以由本集体经济组织内部农户和个人承包，也可以由集体经济组织以外的单位或者个人承包。具体操作是先将四荒的土地承包经营权折股分给本集体经济组织成员，然后再实行承包经营或者股份制合作经营，其中实行承包经营的本集体经济组织成员以其土地承包经营权的折股分享承包费等收益；实行股份合作制经营的，本集体经济组织成员从经营权益收益中获得股份分红。这样不管集体经济组织成员是否承包"四荒"土地，都能够以股份分红的形式获得一定的收益，有利于保护本集体经济组织成员特别是没有承包能力的成员的利益。

[④] 根据《农村土地承包法》第12条的规定，发包方的主体是农村集体经济组织、村民委员会或者村民小组。在村民小组集体所有的土地情形下，村民小组的利益是独立的，其法律地位也必须独立。此时发包方的主体只能是村民小组而不是村委会。因为村民小组发包土地是基于村民小组集体土地所有权的事实和依据《农村土地承包法》的规定代表村民小组集体进行的。

[⑤] 《农村土地承包法》第3条规定，农村土地承包采取农村集体经济组织内部的家庭承包方式。第15条规定，家庭承包的承包方是本集体经济组织的农户。《最高人民法院关于审理涉及农村土地承包纠纷案件适用法律问题的解释》第3条规定：承包方是指以家庭承包方式承包本集体经济组织农村土地的农户，以及以其他方式承包农村土地的单位或者个人。但在家庭承包方式中，如果承包方对其土地承包经营权进行转让后，承包方的主体也可以是本集体经济组织以外的单位、农户或者个人。因此，家庭承包经营权主体是以集体经济组织的户为单位，而非以该户的内部成员为单位。关于享有土地承包经营权的人员范围即资格问题，我国法律上没有统一规定，但各地在制定的《农村土地承包法》实施条例或办法中，对此做了相应规定。

承包经营权主体的界定不清，一方面给司法实践造成了法律适用上的援引困难，另一方面也使以户为单位的家庭承包经营权户内成员，尤其是特殊群体的权利归属陷入有名无实的境地。为此，有必要厘清土地承包经营权的主体制度，分析土地流转过程中主体之间的法律关系、构建土地承包经营权的流转法律保障体系，以保证流转中主体利益的合理实现。

（一）农村集体经济组织之成员权

农村土地承包权人所享有的土地权利与成员权有密切的关系，因为农村集体经济组织内部的成员都可以以户为单位承包集体的土地，这是一种根据成员权所应当享有的不得被任何人剥夺的权利。[1]农民集体由农民集体经济组织演化而来，农民集体经济组织随着公社制度的解体已经逐渐走向消亡，我国法律话语环境中的农民集体实际上是一个虚位化的民事主体，其实质是农民集体成员通过共有或者总有方式享有土地所有权的平台或者场域。[2]成员权又称为"社员权"，"社员权者（Mitgliedsrecht），社团法人之社员对于法人所有之权利也"，"其主要者则在社团之构成分子，参与社团之事业，即业务执行权、表决权是也"。[3]关于成员权的界定，学者理解不一。有学者并不认为成员权是一种权利，只是将其视为一种资格。[4]有学者将其定义为"某个团体中的成员依法律或者团体章程而对团体所享有的各种权利的总称"[5]。有学者定义为"社员对于社团所有权利、义务之总称也"[6]。农村集体经济组织成员权主要是从身份资格角度，界定集体经济组织内部成员对土地享有的权利和义务，是一组具有身份属性的权利束。

我国的法律法规和政策规定，集体是农村集体经济组织的财产的

---

① 王利明：《农村土地承包经营权的若干问题探讨》，《中国人民大学学报》2001年第6期；王利明：《物权法研究》，中国人民大学出版社2002年版，第460页。

② 侯德斌：《农民集体成员权利研究》，博士学位论文，吉林大学，2011年。

③ 侯德斌：《农民集体成员权利研究》，博士学位论文，吉林大学，2011年；史尚宽：《民法总论》，中国政法大学出版社2003年版，第25页。

④ 谢怀栻：《论民事权利体系》，《法学研究》1996年第2期，第69页。

⑤ 王利明：《民法学》，复旦大学出版社2004年版，第58页。

⑥ 胡长清：《中国民法总论》，中国政法大学出版社2003年版，第132页。

所有权人。例如,《中华人民共和国民法通则》第 74 条第 1 款、《中华人民共和国物权法》第 59 条第 1 款明确了集体经济成员权的概念及其所享有的权利。①法规规定在集体经济组织这个特定的范围内,其成员对土地所享有的权利,是农村集体成员权利产生之基础。虽然具有成员权资格是农村土地承包经营权的取得和纠纷处理的重要依据,但是集体经济组织成员权不必然就是集体经济组织承包经营权。在当前的法律语境下,农村集体经济组织成员权具有以下几点属性:一是具有身份性属性。农村集体组织成员权具有很强的身份性属性,身份权是其获得和使用的前提条件。只有拥有集体内部成员身份,才有权利享有集体经济组织的财产权利、土地权利、收益分配权,以及参与集体经济组织重大决策权和政治权利等。土地承包经营权虽然也是身份性权利,但是权利主体享有的是对土地的财产性权利,是用益物权,兼具物权属性和债权两种权利属性。二是集体经济成员权的主体是村集体经济组织范围内的农户和农民,主体较为单一。而农村土地承包经营权的主体较为多元,既可以是集体经济组织内部成员,也可以是集体经济组织外部成员,可以是个人,也可以是法人。三是集体经济组织成员权资格的取得和丧失需要通过法律的"确认"。集体成员权主要基于生死、血缘、婚姻、迁徙等法律事实而存在或者灭失,而农村土地承包经营权的取得既可以基于集体成员身份,也能够通过土地承包经营权流转而取得。

(二)土地承包经营权主体之农户

在我国的土地制度历史上,"户"始终扮演着重要的角色,以家

---

① 例如,《中华人民共和国民法通则》第 74 条第 1 款规定:"劳动群众集体组织的财产属于劳动群众集体所有。"《中华人民共和国物权法》第 59 条第 1 款则更加明确地规定:"农民集体所有的不动产和动产,属于本集体成员集体所有。"2015 年 11 月中共中央《深化农村改革综合性实施方案》指出,农村集体产权制度改革的核心是保障农民集体经济组织成员权,深化农村土地制度改革要明确界定农民的集体成员权,明晰集体土地产权归属,实现集体产权主体清晰。2016 年 10 月中共中央办公厅《关于完善农村土地所有权、承包权、经营权分置办法的意见》明确提出,"将土地承包经营权分为承包权和经营权,实行所有权、承包权、经营权分置并行",承包权被定义为"集体经济组织成员对承包土地依法享有占有、使用和收益的权利"。

庭血缘关系为纽带的"农户"可以有效地组织所有的家庭成员从事农业生产，成为土地制度的最小经营单位和载体。"农户构成中国农村社会的'细胞'，也是认识和分析中国农村社会的基本出发点。"[1]农户通常以家庭成员组成生产经营单位，从事农业生产活动，这种家庭成员绑定到一起的方式有利于促进小规模经营，减少土地承包经营合作缔约、交易、流转、履约、监督的成本。农村土地承包经营权主体"农户"是以家庭为基础的从事农业生产和经营的最小社会经济组织单位。在农村土地发包过程中，采取的是"人人有份"的土地分配办法，这成为学界将农村集体经济组织成员个人（农民）界定为土地承包经营权主体的主要根据。[2]关于"农户"概念界定，学界也存在不同的争议，有自然人说[3]，家庭合伙说[4]、非法人组织说[5]等。无论是基于哪种学说的"农户"，其对外的法律关系边界都是较为清晰的，均具有独立的法律地位和属性，对外形成法律关系，产生法律权利和义务。从"农户"内部法律关系上看，"农户"内成员所享有的是一种"按份共有"的共有关系，家庭内部成员以其拥有的土地权利入股，共同从事土地经营活动（劳动）、共享土地权益、共担风险。

以家庭承包为基础的"农户"主体具有较为明显的特征：（1）土地承包方主体限定。土地承包主体仅限于本集体经济组织内部成员，超

---

① 王立争：《农户主体地位的法政策学辨思》，《中南大学学报》（社会科学版）2015年第2期。

② 同上。

③ 王利明等学者依据《民法通则》第27条规定"农村集体经济组织的成员，在法律允许的范围内，按照承包合同规定从事商品经营的，为农村承包经营户"，将"农户"界定为自然人。参见王利明、尹飞《物权法·用益物权》，中国法制出版社2005年版，第290页。

④ 该说认为，"家庭合伙，是以家庭成员为合伙人的合伙，在我国以个体工商户和农村承包经营户为表现形式，农村承包经营户是以家庭成员为合伙人的，以营利为目的的经济组织"，"家庭合伙在大部分方面同于普通合伙，但也有些自己的特点。所以，法律对家庭合伙的调整往往要由合伙法与亲属法中的有关规定结合起来行使"。参见彭万林《民法学》（修订本），中国政法大学出版社1999年版，第133—136页。

⑤ 该学说认为，"农户"属于经营性非法人组织，他们在承包经营的范围内可以自己的名义进行商品生产和经营，从而参与相应的民事活动。参见魏振赢《民法》，北京大学出版社2000年版，第112页。

出集体经济组织范围外的其他个人或者单位都不能成为合格的土地承包权主体。（2）土地承包经营权法律关系所指向的承包对象主要为耕地、林地、草地三类农村土地。（3）家庭承包权益分配遵从集体经济内部"公平分配，人人有份"的原则。（4）家庭承包的土地承载社会保障功能，获得方式为无偿分配。（5）家庭承包地具有物权属性，按照物权关系予以确认和保护。（6）家庭承包农村集体土地可以依据法律规定进行流转。

我国《民法通则》第27条、第80条、第81条，《农村土地承包法》第3条、第15条，《物权法》第124条等法律法规明确规定，我国农村土地承包权人以"家庭"为主要经营单位，也就是说"农户"作为合同相对人与农村集体组织签订土地承包合同，享有法律上的权利和义务。[①]我国法律规定"农户"为合格的民事主体，具有独立的与其他主体缔约资格、行使权利能力，强调"农户"的整体性和独立性。"农户"以其经济属性和社会属性为基础，与传统民事体系中对主体的界定存在一定的分歧，但并不能就此否定"农户"所应有的法律之权利。以"农户"为法律主体的家庭承包经营方式的农村土地承包经营权被《物权法》确定为用益物权，是一种具有严格的人身属性的财产权。[②]从法律上规定家庭承包的主体为农户，符合我国传统生产的习惯和农村经济的实际。

（三）土地承包经营权流转中新型主体

随着农村土地承包经营权流转制度的不断改革创新，关于土地权利主体的识别和权利确认在理论和实践中出现了障碍。通过我国2008年到2020年的中央一号文件内容对比分析，可以发现，在我国农村集体土地上，出现了一批新的土地承包经营权主体，即土地承包者、土地经营者、农民新型合作组织、农民专业合作社、股份合作社、专业大户、家庭农

---

① 订立农村土地承包经营合同的过程中，"农户"是合同的当事人之一，土地承包合同由"户"的代表与发包方签订，土地承包经营权证书是按户制作并颁发。

② 李红娟：《农村土地产权制度改革：从身份到契约的嬗变》，中国政法大学出版社2017年版，第36页。

场等多种形式的农村土地权利主体。[1] 在农户承包但不耕作土地的背景下，土地承包经营权分化为承包权和经营权，土地流出者拥有承包权但让渡经营权，土地流入者通过支付流转费用获得经营权，他们在土地流转市场中依靠合约界定权利义务关系（见图1-1）。[2] 而这些权利主体与农村集体经济组织、农户之间的法律关系如何，是否具有法律意义上的土地承包经营权主体资格，其权利义务如何，都没有明确的规定，各地也都在不同的探索中，需要进一步的理论研究和法律构建，以对其明确定性。

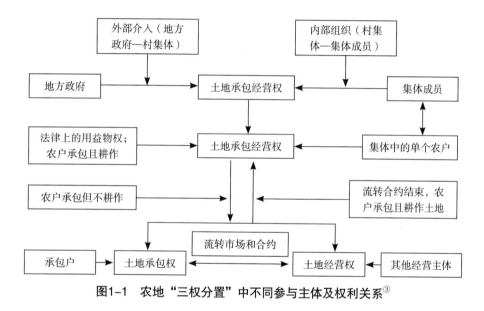

图1-1 农地"三权分置"中不同参与主体及权利关系[3]

在现有的法律体系框架下，农村土地承包权主体为发包人和承包人。[4] 发包人作为适格主体当以土地承包经营权证等证书上记载的人、在承包合同上签字的人或者由农户成员推选的人为代表人进行诉讼。

① 李红娟：《农村土地产权制度改革：从身份到契约的嬗变》，中国政法大学出版社 2017 年版，第 41 页。
② 高帆：《中国农地"三权分置"的形成逻辑与实施政策》，《经济学家》2018年第 4 期。
③ 高帆：《中国农地"三权分置"的形成逻辑与实施政策》，《经济学家》2018年第 4 期。
④ 其中发包人为村民委员会或者村民小组，承包人为农户。

而关于农村土地承包经营权"三权分置"下的新型主体参与农村土地承包经营权相关诉讼活动中，其法律关系应当更多地由《合同法》所规定内容进行调整。以家庭承包方式为基本单位的"农户"的承包地流转法律关系受物权法保护和调整，以"其他方式"进行土地流转的法律关系是一种债权关系，受债权相关法律调整。

三　农村土地承包经营权权利属性界定

我国农村土地承包经营权是在农村土地集体所有权基础上，基于协作和生产资料共同占有，重新建立个人所有制的制度变迁结果。[①] 学术界对于农村土地承包经营权的属性判断主要有物权说、债权说、混合说几种。

（一）物权说

按照《物权法》的规定，土地承包经营权的流转实质上是权利主体对用益物权实现处分权能的过程，是土地承包经营权主体对用益物权的法律处分。交易就是权利主体之间进行的财产权的转移，就是物权主体之间的权利界定或曰物权的变动。[②] 就农村土地经营权的内容和侵权责任进行救济而言，并非都由当事人自主约定，而是主要由法律明文规定。[③] 随着财产的形态不断丰富和多样化，物权法对于物权的客体的范围界定也需要随之拓展。物权的权能分为实际利用权和价值取得权：实际利用权指一切可以控制、利用的本体的权利；价值取得权是指将物进行处分（如出卖、出租等）的权利。[④] 就农村土地承包经营权的内

---

① ［德］马克思：《资本论》第 1 卷，载《马克思恩格斯全集》第 23 卷，人民出版社 1972 年版，第 832 页。

② 周林彬：《论我国国家所有权立法及其模式选择——一种法和经济学分析思路》，《政法论坛》2002 年第 3 期。

③ 翟研宁：《农村土地承包经营权流转机制研究》，中国农业科学技术出版社 2014 年版，第 5 页。

④ 陈辉：《我国森林资源物权制度研究》，硕士学位论文，东北林业大学，2011 年；孙宪忠：《交易中的物权归属确定》，《法学研究》2005 年第 2 期。

容和侵权责任进行救济而言，并非都是由当事人自主约定，而是主要由法律明文规定。[①] 因为承包经营权是债法的范畴，其词语意义与所表示权利的内涵外延不相称，不能与农村中的土地使用权和企业的承包经营权以及债法意义上的农地承包经营权相区别，而且承包经营权与联产承包经营合同相联系，实际上不是一个独立的用益物权，应当将土地承包经营权改为"农地使用权"。[②] 或者采用耕作权概念，因耕作或种植而使用国家或集体所有的土地权利。[③]

（二）债权说

依据土地承包经营权存在及实现路径，可以看出该权利具有典型的债权属性。从债权的角度分析，土地承包经营权是一种合同之债，流出方与流入方签订转让、互换、转包等不同内容的流转合同，双方按照合同的内容履行义务以实现订立合同之目的。[④] 农村土地承包经营权是依据合同取得，其本质上是一种规定了双方权利义务的联产承包合同，它仅发生在承包人和发包人之间，属于债权性质。[⑤] 不仅如此，从农村土地承包经营权的流转来看，土地承包权的承包人所拥有的权利具有时间限制，为期较短，且农村土地承包经营权承包人（农户）对于土地权利的转包需要经过发包人（农村集体经济组织）的同意和认可方能实现权利流转，从这种方式上讲，农村土地承包经营权就是债权性质的权利。所以，土地承包经营权具有债权性质，并不是因为"承

---

① 薛平智、张月华：《论土地经营权物权化》，《陕西教育学院学报》2006年第1期。

② 王利明：《农村土地承包经营权的若干问题探讨》，《中国人民大学学报》2001年第6期；梁慧星：《中国物权法草案建议稿》，社会科学文献出版社2000年版，第514页。

③ 王利明：《农村土地承包经营权的若干问题探讨》，《中国人民大学学报》2001年第6期；钱明星：《我国物权法的调整范围、内容特点及物权体系》，《中外法学》1997年第2期。

④ 张红宵主编：《农村土地承包经营权流转制度的政策与法律研究》，中国林业出版社2010年版，第16页。

⑤ 中国社会科学院法学研究所物权法研究课题组：《制定中国物权法的基本思路》，《法学研究》1995年第3期。

包经营"是一个典型的债的关系术语，而是其据以存在的现实法律关系的内容与特点来进行分析所得出的结论。①

（三）混合说

农村承包经营权的性质，既有非纯民事权利的成分，也有与债权性质相近似的成分，但总的说来承包经营权应属于物权。②家庭的农地承包经营权是一种具有物权和债权双重性质的权利，在特殊历史条件下以债权形式出现，具有某些物权性质，并具有长期物权化演变倾向的一种特殊土地权利。③我国的《土地管理法》设定了两类土地承包经营权：第一类，农村集体经济组织或成员的土地承包经营权"土地承包经营期限为三十年"，在承包经营期限内经法定程序可对个别承包土地进行适当调整；第二类，国有土地承包经营权、非成员的土地承包经营权"土地承包经营的期限由承包合同约定"。④第一类土地承包经营权基于农村土地集体的身份资格取得，具有物权性质，而第二类土地基于土地承包经营合同取得，合同当事人的权利义务以及承包期限等受合同约束和调整，更具有债权特征。

关于农村土地承包经营权的法律属性，根据权利获得的途径不同，所呈现的法律属性有所区别。从法律规定上看，通过家庭承包方式取得的农村土地承包经营权具有物权性质，而依照《农村土地承包法》第49条所列的其他方式取得的农村土地承包经营权，有的是物权性质，

① 陈甦：《土地承包经营权物权化与农地使用权制度的确立》，《中国法学》1995年第3期。

② 屈茂辉：《农村土地承包经营权债权性质驳议》，《法制与经济》1998年第1期。

③ 唐文金：《农户土地流转意愿与行为研究》，博士学位论文，西南财经大学，2008年。

④ 周双辉：《抗战时期永佃权制度对现行土地承包权制度之借鉴意义》，《武汉理工大学学报》（社会科学版）2005年第3期；李嵩誉、陈伟昌、曾学刚、刘欣然：《农村土地流转制度法律问题研究》，吉林大学出版社2010年版，第13页。

有的是债权性质。① 农村土地承包经营权是一个权利束，在该权利束中，既包含有身份性质很强的成员权属性，又有维护和实现家庭收益财产权属性，还有可以依据合同将部分权利流转出去的债权属性。另外，物权说的学术观点主要是从权利的构建逻辑进行判断，而债权说主要是基于权利的实现方式为判断标准，各自都有其理论的支撑点，所以，出现了各种学说及其争议不足为奇。在当前农村土地承包经营权流转"三权分置"之政策下，将经营权从承包经营权中分离出来，实质上是从权利属性上和权利的实现方式上解决了"物权"和"债权"之争。

第二节　农村土地承包经营权流转之法理分析

从农村土地权利流转的法律关系上看，土地的流转主要包括两个方面，其一是基于土地利用关系的流转；其二是基于土地归属关系的流转。其中，土地归属关系的流转从根本上改变了土地的权利属性，如将农村集体土地以征收的形式转为国家所有土地，土地所有权发生了转变。土地利用关系的转变是在不改变土地属性的前提下，土地利用的主体发生了转变，承包方将土地使用权采取转包、出租、互换或者其他方式转移给他人利用的法律关系。农地承包经营权流转制度改革创新，对于"乡村振兴"战略下稳定承包经营权关系和各项改革深入推进有着重要的制度保障作用。

---

① 《农村土地承包法》第 49 条规定，"通过招标、拍卖、公开协商等方式承包农村土地，经依法登记取得土地承包经营权证或者林权证等证书"。例如，以其他方式取得，且没有取得土地承包经营权证书的承包权人，实质上所享有的土地权利是债权性质的土地承包经营权。从理论上看，农村土地承包经营权可以用物权法律规范来界定其属性（物权性质），也可以用债权法律规范来界定其权利属性。之所以会出现这样的情形，是因为农村土地承包经营权的权利是复合型权利，是一个权利束，并不是单一属性的权利。

一 农村土地承包经营权流转动因

（一）农村土地承包经营权流转机理

机理是一个理念，是机制的重要组成部分，着重强调事物变化的原理、道理和理论。机理包括形成要素和形成要素之间的关系两个层面。

驱动农村土地承包经营权流转的机理是多方面的，包括政治、经济、文化、科技、法律等，其中经济是主要的原因，也是推动制度改革的基本动力。经济的发展必然引起土地要素流动的变化，进而需要演变为制度层面的保障。农村土地规模化经营是土地流转的重要因素，农地的适度规模经营促使农地承包经营权的流转。当前分散在一家一户的土地，不利于集约化生产和经营，农村土地承包经营权制度也不适应经济的发展，需要以流转的形式提高规模化的劳动生产效率和规模经营效益。（见图1-2）

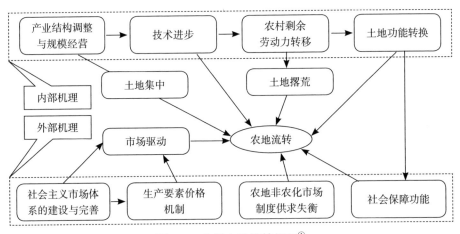

图1-2 农村土地流转机理[①]

---

① 刘新平等：《新疆新农村建设土地流转模式研究》，中国大地出版社2009年版，第75页。

（二）农村土地承包经营权流转内因

《农村土地承包法》第 126 条、第 127 条、第 133 条将农村土地承包依照土地的用途分为三类，"家庭承包的农地""家庭承包的林地""其他方式承包的四荒土地"，并规定了各类承包地的承包年限。[1] 农村土地承包经营权的流转内部动因在于以家庭承包经营制度为基础的农村土地功能转变和制度的优化。始于 1978 年的家庭承包制度，一直是我国基础的农地产权制度，该项制度的建立使得农村土地权利实现了第一次意义上的权利分离（土地所有权和使用权分离），为土地承包经营权的实现奠定了基础。家庭联产承包责任制经过了 40 多年的土地制度改革和演进，已经越来越不能适应当前农村经济的发展需要，甚至对农村生产关系的有效建立造成了一定的约束。有抽样调查发现，截至 2015 年底，发生耕地撂荒的村庄数量为 184 个，占调查村庄总数的 78.3%，大规模耕地撂荒现象发生在 2000 年以后的村庄数量为 172 个，占出现撂荒的村庄总数的 93.5%，发生在 2005 年以后的村庄数量 141 个，占比 76.6%。[2] 在实践中，农村土地承包经营权流转的需求也是呈现出与经济发展的趋同性，越是经济发达的地区，对于农村土地标准化和规模化经营的需求越是旺盛，撂荒现象越是严重，例如在广东地区甚至达到了 90% 以上。截至 2015 年底，全国家庭承包耕地流转面积达到 4.47 亿亩，占家庭承包经营耕地总面积的 33.3%，流转合同签订

---

[1] 《物权法》第 126 条规定："耕地的承包期为 30 年。草地的承包期为 30 年至 50 年。林地的承包期为 30 年至 70 年；特殊林木的林地承包期，经国务院林业行政主管部门批准可以延长。"第 127 条规定："土地承包经营权自土地承包经营权合同生效时设立。县级以上地方人民政府应当向土地承包经营权人发放土地承包经营权证、林权证、草原使用权证，并登记造册，确认土地承包经营权。"第 128 条规定："土地承包经营权人依照农村土地承包法的规定，有权将土地承包经营权采取转包、互换、转让等方式流转。流转的期限不得超过承包期的剩余期限。未经依法批准，不得将承包地用于非农建设。"第 133 条规定："通过招标、拍卖、公开协商等方式承包荒地等农村土地，依照农村土地承包法等法律和国务院的有关规定，其土地承包经营权可以转让、入股、抵押或者以其他方式流转。"

[2] 李升发、李秀彬、辛良杰、谈明洪、王学、王仁靖、蒋敏、王亚辉：《中国山区耕地撂荒程度及空间分布——基于全国山区抽样调查结果》，《资源科学》2017 年第 10 期。

率达到 67.8%，农户承包地规范有序流转的机制初步建立。① 随着城乡融合发展，劳动力人口的转移，农业产业结构的优化和调整，土地功能也需要进行相应的调整和优化，这些都成为农地承包经营权流转的内生动力。

（三）农村土地承包经营权流转外因

农村土地承包经营权流转的外因在于土地要素和生产关系的市场化驱动。我国法律对农地自由入市做了禁止性或限制性的规定，农村土地不同之处在于通过市场获得相应的使用权价值和经济效益。为了克服经济发展和制度安排上的矛盾冲突，近些年来，国家出台了一系列的推进农村土地制度改革的法律规定和政策，为农村土地承包经营权流转创造了必要的条件。② 允许农村土地承包经营权流转可以调整农村经济结构，促进农村经济的发展，可以开拓劳动力就业和开辟农村经济增长点，有利于实现农地长期稳定的财产价值。另外，我国农产品面临着激烈的国际竞争，农村传统的土地粗放式生产经营使得我国农业生产效率比较低，农业产业存在的潜在获利空间为国内外投资人提供了投资农业的机会，这就要求调整农业的生产经营方式，将土地

---

① 张燕纯、韩书成、李丹、熊建华：《农村土地"三权分置"的新制度经济学分析》，《中国农业资源与区划》2018 年第 1 期。

② 2003 年《农村土地承包法》规定"土地承包经营权可以依法采取转包、出租、互换、转让等形式进行流转"。2005 年《农村土地承包经营权流转管理办法》指出，农村土地承包经营权要规范有序地进行流转，依法形成的流转关系，受到法律保护。2007 年《物权法》对农村土地承包经营权抵押做出明确规定。2008 年党的十七届三中全会通过的《中共中央关于推进农村改革发展若干重大问题的决定》规定，"加强土地承包经营权流转管理和服务，建立健全土地承包经营权流转市场，按照依法自愿有偿原则，允许农民以转包、出租、互换、转让、股份合作等形式流转土地承包经营权，发展多种形式的适度规模经营"。国务院 2015 年下发《关于开展农村承包土地的经营权和农民住房财产权抵押贷款试点的指导意见》，要求"慎重稳妥推进农村承包土地的经营权抵押贷款试点和农民住房财产权抵押、担保、转让试点工作"。2016 年中共中央《关于完善农村土地所有权承包权经营权分置办法的意见》将农村土地承包经营权分离成"承包权"和"经营权"两项权利，是继家庭联产承包责任制后农村改革的又一重大制度创新。2017 年党的十九大报告做出了"第二轮土地承包到期后再延长 30 年"的重大安排，农村土地承包经营权流转有了较为确切的市场预期。

进行集中经营，通过农村土地承包经营权流转来实现较高收益。① 这些都为农村土地承包经营权流转制度创新和改革提供了重要的制度保障，为农村土地承包经营权规范有序地进行流转和土地流转关系的形成提供了法律依据。从农村土地承包经营权法律制度和政策演进的路线来看，一直是市场需求引领政策做出转变，基本的路径是出现"实践需求—改革创新—出台政策—法律确认"。

二 农村土地承包经营权流转形式

虽然我国的农村土地产权制度的改革趋势是从封闭走向开放，但是，实践中，农村土地产权流动和变更枷锁重重。我国的《农村土地承包法》第 3 条、第 32 条和《物权法》第 128 条对农村土地承包经营权的流转根据其权利获得方式不同而做出区别规定。② 农村土地承包经营权的取得方式分为以家庭承包和非家庭承包的个人或者单位两种方式③，其中以家庭承包方式取得土地承包经营权的流转受到身份性限制；通过非家庭方式（个人或者单位）取得的土地承包经营权不受成员资格身份限制，流转规则较为宽松，法律上的身份性障碍成为权利变更和流动的瓶颈。④ 法律规定，流转的范围和对象基本上锁定为"符合身份要求"的集体内部成员和从事农业生产的农户。⑤ 国家政策明文禁止

---

① 苏超：《新时期我国农村土地流转研究》，硕士学位论文，首都师范大学，2013 年；主力军：《我国土地流转问题研究》，上海人民出版社 2012 年版，第 98 页。

② 李红娟：《我国农村土地权利身份性研究》，博士学位论文，中国政法大学，2015 年。

③ 《农村土地承包法》第 3 条规定，农村土地承包采取农村集体经济组织内部的家庭承包方式，不宜采取家庭承包方式的荒山、荒沟、荒丘、荒滩等农村土地，可以采取招标、拍卖、公开协商等方式承包。

④ 李红娟：《我国农村土地权利身份性研究》，博士学位论文，中国政法大学，2015 年。

⑤ 例如，我国《土地管理法》第 4 条第 1 款规定："国家编制土地利用总体规划，规定土地用途，将土地分为农用地、建设用地和未利用地。严格限制农用地转为建设用地，控制建设用地总量，对耕地实行特殊保护。"《民法通则》第 80 条规定"经营的土地不得买卖、出租、抵押或者以其他方式非法转让"。《土地管理法》第62 条第 4 款规定，"农村村民出卖、出租住房后，再申请宅基地的，不予批准"，第63 条更明确地对农村土地权利流转予以限制："农民集体所有的土地的使用权不得出让、转让或者出租用于非农业建设。"

农民向城镇居民出售自己居住的民宅，^①有关农地权利的抵押，法律上
也进行了限制。^②虽然近些年陆续出台的一些政策在采取这种办法，鼓
励和松绑农地承包经营权流转中的抵押限制，但是这些仅限于土地上
的附着物（例如宅基地上的房屋，耕地上的养殖大棚）的抵押，对于
土地本身的限制并未改变。按照权属关系的变化，农地承包经营权的
流转主要可以分为物权性质的流转和债权性质的流转。^③

（一）农村土地承包经营权物权形式的流转

为了稳定土地法律关系，保护农民合法权益，农村土地权利关
系物权化是一条较为稳妥的现实路径。物权化的土地权利关系，使土
地权利关系具有排他性和支配性的法律效力，提高了权利的确定性
和土地权益的预期性，提升了土地承包经营权的市场价值。物权形
式的农地承包经营权流转主要包括农村土地承包经营权转让、入股
和抵押。

1. 转让

《农村土地承包经营权流转管理法办法》第 35 条第 1 款规定了农
地承包经营权转让的条件和内容。^④农户转让的土地既可以是农户承包
的全部土地，也可以是部分土地，而且转让方（土地承包方）须有稳
定的非农业收入来源。农地承包权转让与转包不一样，农地承包经营
权转让后，原权利人退出承包关系，与发包人终止就土地承包关系所
产生的权利义务关系，而受让人成为土地承包经营合同当事人，取代

---

① 例如 1999 年《国务院办公厅关于加强土地转让管理严禁炒卖土地的通知》
明确禁止农民与城市居民之间有关农村房屋买卖的行为。
② 例如《担保法》第 37 条第 2 款规定，集体所有的土地（耕地、宅基地、自
留地、自留山等）使用权不得抵押。
③ 陈燕芽：《新型城镇化建设与农民土地权益保护之关系辨析——基于"三块
地"改革的视角》，《广西大学学报》（哲学社会科学版）2017 年第 6 期。
④ 《农村土地承包经营权流转管理法办法》第 35 条第 1 款：农村土地承包经营
权转让是指承包方有稳定的非农职业或者有稳定的收入来源，经承包方申请和发包
方同意，将部分或全部土地承包经营权让渡给其他从事农业生产经营的农户，由其
履行相应土地承包合同的权利和义务，转让后原土地承包关系自行终止，原承包方
承包期内的土地承包经营权部分或全部灭失。

原承包人的地位，直接与发包人形成承包关系，受让方与转让方原先享有的权利相同。而农村土地转包是原有的土地权利关系并未发生改变，土地转包人不加入原有的土地权利关系，土地的流转行为不需要经过发包方的同意。农村土地承包经营户农村土地承包经营权转让需要符合三个条件，即一是土地权利的转出方主体"农户"有稳定的非农收入来源，也就是说土地不是该农户的唯一生活保障；二是土地权利接收方具有相应的能力从事农业生产经营；三是农地承包经营权转让行为产生在具备农村集体成员资格的农户之间。关于前两个条件的衡量标准，实践操作中较难把握，各地根据具体情况确定。

2. 入股

入股是指实行家庭承包方式的承包方之间为发展农业经济将土地承包经营权作为股权，自愿联合从事农业合作生产经营，其他承包方式的承包方将土地承包经营权化为股权，入股组成股份公司或者合作社，从事农业生产经营。[①] 党的十七届三中全会通过的涉农文件曾专门提到农村土地承包经营权入股问题。土地承包经营权入股一方面是指通过家庭承包方式取得土地承包经营权并把这种权利作为股权在公平、自愿原则下联合起来从事现代化的农业生产；另一方面也指通过其他承包方式取得农村土地承包经营权并把这种权利折价为成立的股份制有限公司股份，投入到农业生产中去。[②] 我国法律对农地承包经营权入股做了概括性规定。[③] 关于农村土地承包经营权入股是农民用其土地使用权入股还是农村土地承包经营权入股？目前法律上没有统一的界定。[④] 现实中入股经营这种流转方式多种多样，较为常见的是入股或股份经营

---

① 丁关良：《土地承包经营权流转方式之内涵界定》，《中州学刊》2008 年第 5 期；付明星主编：《现代都市农业——农村土地经营与产权交易》，湖北科学技术出版社 2012 年版，第 50 页。

② 黄明：《浅论土地承包经营权入股》，2018 年 4 月 2 日，中国法院网（https://www.chinacourt.org/article/detail/2014/05/id/1291809.shtml）。

③ 《农村土地承包法》第 40 条规定："承包方之间为发展农业经济，可以自愿联合将土地承包经营权入股，从事农业合作生产"。第 49 条规定："通过招标、拍卖、公开协商等方式承包农村土地，经依法登记取得土地承包经营权或者林权证等证书的，其土地承包经营权可以依法采取入股方式流转。"

④ 《杜万华大法官民事商事审判实务》，人民法院出版社 2016 年版，第 36 页。

的动态股权制、入股分红制和土地股份合作经营制三种形式。^① 无论哪种形式都是将土地承包经营权作为权利客体用于交易。^② 对于农民入股的土地，合作社和龙头企业或采取自主经营模式，或采取内股外租模式，或采取联合经营模式，充分发掘土地资源优势，实现合作增利、农民增收。^③ 由于土地政策和法律规定的冲突，在实际操作中，存在权利义务不对等^④、入股出资形式不符合法律规定^⑤、入股保底约定违

---

① 动态股权制，是指承包方与第三方协商一致，按其要求种植作物（通常第三方还会提供一定的技术支持），并由第三方负责产品销售的土地集约规模经营方式，也就是通常所说的"企业＋农户"模式。参见陈小君等《农村土地法律制度研究——田野调查研究解读》，中国政法大学出版社 2004 年版，第 290—292 页。动态股权制中，土地承包经营权没有发生转移。入股分红制，是将农民所承包的土地以一定的标准（一般为土地或人口）在集体组织内部划分股份，按股份对被征用的集体土地的补偿费或其他集体收益在集体组织内部进行分配的利益分配机制。土地股份合作经营制，即承包方以土地经营权作价入股组成合作组织（类似于公司法人），参与农业生产性的股份制或股份合作经营，以入股土地经营权作为分红根据，原土地承包经营合同不变。参见李国强《所有权的私法逻辑》，社会科学文献出版社 2013 年版，第 118 页。

② 陈小君等：《农村土地法律制度研究——田野调查研究解读》，中国政法大学出版社 2004 年版，第 292 页。

③ 李春艳：《土地股份合作：开拓农业经营新方式》，《农村经营管理》2016 年第 5 期。在文章中，作者进一步介绍到，所谓自主经营型，一般是由村集体经济组织发起，土地股份合作社把一家一户的土地聚拢后，不再进行对外流转，而是直接进行农业生产经营，从事种植、养殖。所谓内股外租型，一般是农户将土地承包经营权折股入社，合作社再将集中连片的土地统一对外流转，获取的租金收入按股返还给农户。所谓联合经营型，是指土地股份合作社把已集中连片的土地入股，同时吸引其他经营主体如龙头企业、合作社、家庭农场等以资本、技术、设备等入股，共同投资，合作发展农业。

④ 从表面上看，农民和投资公司是投资入股关系，实际上二者是土地租赁关系，在权利义务上，农民得到的是租赁关系上的权利，却要承担投资入股方面的义务和风险，权利义务明显不对等。

⑤ 《公司法》第 27 条第 1 款规定，股东可以以货币出资，也可以用实物、知识产权、土地使用权等可以用货币估价的并可以依法转让的非货币财产作价出资，但法律法规规定的除外。在当前情况下，农村土地承包经营权如何定价评估还存在法律空白。所以，以土地承包经营权出资入股的形式与法律规定存在冲突，《公司法》中的出资形式并不能包含土地承包经营权。

反《公司法》规定[1]、股权转让和股东退出与法律相矛盾等法律问题[2]，另外还存在改变土地用途、土地经营失败处置难等风险。

3. 抵押

农村土地承包经营权抵押是指抵押人（原承包方）通过农村土地承包方式承包取得物权性质土地承包经营权有效存在的情况下，以不转移农村土地之占有，将物权性质土地承包经营权作为债权担保的行为。[3] 农村土地承包经营权的抵押，是在法律允许的条件下，不转移土地承包经营权人对土地享有的占有权能，将其所拥有的农村土地承包经营权作为债权担保的一种土地权利流转方式。在抵押期内，抵押人享有对土地的占有和承包经营权，当抵押期满债务人不能如期清偿债务时，债权人有权依法处分该土地承包经营权并就处分所得的价款优先受偿。我国《担保法》第 37 条第 2 款，《物权法》第 184 条第 2 款，最高人民法院《关于适用〈担保法〉若干问题的解释》第 15 条、

---

[1] 《公司法》第 167 条对公司利润分配做了明确规定，即坚持"同股同利""无盈不分"的基本原则。实践中，如果公司盈利，按照保底条款规定，分配利益是没有问题的，但是，如果公司没有盈利，而股农仍旧分配股利，那么，将面临随时被要求要回股利的风险。

[2] 《农村土地承包经营权流转管理办法》第 19 条规定"农地股份合作制企业解散时，入股的土地应当退回原承包农户"。《农民专业合作社法》第 4 条规定"对农民专业合作社的债务，应当由成员出资、公积金、国家财政直接补助、他人捐赠以及合法取得的其他资产来承担责任"。土地承包经营权折价入股农业企业、专业合作社，入股土地成为公司、合作社的登记资产。当合作社或农业企业面临破产清算时，理应把土地承包经营权作为财产偿还给债权人。但农地作为入股企业的法人财产，按照破产法原理，在破产清算时理应列为破产财产，参与破产清算，二者之间有明显冲突。实践过程中出现两难境地：入股土地参与破产清算违背法律规定，如果退还村民入股土地，则难保债权人利益。

[3] 卓玲：《农村集体建设用地使用权流转存在的问题及政策取向》，《调研世界》2010 年第 2 期；丁关良：《土地承包经营权基本问题研究》，浙江大学出版社 2007 年版，第 203 页。

第52条等法律对农地抵押做了禁止性规定。[①] 但是，法律对以其他方式取得的农地承包经营权流转采取允许抵押的态度。[②] 随着现实中放开农村土地承包经营权抵押限制性规定需求日益高涨，我国从政策上对农地权利抵押限制性法律进行了一些折中的改良，采用试点的办法在特定的区域范围内进行先行先试的突破。[③] 在理论界关于农村土地承包经营权是否可以抵押，存在争议。在实践中，尽管采用各种变通的办法试图突破法律的刚性限制，但是因为改革没有法律依据和保障，目前大多停留在观望状态，农地承包权抵押制度尚未有大的改变。

（二）农村土地承包经营权债权形式的流转

1. 互换

互换是指承包方之间为方便耕作或者各自需要，对属于同一集体经济组织的承包地块进行交换，同时交换相应的土地承包经营权的一

---

① 《担保法》第37条第2项和《物权法》第184条第2项都明确规定："耕地、宅基地、自留地、自留山等集体所有的土地使用权"不得抵押。因为这种以户为生产经营单位的承包方式，是农村集体经济组织内部，为保证社员基本生活条件，普遍存在、人人有份的权利，具有很强的社会保障性质和福利功能。以这种权利作抵押，一旦抵押权人的权利实现，抵押人就可能丧失起码的生存条件，引发严重的社会问题。所以法律规定不能以此作抵押。最高人民法院《关于适用〈担保法〉若干问题的解释》第52条规定："当事人以农作物和与其尚未分离的土地使用权同时抵押的，土地使用权部分的抵押无效。"最高人民法院《关于审理涉及农村土地承包纠纷案件适用法律问题的解释》第15条规定："承包方以其土地承包经营权进行抵押或者抵押债务的，应当认定无效。"

② 依照《担保法》第34条第1款第5项、《农村土地承包法》第49条和《物权法》第180条第1款第3项的规定，以招标、拍卖、公开协商等方式取得的荒地等土地承包经营权，经发包方同意，则可以抵押。

③ 中国人民银行、银监会、保监会、证监会联合发布《关于加快推进农村金融产品和服务方式创新的意见》，提出在不改变农村土地用途和损害农民利益的情况下探索抵押贷款试点。2015年，国务院颁发《关于开展农村承包土地的经营权和农民住房财产权抵押贷款试点的指导意见》，提出要加大对农村金融的支持力度，以试点方式推进农村承包土地经营权抵押贷款工作。2016年，中国人民银行、中国银监会、中国保监会、财政部、农业部《农村承包土地的经营权抵押贷款试点暂行办法》规定了农村土地承包经营权抵押贷款的试点管理办法。

种流转方式。① 土地互换的主体是同一集体经济组织内部成员，客体是集体承包经营权人所享有的土地承包权。从本质上看，土地承包经营权互换形式的流转，是一种基于互易合同的流转方式；从表面形式上看，互换是不同地块之间的交换；从权能性质上看，土地互换是土地权利关系的变化和转移，由于土地原有的发包和承包关系改变，土地权利关系要素互换后的土地法律关系要素，双方的权利义务也做出了相应的调整。按照《农村土地承包法》等法律规定，以互换形式进行流转的土地要向发包方（即集体经济组织）进行备案，但是实践中，农民往往私下采取口头协议的方式进行。

2. 出租

农村土地承包经营权出租是指农村土地承包经营权人将其权利中占有、使用和部分收益的权能随出租标的农地转移于集体组织成员之外的自然人、法人或其他组织，并将转移的权能在法律上确认为新的债权性质权利的法律行为。② 农村土地承包经营权出租行为发生后，出租方与承租方之间建立了租赁关系，各自的权利和义务受债权法规则之调整。出租方有权请求承租方，按照约定或者法定的标准，足额按时支付租金；出租方有权监督承租方合法使用土地，如果承租方擅自改变土地用途违规使用土地，出租方有权请求赔偿；承租期满出租方有权要求承租人按照合同约定的事项交付所承租的土地。

3. 转包

转包是指农村土地承包人把自己承包到的土地，以一定的条件发包给第三者，由第二份合同的承包人向第一份合同的承包人履行，再由第一份合同的承包人向原发包方履行合同的行为。③ 从受让对象看，第三方必须是本集体经济组织成员；从让与的土地承包经营权范围

---

① 刘峨林：《重庆市集体土地流转政策研究》，《中国不动产法研究》2010年第1期；付明星主编：《现代都市农业——农村土地经营与产权交易》，湖北科学技术出版社2012年版，第49页。

② 黄河等：《农业法视野中的土地承包经营权流转法制保障研究》，中国政法大学出版社2007年版，第58页。

③ 安子明、崔利平、王静：《集体土地确权规则与实务指引》，知识产权出版社2016年版，第161页。

看，可以是承包方享有的全部、也可以是部分土地承包经营权；从让与的期限看，与转让相比，转包的期限较短；土地承包经营权转包后，承包方与发包方的关系不变，仍由原承包方向发包方履行原合同的义务。[①] "转包"一词继承于"承包"，在广大的农村社会中，普通农民未必对相关涉农法律概念了解清楚，但是他们知道自己通过一种名为"承包"的方式拥有了土地，他们朴素地认为通过"承包"这种方式就能拥有土地所有权，然而"转包"类似于一种新的土地承包经营权的产生，其性质可理解为"次级土地承包经营权的设定"。[②] 实践中，由于普通农民不太可能区分出租和转包的区别，故有很多人将转包合同写成租赁合同或者租赁合同写成转包合同的情况存在，法院审理此类案件的重点不是区分合同的形式，而应是去审查合同内容中双方权利义务的约定，并根据合同履行的实际情况做出裁判。[③] 农村土地承包经营权转包的实质是集体经济组织内部之间所形成的租赁法律关系。

（三）农村土地承包经营权流转的主要模式

从实践操作层面上看，目前农地承包经营权流转主要有如下模式：

1. 政府主导模式

农地承包经营权流转政府主导模式，是指在流转过程当中在坚持农地所有权不变的条件下，政府根据本地社会经济发展情况与多数村民意愿决定把土地流转权委托政府统一、整体流转农地的配置行为，以此获得农地配置收益最大化的经济行为。[④] 政府主导农地流转是地方政府为发展现代农业和规模农业，由基层政府和村委会所推动以满足农业大户、合作社及农业企业等规模经营主体用地需求的农地流转，

---

① 付明星主编：《现代都市农业——农村土地经营与产权交易》，湖北科学技术出版社 2012 年版，第 47 页。

② 廉高波、袁震：《论农村土地承包经营权的转包》，《西北大学学报》2010 年第 9 期。

③ 张莉萍：《政府主导型农村土地流转模式界定标准探索》，《农业经济》2017年第 7 期。

④ 翁士洪：《农村土地流转政策的执行偏差——对小岗村的实证分析》，《公共管理学报》2012 年第 1 期。

在此过程中，农地流转的参与主体、合同签订权、农地流转价格、规模等基本由基层政府或村委会所决定，而农户则是被动地接受流转。[①]该模式下，土地流转的主体是政府，其中政府包括中央和地方（省、市、县、乡）政府两个层面，中央政府不具体参与农村土地承包经营权的流转，因此所谓的政府主导型土地流转实质上是地方四级政府所主导的流转模式。政府主导模式下，从土地流转缔约到配套设施建设以及配套机制完善等，政府都发挥着重要的功能。在土地资源配置和收益分配中，政府统一安排指标流转、定价及收益分配等事项。政府主导型的农村土地承包经营权流转模式有利于提高土地利用效能，加速城乡融合，改善农村农民的经济发展环境。

2. 集体经济组织主导模式

集体经济组织主导模式是指在村委会和村级经济合作社的主导下，保持原有农村土地承包经营权关系不变，发挥农村集体自治的积极作用，进行农村土地承包经营权流转。从农村集体经济组织的介入农村土地承包经营权流转行为看，主要有居间介入[②]和委托介入两种类型。[③]

3. 农户主导模式

农户主导型农村土地承包经营权流转模式是指在不以营利为目的，流转过程只有转出方和转入方双方主体参与，农户以家庭而非自然人为单位在配置家庭经济资源时追求家庭长期效用或效益最大化，且坚

---

① 诸培新、张建、张志林：《农地流转对农户收入影响研究——对政府主导与农户主导型农地流转的比较分析》，《中国土地科学》2015年第11期。

② 居间的方式介入，指的是农村集体经济组织向承包方提供土地承包经营权出租的机会或提供各种信息服务，以促成土地承包经营权流转。农村集体经济组织为农户提供订约机会或媒介服务，形成居间法律关系。农村集体经济组织处于介绍人地位，不介入农户与他人所签订的合同关系中。农户在土地出租行为中，作为土地承包经营权出租合同的一方主体，与承租方订立合同，并独立承担合同中的权利和义务。

③ 委托介入是指土地承包权人委托农村集体经济组织处理有关承包地出租事宜。这种类型的法律特点是农村集体经济组织基于农户的委托，就土地承包经营权出租或其他事务交由农村集体经济组织处理事宜达成一致，形成委托关系。农村集体经济组织以自己的名义处理委托事务，农村集体经济组织与承租方订立土地租赁合同。

持在同等条件下熟人优先流转的模式。[①] 这种模式下，农户自己确定流转对象，经过谈判、签订合同等实现土地流转，农户拥有完全的土地流转决策权。[②] 农户主导下的土地流转，农户拥有自由的土地流转权利，能够通过对劳动力转移机会的预期做出土地流转决策，实现家庭劳动力在农业和非农业领域的最佳配置。[③] 但是，农户自发的农村土地承包经营权流转大多不规范，没有正式的合同及指定的流转期限等，仅通过口头协议完成流转。这都会造成流转中的法律关系的不稳定性。

4. 市场中介组织主导的信托模式

近年来，随着农业产业化的发展，已有的土地承包经营权流转方式存在的一些问题与弊端逐渐凸显，农村土地承包经营权信托作为一种新型的流转机制，已在我国一些地区开始实践，且取得了较好的成效，在一定程度上对土地资源利用率的提高以及农民收入的增加起到了促进作用。[④] 在国外，对信托法律性质定位有特殊的法律规范。[⑤] 较之民法上的财产，信托财产权的法律性质颇为特殊。[⑥] 信托财产法律关系存续期间，财产所有权与利益收益人分别属于不同的主体，信托财产的所有权属于受托人，收益属于委托人。农村土地承包经营权流转信托是指土地流转信托服务组织受理土地承包的委托，在土地所有权和承包权不变的前提下，按照土地经营权市场化要求，通过一定的程

---

① 于传岗：《基于国家治理视角下农户主导型土地流转性质分析》，《农业经济》2012 年第 10 期。

② 诸培新、张建、张志林：《农地流转对农户收入影响研究——对政府主导与农户主导型农地流转的比较分析》，《中国土地科学》2015 年第 11 期。

③ 王春超：《农村土地流转、劳动力资源配置与农民收入增长：基于中国 17 省份农户调查的实证研究》，《农业技术经济》2011 年第 1 期。

④ 唐舟淇：《农村土地承包经营权信托制度的法律问题研究》，硕士学位论文，西南财经大学，2013 年。

⑤ 朱圆：《论信托的性质与我国信托法的属性定位》，《中外法学》2015 年第 5 期。

⑥ 李红娟：《我国农村土地资本化问题法律分析》，《管理现代化》2013 年第 5 期。信托财产与民法上的财产权截然不同，民法上的财产权，无论是物权还是债权，权利名义人与利益享受人为同一主体，即谁在名义上享有权利，谁就享有该权利所产生的利益。

序，将土地经营权在一定期限内依法转让给其他个人或单位的行为。[1]
这种模式实质上是在农地所有权不变的情况下，将农村土地经营权作为信托财产交由信托机构进行综合管理和专业规制，信托机构（受托人）通过对土地的专业规制与综合管理，提高土地的开发与经营效率的一种土地流转经营模式，并将开发经营土地所得的土地增值收益交付给农民或者集体经济组织。[2]

三　农村土地承包经营权流转特点

我国的农村土地承包经营权制度来源于人民群众在实践劳动生产过程中的自发创造，因其契合中国经济制度改革的发展和需要，转变成了多项政策推动其发展和形成的一项制度，最终由政策上升成了一项基本的土地制度。

（一）限定物权

虽然我国的农村土地产权制度改革趋势是从封闭走向开放，但是实践中农村土地产权流动和变更枷锁重重，法律上的身份性障碍成为权利变更和流动的瓶颈。法律在规定上，流转的范围和对象基本上锁定具有"符合身份要求"的集体内部成员和从事农业生产的农户。[3]农地承包经营权的流转需要主体特定、流转期限限定、使用方式限定等条件满足下，将土地流出给不改变土地用途的流入方主体。传统的民法中，认为农村土地承包经营权是用益物权，基于用益物权理论解释农民土地承包经营权的观点认为，用益物权是从所有权中派生出来

---

[1]　由于农村土地承包经营权不属于《信托法》所规定禁止和限制的信托财产，所以可以被列为《农村土地承包法》第 32 条规定之"以其他方式"进行流转的类型。就我国当前市场上中信信托和北京信托发行的农村土地承包经营权流转信托产品种类来看，主要分为农村土地承包经营权流转信托和土地财产权利的信托。

[2]　李红娟：《我国农村土地资本化问题法律分析》，《管理现代化》2013 年第 5 期。

[3]　李红娟：《我国农村土地权利身份性研究》，博士学位论文，中国政法大学，2015 年。

的，其基本内容尤其是存在的期限必须受到所有权人的限制，而我国现行的农村土地承包经营权是一种用益物权，所以从该权利的内容和期限上看，就是一种应该受到所有权人限制的权利。[①] 用益物权采取法定主义，一般以登记为生效要件。[②]《物权法》[③] 等法律规定了农地承包经营权流转的期限，目前中央推进"三权分置"政策，在土地承包经营权30年不变情况下，建立稳定的土地权利关系，对农地承包经营权的流转提供制度保障，有利于农村土地资源的有效利用和经济持续发展。

（二）不稳定性

目前我国农地承包经营权获取有两种途径，一种是农户与村集体签订承包合同，取得的土地承包经营权，另一种是通过流转取得对土地的经营权。另外，现行农村土地承包经营权实行"增人不增地，减人不减地"和农村土地承包经营权关系"长期不变"这一基本政策，这一政策造成新型土地经营主体权利和"带地农民"权利的不稳定性和不确定性。在实践中，我国农村土地承包经营权的不稳定性主要体现在土地承包经营的合同内容的不确定和合同相对人享有的土地权利不确定。首先集体经济组织与农户之间的土地承包经营权合同的不规范、随意性等给发包人较大的权力空间，如土地的取回权设置，不利于承包人的权益保护。其次，农村土地承包经营权流转过程中，通过合同进行权利义务的规制，而对于权责所指向的主体的资格判断、客体的内容以及合同的本身的内容及形式等，不同程度地存在界定不清、约束不明现象，造成流转中的土地权利法律关系不稳定。

---

① 胡康生等:《中华人民共和国物权法释义》，法律出版社2007年版，第156—266页。

② 《物权法》第9条规定：不动产物权的设立、变更、转让和消灭，经依法登记，发生效力；未经登记，不发生效力。但法律另有规定的除外。

③ 《物权法》第126条规定，耕地的承包期为30年，草地的承包期为30年至50年，林地的承包期为30年至70年，特殊林木的林地承包期，经国务院林业行政主管部门批准可以延长。前款规定的承包期届满，由土地承包经营权人按照国家有关规定继续承包。

（三）身份属性

我国农村土地产权有很强的身份性属性，归纳起来主要表现在：（1）城乡土地权利的享有差别迥异。城市土地可以不限身份自由地流转，通过进入市场实现财产权上的对价，而农村土地基于特定政策上的考量，在土地流转中具有很强的身份性制约。（2）以户为基本单位的权利。例如，在现行的法律制度下，农村土地承包经营权基本经营单位、确权登记都是以"户"为对象。（3）以成员身份资格为先设条件的权利。农村土地权利具有很强的人身依附性，例如土地权利的取得、持有以及流转的前提条件。（4）身份决定法律地位的权利。同一权利关系，在不同时间和空间所体现出不同的法律地位。[1]虽然我国的农村土地产权制度的改革趋势是从封闭走向开放，但是，实践中，农村土地产权流动和变更枷锁重重，法律上的身份性障碍成为权利变更和流动的瓶颈。

第三节　农村土地承包经营权"三权分置"法律逻辑

权能分割是在现行的农村土地立法体系下，实现农村土地权利效用最大化的权利行使方式。"三权分置"被视为新格局下中国农地产权制度变革的基本方向，变革的要义是通过土地产权的细分和重新组合，实现城乡要素流动背景下的土地配置效率提高和社会秩序平稳。目前，我国农村土地承包经营权"三权分置"制度改革正在积极推进，"三权分置"的理论起点更多地来自于经济学界与改革政策实际需要，并非法学界的权利体系构造，从制度安排上看，只有简单的构架设计，没有具体的理论逻辑和法律规范。在我国既有农村土地权利立法体系中，只有农村集体土地所有权和使用权分离的"两权分离"的法律保障和实现机制，关于"农户承包权"与"土地经营权"这两个术语的界定尚处于空白。法律上内在的实现逻辑和现实改革制度保障都需要当前

---

[1]　李红娟：《我国农村土地权利身份性研究》，博士学位论文，中国政法大学，2015年。

农地"三权分置"从政策层面转化为稳定的、逻辑规范的,具有可操作性、可依据性的法律实现机制。然而,"三权分置"的法律内涵、权利边界、相互之间的法律关系如何界定?这"三权"到底该如何分置?"三权分置"之后该如何有效运行?"三权分置"后会产生什么社会后果?具体问题应当如何应对?这些都是需要讨论的问题。

一 "三权分置"制度改革溯源

(一)"三权分置"理论研究源于农地产权结构与法律关系不匹配

我国农村土地权利制度改革的一个重要特征就是具有很强的实践性,经过实践探索和形成经验总结,上升政策指导,再由法律确认,最后形成制度。当前围绕农地"三权分置"的研究形成了两条主线:一条线索是从产权经济学视角出发,分析集体所有制条件下,农户承包权稳定和经营权再配置对经济效率的影响;第二条线索是从经济学和法学的接合部出发,分析中国农地"三权分置"的不同权利内涵及关联关系。[1]农业和农村的发展始终与土地制度的变革相联系,土地制度变革的内容是土地产权关系的调整,实质是如何实现农民对土地的财产权利。[2]我国农村土地制度改革从注重土地社会属性到重视其经济属性的过程中,经历了以权能分离为标志的两次重大变革:其一是从农村土地所有权中分离出农村土地承包经营权,实现了农村土地所有权和使用权权能的分离,并经过法律上的确认和规范;其二是将农村土地经营权从土地承包经营权中分离,实现农地承包经营权占有、使用和收益权能的分离。在涉及流转问题时,无论是《农村土地承包法》还是《物权法》均使用了"土地承包经营权"的流转,而非单独的经营权的流转。[3]也就是说,目前关于"三权"流转仍处于理论和实

---

[1] 高帆:《中国农地"三权分置"的形成逻辑与实施政策》,《经济学家》2018年第 4 期。

[2] 顾钰民:《建国 60 年农村土地制度四次变革的产权分析》,《当代世界与社会主义》2009 年第 4 期。

[3] 刘征峰:《农地"三权分置"改革的私法逻辑》,《西北农林科技大学学报》(社会科学版)2015 年第 5 期。

践探索层面，尚未形成法律制度。

农村土地所有权、农村土地承包权、农村土地经营权的三权分离改革，是新时期农村土地改革政策的重要表现，农村土地改革作为一项综合性工作，其涉及领域相对较广，如土地管理学、土地经济学、土地法学等。[①] 理论界最早进行"三权分置"的讨论是基于实践的应用研究。学者们发现一些地区因人地分离而产生的撂荒现象，原先的农地承包经营权内涵和外延发生了变化，但囿于当时农地产权结构和立法局限，新的土地权利关系形成却无法受法律调整，于是提出通过农地"三权分离"来促进"农地代营"，完善农村土地承包经营权制度的思路。农村土地承包经营权"'人人有份，户户承包'的土地分配方式，以形式上的平等掩盖着事实上的不平等；强调土地的社会保险作用而忽视了珍稀资源土地的合理利用；在追求'公平'的同时牺牲了效率"，"稳定承包的实质是肯定土地的'垄断'经营，其结果是促使耕地进一步细化，难以形成有效的土地流转和集中机制，难以形成合理的经营规模经营"，应当以"农地代营制"促进土地流转与集中的新形式、新途径。[②] 三权分离是在维持农村土地集体所有，维护既有土地所有制形式和土地承包关系的情况下，扬弃了承包制不利于发展生产力的限制，同时又能发挥家庭联产承包责任制的优势。[③] 实践中，"集体—承包户—

[①] 彭博：《浅谈法学视角中的农村土地三权分离改革》，《现代经济信息》2017年第14期。

[②] 田则林、余义之、杨世友：《三权分离：农地代营——完善土地承包制、促进土地流转的新途径》，《中国农村经济》1990年第2期。农地代营制是从1983年开始出现，逐步由个别生产环节代营发展到生产全过程代营；由简单的代耕发展到耕地代种、耕牛代养、农事代管、生资代购、产品代销；由农户之间的临时口头协议发展到有着相对稳定的契约关系的土地经营形式，早期的主要实现方式有"耕地代种""经营代理""准合同代表"三种。

[③] 王新国、陈晓峰：《从顺城村的实践看"三权分离"》，《湖北社会科学》1990年第10期。文章对早期的"三权分离"实践做法进行了典型案例分析，主要做法是：坚持土地集体所有，对农户的承包土地在原承包户承包权不变的情况下，对务工经商户或无经营能力户的土地，由集体出面协调，让其转让出承包土地的经营权，由新接包户与集体签订经营合同。新接包户服从集体统一的计划，自主经营。合同期满，根据三方意见，可以由新接包户继续经营，可以由集体转包他人，也可以由原承包户收回土地的经营权。

公司型（联营体型／使用户型）"是早期"三权分离"的主要形式。^①农地转让的办法大体上分为两种，即无偿转让和有偿转让。^②早期关于农地"三权分置"更多的是来自经济领域的改革实践论述，进而在经济学界和法学界共同的推动下，上升为国家的政策。目前法学界关于"三权分置"的讨论更多地集中于权利构造和概念分析上，这种基于土地制度改革实践创新而演变出的新型土地权利关系是否符合逻辑体系和成为法律上规范的概念，目前还在争论中。

（二）"三权分置"政策来自农地制度安排与社会经济发展不协调

从我国农村土地制度改革过程来看，改革40多年来我国农村土地政策始终围绕着两种关系而展开：一是土地权利关系，即通过土地权利法律关系的调整，满足以土地为载体的权利主体的利益需求，进行权益的分配和规范，调动各主体参与经济发展的积极性；二是农村集体和农民的土地财产权关系，通过激活集体土地要素，提高农民财产性收益，促使现有的土地制度更好地适应农村经济发展的需求，加速推进农业现代化进程。国家制度的变化往往会呈现出一定的路径依赖性特征和文化传承特征，当制度发生变迁与选择时，其将会不断地进行强化，并以此为基础顺着既定轨道不断地发展。^③由于法律是相对稳定且往往滞后于社会发展，而制度的改革创新往往是基于实践探索或者主体利益诉求不能得到满足，出现了既有制度安排与社会经济发展不协调甚至相矛盾的困境，农地权利制度改革在此表现得尤为突出。从本质上看，农村土地制度改革是"契约关系"代替"身份关系"的过程，农村土地承包经营权的"三权分置"政策也是基于这一脉络而不断地趋于成熟。

1984年中央一号文件提出，"社员在承包期内因无力耕种或转营他业而要求不包或少包土地的，可以将土地交给集体统一安排，也可以经

---

① 冯玉华、张文方：《论农村土地的"三权分离"》，《经济纵横》1992年第9期。

② 陈绍坤：《正确引导土地使用权的转让》，《理论月刊》1991年第9期。

③ 谭葳：《农地三权分离改革的法学反思》，《中国高新区》2018年第2期。

集体同意，由社员自找对象协商转包，但不能擅自改变向集体承包合同的内容"①，首次从政策上为农村土地承包经营权流转提供了依据。② 在中央政策的大力推进下，自20世纪90年代以来，集体土地所有权、承包权和经营权三权分离的探索就已在各地展开，鼓励集体土地所有权、承包权和经营权分离，稳定承包权、搞活经营权，规范土地承包经营权流转。③2008年党的十七届三中全会通过《中共中央关于推进农村改革发展若干重大问题的决定》，提出"完善土地承包经营权权能，依法保障农民对承包土地的占有、使用、收益等权利；加强土地承包经营权流转管理和服务，建立健全土地承包经营权流转市场"④。2013年底，习近平总书记进一步全面系统地提出了"三权分置"的重大改革思想，这是国家领导人第一次公开提出"三权分置"概念，标志着该项改革进入酝酿阶段。⑤ 紧接着，党中央的一系列改革，包括试点地区现行先试推进"三权分置"，标志着该项制度改革进入了实质性阶段。⑥2018年中央一号文件重点布置了深化农地产权制度改革任务，包括推进农地"三权分置"制度，探索宅基地所有权、资格权、使用权"三权分置"。就此"三

---

① 王金红、黄振辉:《农地流转政策转型的历史轨迹与制度创新》,《华中师范大学学报》(人文社会科学版)2010年第2期。

② 周其仁:《"土地转包"打开的第一个口子》,《经济观察报》2013年4月1日。

③ 耿卓:《农地三权分置改革中土地经营权的法理反思与制度回应》,《法学家》2017年第5期。

④ 王金红、黄振辉:《农地流转政策转型的历史轨迹与制度创新》,《华中师范大学学报》(人文社会科学版)2010年第2期。

⑤ 2013年底中央农村工作会议。

⑥ 党的十八届五中全会再次明确要求，完善农村土地所有权承包权经营权分置办法，依法推进土地经营权有序流转。2016年7月农业部印发关于《农村土地经营权流转交易市场运行规范（试行）》的通知，旨在对农村土地经营权流转交易市场进行规范。国务院45号文《关于开展农村承包土地的经营权和农民住房财产权抵押贷款试点的指导意见》，以及中国人民银行会同相关部门联合印发的《农村承包土地的经营权抵押贷款试点暂行办法》，从贷款对象、贷款管理、风险补偿、配套支持措施、试点监测评估等多方面，对金融机构、试点地区和相关部门推进落实"两权"抵押贷款试点明确了政策要求。2016年11月中共中央办公厅、国务院办公厅印发了《关于完善农村土地所有权承包权经营权分置办法的意见》，对"三权分置"的原则予以明确规定，同时，"三权分置"的试点改革实践已经在全国多个地区展开，该项政策进入了实质改革阶段。

权分置"改革实践和理论体系构建全面推进,改革思路逐渐清晰,并已经进入贯彻落实阶段。从"三权分置"政策的演进过程看,所呈现的是对改革实践制度化规范化的正面回应。(见表1-2)

表1-2 农村土地承包经营权"三权分置"主要政策

年份	事件	内容及影响
1955	农村高级合作社开始在全国铺开	农民的土地私有制转为合作社性质的劳动集体所有。由于高度集中的劳动方式和分配中的平均主义,农民的积极性受到了极大打击,严重影响了农业生产
1978	农村实行家庭联产承包责任制	将土地所有权和承包权分设,所有权归集体,承包经营权归农户。极大地调动了农民的积极性,有效解决温饱问题,农村改革取得重大成果
1982	中共中央通过《全国农村工作会议纪要》	包产到户、包干到户都是社会主义集体经济的生产责任制。家庭联产承包责任制成为我国农村的一项基本经济制度
1991	中共中央十三届八中全会通过了《关于进一步加强农村改革发展若干重大问题的决定》	把以家庭联产承包为主的责任制、统分结合的双层经营制作为我国乡村集体经济组织的一项基本制度长期稳定下来,并不断充实完善
2008	中共中央十七届三中全会通过了《关于推进农村改革发展若干重大问题的决定》	提出要完善土地流转,激活农村金融
2014	中共中央办公厅、国务院办公厅印发《关于引导农村土地经营权有序流转 发展农业适度规模经营的意见》	中共中央、国务院《关于引导农村土地经营权有序流转 发展农村适度规模经营的意见》
2017	中国的土地承包法修正草案提请十二届全国人大常委会第十三次会议初次审议	此次土地承包法修改的主要内容包括所有权、承包权、经营权"三权分置",稳定农村土地承包关系并长久不变,土地经营权入股,维护进城务工和落户农民的土地承包经营权益等七方面内容
2018	中共中央、国务院《关于实施乡村振兴战略的意见》	完善农村承包地"三权分置"制度,在依法保护机体土地所有权和农户承包经营权前提下,平等保护土地经营权。农村承包土地经营权可以依法向金融机构融资担保、入股从事农业产业化经营
2019	中共中央、国务院《关于坚持农业农村优先发展做好"三农"工作的若干意见》	深化农村土地制度改革,落实"三权分置"。规范土地流转,允许承包土地经营权担保融资。坚持保障农民土地权益、不得以退出承包地和宅基地作为农民进城落户条件
2020	《民法典》出台	明确将农村土地所有权、承包权、经营权"三权分置"写进了民法典

在我国社会主义公有制背景下，基于农民集体、农户和土地经营者复杂的关系和农村土地特有的权利结构，稳定农户承包权，承认农民拥有独立的土地承包权，无论在理论上还是在实践中都具有极其重要的意义。[1]农村土地承包经营权分离出来的土地经营权的价值功能可以概括为以下几点：一是在不破坏并维系农村基本经营制度的前提下进行改革创新的突破口和关键；二是解决人地分离矛盾、克服耕地细碎化和促进流转自由顺畅的主要途径；三是培育和引入新型农业经营主体并理顺和稳定其与承包农户之间土地利用关系的制度工具。[2]因此，对于该项政策的研究需要在制度安排和社会经济发展协调中寻找最佳平衡点。

（三）"三权分置"各项权利边界与体系化构造是制度改革之根本

"三权分置"这一概念自出现在政策文件中以来就饱受争议，根本原因在于该项土地权利制度改革的逻辑在法律上还未明确表达，各项权利行使的方式也未妥善地予以确认。目前，农村土地"三权分置"改革的思路主要是在经济学界专家以及政府官员主导下完成的，在政策设计的过程中更多使用的是经济学界的概念体系，没有很好地与法学概念体系对接，结果导致"三权分置"改革中的承包权、经营权在法学学科的现有概念体系中缺乏现成的对应概念。[3]相对于官方对"三权分置"政策颇为肯定的态度和经济学界多数学者的积极的回应及相应的理论分析，法学界有不少学者认为该政策在法律逻辑和权利结构上存在明显的法理悖论，并且对于该项政策实施的制度障碍进行了剖

---

① 管洪彦、孔祥智：《农村土地"三权分置"的政策内涵与表达思路》，《江汉论坛》2017年第4期。
② 耿卓：《农地三权分置改革中土地经营权的法理反思与制度回应》，《法学家》2017年第5期。
③ 管洪彦、孔祥智：《农村土地"三权分置"的政策内涵与表达思路》，《江汉论坛》2017年第4期。

析。① 也有学者基于法律关系要素分析视角，对农地"三权分置"关系中的关键要素进行了概括解释，认为"三权"指的就是集体所有权、土地承包经营权这两项物权性质的权利，以及正在立法，但是还没有完全明确解决的经营权；所谓"分置"，其实就是这三种权利由不同的民事主体享有，其中最主要的，就是现在需要在立法上解决的第三种权，利也就是土地经营权，它就是为另外一个主体经营农业、占有使用耕作地的权利。②

　　无论是经济学界的价值导向肯定论述，还是法学界法律关系以及实现制度保障质疑，其落脚点无疑存在共性，即农民权益保障和通过农地流转实现农民财产性收益，研究的目标和制度的设计导向具有一致性。由于地方经济发展阶段的差异、农民异质化的程度不一、农业功能和形态的多样化、城乡互动下的要素组合变化，农地"三权分置"如何制度化、法律化是值得深化研究的主题。③ 农村土地"三权分置"表现出兼顾农村土地制度效率与安全，突破承包经营权流转的身份固化藩篱，以及破解农村土地抵押融资困局等功能价值。④ 所以，在农村土地"三权分置"改革大势所趋，形势所迫的大的背景需求下，经济学界和法学界以及实务界需要达成共识，并共同努力解决这一政策的制度转化基础性问题，例如，关于"三权分置"概念的科学界定，"三权分置"各项权利边界与体系化构造，农地承包经营权流转机制优化和各项权利实现方式等，为下一步深入推进改革提供了有效制度供给。

---

① 例如：丁关良、阮韦波：《农村集体土地产权"三权分离"论驳析》，《山东农业大学学报》2009 年第 4 期；申惠文：《法学视角中的农村土地三权分离改革》，《中国土地科学》2015 年第 3 期；申惠文：《农地三权分离改革的法学反思与批判》，《河北法学》2015 年第 4 期；陈金涛、刘文君：《农村土地"三权分置"的制度设计与实现路径探析》，《求实》2016 年第 1 期；谭崴：《农地三权分离改革的法学反思》，《中国高新区》2018 年第 2 期。

② 孙宪忠：《推进农地三权分置经营模式的立法研究》，《中国社会科学》2016 年第 7 期。

③ 刘守英、高圣平、王瑞民：《中国农地三权分置下的土地权利体系重构》，《北京大学学报》（哲学社会科学版）2017 年第 5 期。

④ 陈朝兵：《农村土地"三权分置"：功能作用、权能划分与制度构建》，《中国人口·资源与环境》2016 年第 4 期。

二 承包权与经营权分离的理论逻辑

（一）身份权与财产权分离之逻辑起点

按照党的十八届三中全会的设计，现阶段的新型农业经营体系，将是一个"家庭经营、集体经营、合作经营、企业经营等共同发展"的格局，其中的一个重要创新，就是在扩权赋能和地权资本化的基础上，发展农业产业化经营。扩权赋能，要求"赋予农民对承包地占有、使用、收益、流转及承包经营权抵押、担保权能"[①]。"三权分置"是对农村土地产权的丰富和细分，新的制度安排坚持了农村土地集体所有，强化了对农户土地承包权的保护，顺应了土地要素合理流转、提升农业经营规模效益和竞争力的需要。[②]2018年中央一号文件"乡村振兴战略"将农地"三权分置"推向全面落实阶段。[③]农村土地产权第一次两权分离是所有权和使用权的分离，以农村土地的所有权为原权利派生出了一个土地使用权（农村土地承包经营权），在实践和研究中发现农村土地承包经营权不仅仅是单纯的财产权，在该项权利之中还包含着身份权。农村土地承包经营权本质所体现的是农村集体经济组织和其内部成员所形成的一种财产性法律关系。农村土地承包经营权权利束下，以身份权（即承包权）来限定农村土地承包经营权的流转，区分农地财产权（经营权）的实现方式。

近些年来，中央文件提出"放活经营权"，对农村土地"扩权赋能"，从理想的法学观点看来，农村的土地是不需要所谓的"扩权赋能"的，因为如果人权是天赋的话，那么农村土地的财产权和所有权也是天赋的，其权利本身就是接近无限的权能的权利，但是在我国的现行农村土地承包经营权法律规范中，因为农村土地承包经营权流转受到了身

---

① 王卫国：《城乡一体化与农地流转制度改革》，《国家行政学院学报》2015年第3期。

② 韩长赋：《土地"三权分置"是中国农村改革的又一次重大创新》，《光明日报》2016年1月26日第1版。

③ 2018年，中共中央一号文件《关于实施乡村振兴战略的意见》，提出"全面完善农村土地承包经营权三权分置制度，深化农村集体产权制度改革"。

份性的限制，农民对土地所享有的财产性的权利非常有限。①农村土地与农村土地权利的分离表现为农地可以高速、自由、安全、充分地在不同民事主体之间流动和转让。实现这一功能的前提是需要把农村土地承包经营权中的身份权与财产权相分离。如果把承包权看成是身份权，经营权看成是财产权，进行权利上的分离，这就是其理论的逻辑起点。

（二）农地承包经营权权能残缺之回应

我国农村土地承包经营权并非单一的民事权利，而是集身份权和财产权于一身的复合权利。由于农村土地承包经营权的身份权和财产权密不可分，身份权从客观上构成了财产权转移的外在限制条件。②在农村土地承包经营权流转制度改革背景下，身份权（承包权）对财产权（经营权）的限制已使得该项权利基本效用发生了转变，即从最初维护和保障权利主体的利益的需要转变而成了损害权利主体发展权利益的危害。③所有权具有弹性力的特征，其主要表现在一些特定的条件下，基于一定的需求所有权中的某项权利可以与之相分离，例如他物权。权利束理论将所有权分离理论描述成这样，"对所有权（或完全不动产所有权）可以分割成相对独立的、清晰的一束权利。每一项权利都可以从权利束中分离出来并转让给他人，当一项权利从权利束中分离出来并转让、抵押，因此就形成不动产部分权益，有时也可称为不完整权益；绝对所有权同每项分离的权的关系，就像一束花整体同它包含的每支花的关系"④。

农村土地承包经营权流转所形成的核心价值，是土地承载的财产权实现增值收益和资本转化，而这个经济利益实现的过程就是权利束

---

① 李红娟：《我国农村土地权利身份性研究》，博士学位论文，中国政法大学，2015年。

② 李红娟：《我国农村土地权利身份性研究》，博士学位论文，中国政法大学，2015年。

③ 同上。

④ 谢经荣、吕萍：《房地产经济学》（第3版），中国人民大学出版社2013年版，第138页。

行使的效果。也就是说，农村土地承包经营权主体之间所形成的法律关系、产权结构的合理性，直接反映了制度改革和理论设计的质量和成果。权利公平标准之体现为市场上等价交换，而实现市场上的等价交换之要素便是双方身份的平等。我国当前的农村土地承包经营权权利结构是一个多层次结构体系，附加在权利之上的不同身份，使得法定的权利在实际行使中产生了极大的差异，甚至带有歧视的倾向和境况。通过梳理和归纳我国的《宪法》《民法通则》《物权法》《农业法》《农村土地承包法》《土地管理法实施条例》等法律法规，^① 可以发现，我国的农地承包经营权有很强的人身依附性质。农村土地权利的行使与实现与"农民"身份息息相关，因历史和制度的多重原因，我国农村土地承包经营权权能严重残缺，具体表现为承包经营权权能不能确定、缺乏安全性和排他性、实施成本高、流动性弱、欠缺法律保障等。^② 这种有"瑕疵"的财产性权利在权能实现和权利保护上必将产生混乱以至于阻碍财产性权利的实现。所以，以农民权利保护为目标，让农民更多地享受土地产权带来的收益为目标的农村土地权利（身份性与财产性权利）第二次相互分离，其实就是通过权利关系的重新定位和权利结构的调整，让权利回归到私法调整的领域，通过市场流通，实现现有法律制度环境下多方利益相对均衡与平衡。

三　农村土地经营权的属性及权责边界

（一）农地"经营权"的取得

任何权利都非凭空产生，而是人类社会既有规则、习惯、历史文

---

① 例如《宪法》第 8 条第 1 款、第 10 条，《民法通则》第 27 条，《物权法》第 74 条、第 81 条，《农业法》第 1 条，《土地管理法》第 10 条、第 14 条、第 15 条、第 62 条，《农村土地承包法》第 2 条、第 12 条、第 15 条，《村民委员会组织法》绝大多数条款，《土地管理法实施条例》第 4 条等法律法规对于农村土地权利的来源均有涉及，总的说来，来源于国家法定的集体权利或者具有契约性质的土地承包经营权的取得或者转让。
② 张术环：《我国农村土地承包经营权权能残缺及解决途径》，《农村经济》2005 年第 4 期。

化传统及群体正义观念等因素综合作用的结果。[①] 经营，是筹划营谋之意，通常情况下，它被用来泛指办理有关经济事务的一切活动。在民法中，经营权有两种大的类型：一是作为经济组织的企业所享有的经营权，或称经营管理权；一是作为自然人的农民所享有的经营权，或称承包经营权。[②] 与土地承包经营权不同，经营权是一种纯粹的财产性权利，其制度功能在于破解农地流转的障碍，实现农地规模经营，发掘农地的融资潜力。[③] 对从农村土地承包经营权里分离出来的"经营权"来源的讨论，是围绕着该权利如何发生、如何存在以及如何实现而展开。由于该项权利是从农村土地承包权中派生出来的一项权利，所以其产生和消灭以农村土地承包经营权为前提和基础。其中，承包权是承包人取得土地承包经营权的前提和基础，土地承包经营权的取得是土地承包权实现的基本方式。法律确认和保护农村土地承包经营权，其主要目的不仅是明确农地财产权利和稳定农地法律关系，还可以通过土地权利交换获得财产性收益。[④] 经营权的剥离使土地要素得到了整合和优化配置，有助于在保障农民权益的要求下，实现公平与效率。

　　基于民事行为可以取得农地经营权，基于其他法律行为也可以取得。基于民事行为的包括创设取得和转移取得两种情况。[⑤] 非基于民事

---

① 蔡立东、姜楠：《承包权与经营权分置的法构造》，《法学研究》2015 年第 3 期。

② 刘凯湘：《经营权》，法律出版社 1987 年版，第 1 页。

③ ［德］曼弗雷德·沃尔夫：《物权法》，吴越、李大雪译，法律出版社 2002 年版，第 473 页。

④ ［德］鲍尔、施蒂尔纳：《德国物权法》下册，申卫星、王洪亮译，法律出版社 2006 年版，第 727 页。

⑤ 创设取得和转移取得又可称为原始取得和继受取得。农村土地承包经营权权利取得方式主要有原始取得和继受取得两种形式。原始取得主要是指承包人与发包人通过订立承包经营合同而取得承包经营权，分为家庭承包的方式进行承包，承包人于合同成立生效时取得土地承包经营权。县级以上地方人民政府应当向土地承包经营权人发放土地承包经营权证，并登记造册，确认土地承包经营权。继受取得是指在土地承包经营权的流转过程中，受让人通过转包、出租、互换、转让、入股等方式，依法从原始取得的承包人手中取得土地承包经营权，或者因承包人死亡的，其法定继承人在承包期内继续承包而取得的土地承包经营权。

行为的主要包括以继承方式取得的农地承包经营权。① 所谓的创设取得是农户（承包人）与所在村集体（发包人）通过订立土地承包经营合同而取得的对土地占有、使用、收益的权利。无论是家庭承包还是其他途径（招标、拍卖、公开协商方式）的承包都应当签订合同并进行登记确权。以转移途径获得的农地承包经营权，是指通过农地转包、互换、转让等流转方式，依法从农户手中取得对土地占有、使用、收益的权利。通过流转所取得的土地权利，未经申请权利变更和登记，一旦发生纠纷，不得对抗善意第三人。

三权分置形成了一项新的农地权利实现方式，是我国农地权利法律关系新的表现形式。"法的关系正像国家的形式一样，既不能从他们本身来理解，也不能从所谓人类精神的一般发展来理解，相反，它们根源于物质的生活关系。"② 由于农地"经营权"的产生不是严格意义上的基于立法而形成的一项权利，是为了解决经济活动中实际问题而进行制度改革的政策性事务，所以就不能按照大陆法系的习惯从概念本身对其进行界定和性质的分析，否则会容易对其权能范围与内容界定出现误读和划分混乱。从经营权的产生方式和权利来源上看，农地"经营权"的权利来源有两个方面，其一是农村集体土地所有权。这个是农地"经营权"产生的根本性权源。其二是农村土地承包经营权。承包地的使用权应是农村土地"经营权"的权利产生之基础和权利行使之依据，这是农地"经营权"的权利直接来源。

（二）农地"经营权"的属性

以法学的视角分析"三权分置"改革问题，就是要通过农村土地

---

① 关于以继承方式取得农地承包经营权的问题在理论和实务中存在争议。持否定态度的主要是依据《继承法》第 3 条规定，认为土地承包经营权未在法律条文规定的可继承的遗产范围内。我国的《农村土地承包法》有条件地认可了农地承包经营权的有限继承：（1）以家庭承包方式取得的林地承包经营权，承包人死亡的，其继承人可以在承包期内继续承包；（2）以招标、拍卖、公开协商等方式设立的承包经营权，承包人死亡的，其继承人可以在承包期内继续承包。

② 卫江波：《行政法理论基础之重构》，《山西省政法管理干部学院学报》2018年第 1 期。

权利的法律分析，^① 建立起以体现法治精神的农地产权治理机制，为农村土地制度改革提供法律保障。农村土地"三权分置"的核心在于合理界定承包权和经营权分离后的权能范围与权利内容，这既是充分发挥农村土地"三权分置"功能作用的必然要求，也是有效防范农村土地"三权分置"可能带来负面效应的关键所在。^② 因此，要对"三权分置"各项权利属性的剖析和权责合理地界分，形成一个新的农村土地权利体系，并确保各项权利的顺利实现。在农村土地权利体系中，农地利用权是其核心，而"经营权"就是将农地利用权在当前法律制度下最大化地实现其经济价值。土地承包权因与集体成员身份密切相关，因此其性质应为成员权。^③ 土地经营权是在土地承包经营权之上设定的用益物权，土地承包权则为受经营权限制的土地承包经营权的代称。^④ 土地经营权的创设，其目的是想实现农村集体土地所有权、农户承包权和土地经营权的"三权分置"，鉴于此，目前提出的土地经营权应限制于农村集体所有的土地而排斥国家所有农民集体使用的土地，至于将来是否将此类土地纳入土地经营权得以存在的范围，尚需未来政策或法律认可；从土地功能考察，土地承包经营权的客体可以是耕地、林地、草地和其他用于农业的土地。^⑤ 从目前政策的规定上看，经营权的范围被限定在了农村集体经济所有的"耕地"层面。

---

① 法律分析和法理分析存在很大的区别。法理分析属于法学方法论的范畴，从直观的角度看，其应用场景主要是对事实或命题，运用已经形成的原理、概念进行分析与论证，主要的目标在于应用法学理论达到对对象的理解。而法律分析主要的是运用法律原理、概念、原则对事实进行分析与论证，其主要目标在于厘清法律关系，确定权利义务以及明确法律关系背后的法律责任。法理分析的基础是法学的一般原理，而法律分析的基础是部门法原理。但无论是哪种分析，其背后都是某种理论范式，都是运用法学或法律术语进行思维。参见陈金钊等《关于"法理分析"和"法律分析"的断想》，《河南省政法管理干部学院学报》2004 年第 1 期。

② 陈朝兵：《农村土地"三权分置"：功能作用、权能划分与制度构建》，《中国人口·资源与环境》2016 年第 4 期。

③ 王利明：《民法总论》，中国人民大学出版社 2009 年版，第 95 页。

④ 蔡立东、姜楠：《承包权与经营权分置的法构造》，《法学研究》2015 年第 3 期。

⑤ 陶钟太朗、杨遂全：《农村土地经营权认知与物权塑造——从既有法制到未来立法》，《南京农业大学学报》（社会科学版）2015 年第 2 期。

农村土地经营权是一项独立的财产性权利，具有债权特征，即对土地享有占有、支配、收益的权利。经营权权能的实现不再受身份的干扰和限制。权利的塑造，应本着世易时移之念，根据动态的社会发展，做阶段性的动态塑造，方能在保持法律稳定性的基础上，保障法制的有用性。[①] 从我国农地制度变迁和发展上看，农村土地"经营权"目前属性不明，但从改革实践中看，经营权更多地体现出一种债权的特征，经营权的实现和处置适用的是债权规则。从目前实践创新形式上看，"经营权"主要有以转让、出租、抵押、担保等形式通过流转得以实现。[②] 土地经营权的权能决定了农地进入流通领域所产生的价值（即市场价格），不同的农地经营权权能的性质所对应的法律关系、流转形式也不尽相同。[③] 土地承包经营权是基于农村土地承包合同产生的权利，是用益物权，是所有权项下分离出来的使用权；承包权和经营权是市场经济发展下的制度创新形式，前者具有身份权性质，以物权形式实现，后者具有财产权性质，以债权形式实现。以上四项权利（所有权、承包经营权、承包权、经营权）之间的权能和属性表现如下（见表1-4）：

表1-4 　　　　　　　　　农地"三权"的权能和属性

	主体	客体	权能	期限	属性
农村集体土地所有权	国家和集体经济组织	耕地、林地、草地、山岭、河滩地以及其他土地	占有、使用、收益和处分	永久	物权

---

① 陶钟太朗、杨遂全：《农村土地经营权认知与物权塑造——从既有法制到未来立法》，《南京农业大学学报》（社会科学版）2015年第2期；陶钟太朗：《从空间权看宅基地使用权》，载杨遂全《民商法争鸣》第7辑，法律出版社2003年版，第56—65页。

② 从经营权土地经营权实现看，包括如下权利内容：（1）占有权，即承包地从承包人处转移后，由经营者直接占有；（2）使用权，表现为自由耕作、经营、从事农业生产等；（3）收益权，表现为经营收益权；（4）处分权，表现为对土地经营权进行入股和抵押的权利。

③ 从农村土地权利法律关系上看，农村土地集体所有权是农村土地最基础的权利，集体经济所有权人对土地具有控制权，土地承包经营权是基于农村土地承包合同产生的权利，与集体土地所有权的关系是"母权"与"子权"、"物权"与"用益物权"、"基础权利"与"派生权利"的关系。

	主体	客体	权能	期限	属性
农村集体土地承包经营权	本集体经济组织成员及其他单位、农户或个人	耕地、林地、草地以及其他用于农业的土地	占有、使用、收益	耕地 30 年；草地 30 年至 50 年；林地 30 年至 70 年	用益物权有期限性身份性财产性
农村集体土地承包权	本集体经济组织成员	耕地、林地、草地以及其他用于农业的土地	收益	耕地 30 年；草地 30 年至 50 年；林地 30 年至 70 年	身份权成员权专属权
农村集体土地经营权	本集体经济组织外的个人或者单位	耕地	占有、使用、收益	按照合同约定；最长不能超过 20 年	债权有期限性财产性

（三）"经营权"的流转规则

土地制度结构的第一层次是所有制，第二层次是权利构成。由于第一层次是锁定的，改革只能在第二个层面寻求突破，即扩大使用权的权能，发挥产权的激励和稳定预期的功能，调动土地使用者的积极性，以提高土地利用效率。[①] 农村土地承包经营权人与集体经济组织签订土地承包合同，获得农村土地承包经营权。而农地"经营权"的实现主要途径，分为"债权"实现方式和"物权"实现方式。不同的实现方式所呈现的法律关系和流转规则是完全不相同的。其中，债权实现方式主要有"互换""出租""转包"等，所形成的法律关系为债权法律关系，权利性质上为租赁权。物权实现方式主要有"转让""入股""抵押"等，通过技术设计，剥离了农村土地承包经营权中的财产性权利"经营权"，从权利性质上产生了一项新的权利，根据物权法定原则，该项权利为用益物权。

在实践中，债权实现方式与物权实现方式的划分界定并非泾渭分明。尽管土地经营权的产生和权利行使与农村土地承包经营权密不可分，但是其权属和流转规则并不当然地就与土地承包经营权一致。其中，以债权方式实现的农地"经营权"流转规则主要依据债权法律关系进行调整，在过渡阶段应当遵循债权变动原则予以流转。农村土地

---

① 刘守英：《中国土地制度改革的逻辑与出路》，《财经》2014 年第 14 期。

经营权作为用益物权，其主体权利和义务可以基于权利存在的期限进行约定，并约定权利终止事项。

本章小结

（1）农村土地权利从两权分离到"三权分置"，既是城乡一体化发展背景下农地产权制度对法律关系调整的一种需要，也是农村经济发展下农地权利制度安排的一次重大改革，农地"三权分置"制度改革目的在于推进城乡土地要素对接，实现城乡土地要素顺畅流转，实现农村土地财产性权利的土地制度体系，为农村经济发展和城乡统筹提供制度保障。

（2）"三权分置"分的是身份权和财产权。其中，承包权是身份权，资格权，具有物权属性，经营权是财产权，具有债权属性。在当前和今后很长一段时期承载农民农村的社保保障功能，但是随着户籍制度、社保制度等基本社会制度改革的不断深入，承包权的农地经济重要性下降，承包权对于农民的保障性功能将逐渐弱于财产性功能，农地的利用方式和权利属性将会发生根本性改变。

（3）"三权分置"中"承包权""经营权"都是过渡阶段的制度改革的政策性产物，随着农村土地承包经营权制度的完善、流转市场的成熟及相关配套机制的健全，以及农村集体经济成员对土地保障功能依赖性的降低，承包权的身份性越来越淡化，逐渐退出历史舞台，城乡土地权利结构趋于统一。

（4）农村土地经营权的法律属性应分两个不同阶段进行定性。目前属于过渡阶段，其性质兼具债权和物权双重属性，受合同法和债权相关法律法规调整。在当前过渡性阶段，农村土地承包经营权分离成承包权和经营权不是新的权利形式的创设，也并没有派生出新的土地权能，只是一种当前土地制度框架下，发展经济的政策安排，一种调整土地关系的手段，经营权为债权性质法律，具备债权的权利特征，受债权法调整。

第二章
农村土地承包经营权流转案例分析

　　一个案例胜过一打文件。案例对于法律体系而言，相当于一条条毛细血管对于人体的供血系统，只有毛细血管的微循环通畅，才能源源不断地为全国人大立法、行政法规颁布、司法解释出台等提供鲜活的实践养分供给，才能推动立法司法不断完善，整个法律体系更加符合逻辑性、科学性和权威性。本章对于司法案例的实证研究，以中国裁判文书网收录的全国法院所选取的案例为样本来源，以"农村土地承包经营权流转"为基本案由，获取有效案例 15 个，结合当前农村土地流转相关政策，进行案例分析和论证。

第一节　关于土地承包经营流转后主体资格确认

　　主体明晰是任何民事权利的最基本要求，缺乏主体，权利则毫无意义；主体不清晰，权利要么有名无实，要么无法真正地发挥作用。[①]农村土地承包经营权作为农地权利的核心权利，在权利的取得、变更和流转中出现了诸多问题，也反映出了农村土地权利主体制度所面临的困境和挑战，通过实践司法案例的研究，剖析问题存在的原因和表现形式，寻找有效化解路径。

---

　　① 朱广新：《论土地承包经营权的主体、期限和继承》,《吉林大学社会科学学报》2014 年第 4 期。

一 案例一 依法取得的土地承包经营权可以流转
——张国宏与叶亚二等农村土地承包经营权流转纠纷上诉案①

【案例要旨】

依法取得的土地承包经营权可以以出租方式流转。土地承包经营权流转的主体是承包方。承包方有权依法自主决定土地承包经营权是否流转和流转的方式。

【案情简介】

上诉人（原审原告）：张某。

被上诉人（原审被告）：张元某。

原审法院查明：2002 年 5 月，张某与三亚市田独镇安罗村民委员会（以下简称安罗村委会）签订《土地承包合同》，约定张某承包安罗村的盐碱地和荒地约 150 亩作为鱼苗养殖场，承包期限 30 年。还约定张某在承包期限内，对土地的使用权有自主经营权，在取得安罗村委会同意的情况下，将该基地出租、转包，安罗村委会应得的承包金仍由张某向安罗村委会缴纳。该合同于同年 5 月 8 日报经三亚市田独镇人民政府同意。随后，张某及其家人对其中约三分之二的承包地进行开发经营鱼苗养殖场，剩余土地未开发建设。2005 年 3 月 24 日，张某回台湾后，鱼苗养殖场由其儿子张元某管理。11 月 3 日，张元某将上述未开发的 45 亩承包地租赁给叶某，并签订《承租合同》，约定承租期限 20 年。

原审法院认为，张某与安罗村委会签订的《土地承包合同》符合法律规定，为有效合同，张某依据该合同取得涉讼土地的承包经营权，在承包期内可以依法对土地承包经营权以出租等方式进行流转。张某以自己的名义承包土地经营养殖业，实际是家庭成员共同参与经营管

① 案例来源：2020 年 1 月 5 日，中国法律应用数字网络服务平台（http://www.faxin.cn）。

理。张某回台湾后，将养殖场的事务交由张元某管理，应视为委托管理行为。在张元某管理期间，叶某与其签订《承租合同》，为表见代理，叶某是善意相对人。另外，张元某称张某返台治病 1 年 8 个月，双方一直无法联系，以至于无法将其与叶某签订承租土地一事告知张某，该事实不符合日常生活常理，不予采信，应推定张某对涉讼承包地出租给叶某的事实是知道的。张某自 2002 年 5 月承包土地后，对涉讼承包地未进行有效开发，致使该地抛荒 3 年 6 个月，叶某对抛荒的承包地进行租赁经营，并不损害国家、集体的利益。同时，叶某已对租赁的承包地做了大量的投入，对其合法权益应予保护。综上，应认定张元某与叶某签订的《承租合同》合法有效，继续履行。

【法院判决】

法院审理后认为，张某上诉认为张元某与叶某签订的《承租合同》无效，该主张不能成立。理由如下：

虽然《土地承包合同》是张某个人与安罗村委会签订的，但从张某自承包该土地后到 2006 年 11 月份这段时间长期不在涉案土地所在的三亚市田独镇，特别是在 2005 年 3 月到 2006 年 11 月长达 1 年 8 个月的时间里，张某都远居台湾，没有参与该承包土地的经营管理等事实来看，一审认定涉案土地实际是张某家庭成员共同参与经营管理并无不当。

张某家庭成员承包涉案土地不是依据《中华人民共和国农村土地承包法》第二章规定的家庭承包方式承包，而是依据该法第三章规定的其他方式进行承包，故张某认为一审对此所做的认定不符合该法第二章第 15 条的规定，理由不能成立。

【案例评析】

本案的争议焦点是土地流转合同是否有效。

　　法律依据:《中华人民共和国民法通则》第49条①、第60条,《中华人民共和国农村土地承包法》第15条、第39条规定。② 本案中,张某与安罗村委会签订的《土地承包合同》符合法律规定,为有效合同,张某依据该合同在承包期内可以依法对土地承包经营权以出租等方式进行流转。

　　张某以自己的名义承包土地经营养殖业,实际是家庭成员共同参与经营管理。张某回台湾后,将养殖场的事务交由张元某管理,应视为委托管理行为。在张元某管理期间,叶某与其签订《承租合同》,该合同虽然只有张元某的签名,但基于其与张某是父子关系,叶某有理由相信张元某有权代理张某对外签订出租土地承包经营权的协议。

　　张元某与董恩想等人对该租赁土地进行现场丈量后,将该地交付叶某使用,说明安罗村委会同意张元某将涉讼的土地承包经营权出租给叶某。同时,叶某以对价租赁承包地,是善意相对人。

　　当事人之间形成了表见代理关系,且张某返回三亚后,叶某向张元某缴纳土地租金,并出资共同购买变压器用于双方养殖场的供电,张某对此均无异议,应认定张某认可张元某转包土地的事实。因此,该土地流转合同有效。

---

　　① 《中华人民共和国民法通则》第49条,"行为人没有代理权、超越代理权或者代理权终止后以被代理人名义订立合同,相对人有理由相信行为人有代理权的,该代理行为有效"(表见代理)。第60条,"当事人应当按照约定全面履行自己的义务。当事人应当遵循诚实信用原则,根据合同的性质、目的和交易习惯履行通知、协助、保密等义务"(诚实守信)。

　　② 《中华人民共和国农村土地承包法》第15条:"家庭承包的承包方是本集体经济组织的农户。"第39条:"承包方可以在一定期限内将部分或者全部土地承包经营权转包或者出租给第三方,承包方与发包方的承包关系不变。"

二 案例二 土地承包经营权流转的主体是承包方

——某华、某杰、某武诉王某土地承包经营权纠纷案①

【案例要旨】

承包方有权自主决定土地承包经营权是否流转和流转的方式。包括发包方在内的其他任何单位和个人均不得成为土地承包经营权的流转主体。不享有土地承包经营权的人，不具备土地承包经营权流转的主体资格。

【案情简介】

原告某华、某杰诉称：农村土地承包到户后，原告之父某和与王某口头协商一致，将粟和从社集体承包的位于本社大堰沟上边的一片桐子林地，与王某家从社集体承包的位于本社坟坪子的柴山地互换，互换后各自使用，未发生争议。2007年因政府修水电站，征收土地，开展电站淹没区实物指标调查登记工作时，王某以其享有坟坪子柴山地承包经营权为由，主张该片土地被征收的补偿费用应登记在其名义下，于是政府将该片地划作争议地。诉请判决确认原、被告之间互换土地的事实成立，所争议的地块土地承包经营权属原告享有，该地被征用后的各项补偿费用归原告所有。被告认为原告的诉讼请求不合法，请求法院不予支持。

【法院判决】

法院裁定驳回原告某华、某杰、某武的起诉。

法院认为，原告主张其父某和从本社集体承包大堰沟上边桐子林地的事实，因原告未提供该片林地承包经营权证或林权证，对某和享有大堰沟上边桐子林地的经营权事实，证据不足，不能认定。

---

① 案例来源：罗天华：《土地承包经营权是土地流转的前提》，2018年5月1日，中国法院网（https://www.chinacourt.org/article/detail/2012/07/id/532341.shtml）。

被告王某主张讼争议林地属于其享有承包经营权的坟坪子林地的地块，但其提交的自留草山存根记载该片林地的四至边界、面积与本案讼争土地不相一致，不能充分证明本案讼争土地包括在其享有经营权的坟坪子林地内。

【案例评析】

一、土地承包经营权流转的主体是承包方。《中华人民共和国农村土地承包法》第34条规定：土地承包经营权流转的主体是承包方。承包方有权自主决定土地承包经营权是否流转和流转的方式。据此规定，包括发包方在内的其他任何单位和个人均不得成为土地承包经营权的流转主体。不享有土地承包经营权的人，不具备土地承包经营权流转的主体资格。因此，主体是否具有流转土地承包经营权是审理土地承包经营权流转合同纠纷的第一步。在确定了主体是否合格的基础上，需要审查土地承包经营权流转合同是否遵守《中华人民共和国农村土地承包法》规定的原则，是否具备土地流转合同必备条款，是否遵循合同的报批备案程序。

二、流转主体对所流转土地享有承包经营权的事实负有证明责任。《最高人民法院关于民事诉讼证据的若干规定》第2条规定："当事人对自己提出的诉讼请求所依据的事实或者反驳对方诉讼请求所依据的事实有责任提供证据加以证明。"广义的土地流转主体，既包括流转方，也包含流转土地的受让方。流转的客体是土地的承包经营权。从土地互换的角度来看，土地互换的当事人均为流转主体。土地互换的当事人必须对用以互换的土地享有合法的承包经营权。

第二节　关于农村土地承包经营权流转合同效力

一　案例三　流转土地的用途是流转合同效力的决定因素
——村委会请求确认李东某与开拓公司农地租赁合同无效案[①]

【案例要旨】

在影响农村土地承包经营权流转合同效力的诸多要素中，流转土地的用途是决定因素，无论是农业用地还是"四荒"地，都不得改变农业用途，改变土地农业用途的合同，绝对无效。而是否侵犯了发包方的同意权，是否履行了法定程序，则会因土地承包经营权流转的方式不同而有所区别，并不必然导致合同无效。

【案情简介】

原告村委会起诉称：1997 年 11 月 17 日，原告与被告李东某签订荒滩租赁合同，由被告李东某租赁原告所属荒滩地约 10 亩，用于修建养鱼池。租赁期限 40 年。李东某租赁后一直未办理土地经营权证。

2002 年 7 月，李东某在未经原告同意、未履行法定程序的情况下，擅自和被告开拓公司签订了《房屋出售及土地使用权转让协议书》（以下简称《转让协议》），将其租赁的土地非法进行了转让，用作该公司员工培训基地，改变了租赁地的农业用途。由于李东某一直在此经营，原告对此亦未注意。

2009 年 8 月，李东某与开拓公司发生纠纷，原告才知道被告之间租赁土地转让一事。原告认为，被告李东某在承租期内私自将租赁的土地转让给本集体经济组织以外的开拓公司，改变了租赁地农业用途，且未经出租方同意，未履行法定程序，违反了相关法律的规定。故原

---

① 案例来源：2018 年 5 月 4 日，http://www.faxin.cn/lib/cpal/AlyzContent.aspx?isAlyz=1&gid=C670383&libid=0201&userinput= 农村土地承包经营权流转。

告诉至法院，要求确认李东某与开拓公司签订的《转让协议》无效。

被告李东某答辩称：原告对被告签订《转让协议》知情，我转让给开拓公司的是地上物，即房产，该转让协议应有效。

被告开拓公司答辩称：原告对开拓公司与李东某之间的《转让协议》应为明知，涉案的土地是荒滩，不是农田，因此，被告在荒滩上建设训练基地并不涉及改变土地用途的问题。被告之间的《转让协议》应有效。

【法院判决】

受诉法院认为：原告与李东某签订的《荒滩租赁合同》明确约定，租赁用途为修建养鱼池，不得改变使用性质。二被告签订的《转让协议》明确约定：李东某将房产、设施及土地使用权转让给开拓公司，用于建立企业团队建设训练基地。该合同已实际履行。

根据《土地管理法》的相关规定，依法改变土地用途应当办理变更登记手续，农民集体所有的土地的使用权不得出让、转让或者出租用于非农业建设，任何单位和个人进行建设需经申请或批准。庭审中被告未能证明其已办理相关变更登记，亦未能证明转让房产已经申请或批准。故被告签订的《转让协议》违反相关法律规定，应属无效。

综上所述，依据《中华人民共和国土地管理法》第 12 条、第 43 条、第 63 条，《中华人民共和国合同法》第 52 条之规定，判决如下：被告李东某与被告开拓公司签订的《房屋出售及土地使用权转让协议书》无效。

【案例评析】

本案是因荒滩承包经营权流转引发的纠纷，《农村土地承包法》对"荒山、荒沟、荒丘、荒滩""四荒地"承包经营权的流转做了有别于农地使用权的规定。审判实践中，因"四荒地"承包经营权流转引发的纠纷占有一定的比重，这其中以要求法院认定流转合同无效和解除为众。法院在判定流转合同无效和解除的事由时，不可避免地要考量是否改变了土地的使用用途、是否履行了法律规定的程序、是否经过有关当事人的同意等。

二 案例四 以土地承包经营权进行抵押或抵债的合同无效
——齐某某等诉宁某某等返还原物纠纷案①

【案例要旨】

抵押是指抵押人和债权人以书面形式订立约定，不转移抵押财产的占有，将该财产作为债权的担保。当债务人不履行债务时，债权人有权依法以该财产折价或者以拍卖、变卖该财产的价款优先受偿。土地承包经营权能够抵押就使得承包人多了一个融资渠道。国务院也在2015年下发《关于开展农村承包土地的经营权和农民住房财产权抵押贷款试点的指导意见》，要求慎重稳妥推进农村承包土地的经营权抵押贷款试点和农民住房财产权抵押、担保、转让试点工作。家庭承包的土地承包经营权不得用于抵押，只有依法取得土地承包经营权证或者属于荒山、荒地、荒沟、荒滩的土地承包经营权才能用于抵押。当农民的土地经营权与债权发生冲突时，法律和相关政策优先保护农民的生存权，保护土地经营权。承包方以其土地承包经营权进行抵押或抵偿债务的，应当认定无效。

【案情简介】

齐某某提起诉讼称：2004年春，齐某某在宁某某处赊购摩托车一辆，价款为5500元并约定付款期限。逾期后，2006年4月，宁某某让齐某某重新出具7888元的欠条。后双方协商，原告将9.6亩土地承包给被告以承包费抵偿欠款，承包费为800元／年。2013年，该土地经村委会对外发包，承包费为350元／年。自2006年至2014年，宁某某共收取承包费10880元，原、被告之间的债权债务已抵偿完毕。请求判令：1.撤销原、被告订立的借款合同；2.被告返还原告9.6亩土

---

① 案例来源：2020年1月20日，新疆法院网（http://oldwww.xjcourt.org/public/detail.php?id=21233）。

地；3.被告承担本案诉讼费用。

宁某某答辩称：对双方之间存在的债权债务关系无异议。原告将 9.6 亩土地承包给被告，以承包费优先抵偿欠款利息，承包费为 800 元／年。2013 年，该土地经村委会统一对外发包，承包费为 800 元／年。2007 年至 2015 年期间，被告收取承包费合计 14880 元。2013 年，被告向村委会交付滴灌安装费 1680 元，但滴灌安装费应为 1440 元。

【法院判决】

以土地承包经营权抵偿债务协议的效力问题。在农民的土地经营权与债权发生冲突时，法律优先保护农民的生存权，保护土地经营权。据此，《最高人民法院关于审理涉及农村土地承包纠纷案件适用法律问题的解释》第 15 条规定，承包方以其土地承包经营权进行抵押或抵偿债务的，应当认定无效。

本案中，齐某某拖欠被告摩托车款无力偿还，便约定以土地承包经营权抵偿摩托车欠款，该约定违反了上述规定，应当认定无效。根据《中华人民共和国合同法》第 58 条规定，合同无效或者被撤销后，因该合同取得的财产，应当予以返还。本案中，被告应将依据土地承包经营权抵偿债务协议所取得的 9.6 亩土地予以返还。

判决：一、宁某某于本判决生效后三个月内归还齐某某、叶某某、阿某某 9.6 亩土地；二、驳回齐某某、叶某某、阿某某的其他诉讼请求。

【案例评析】

土地承包经营权问题，既是一个法律问题，也是一个政策问题。当农民的土地经营权与债权发生冲突时，法律和相关政策优先保护农民的生存权，保护土地经营权。据此，《最高人民法院关于审理涉及农村土地承包纠纷案件适用法律问题的解释》第 15 条规定，承包方以其土地承包经营权进行抵押或抵偿债务的，应当认定无效。

关于以土地承包经营权抵债的问题，全国人大常委会和最高人民法院先后出台了三部法律、司法解释和规定。具体为 1999 年 6 月 5 日，最高人民法院做出的《关于审理农业承包合同纠纷案件若干问题的规定（试行）》、2002 年 8 月 29 日全国人民代表大会常务委员会通过的《中华人民共和国农村土地承包法》、2005 年 9 月实施的最高人民法院《关于审理涉及农村土地承包纠纷案件适用法律问题的解释》，为人民法院审理农业承包合同纠纷的案件提供了法律依据，但关于以土地承包经营权抵顶债务的规定还不够细致，例如，对土地承包经营权抵债务的法律规定过于简单，没有关于村集体经济组织是否可以用土地抵村里欠款的规定等。

债权人与债务人虽然从法律角度上地位是平等的，但是在现实生活中双方地位并不平等，债务人处于较弱的地位，如果法律允许以农村土地抵债，则往往会出现大量的债权人逼着无力还钱的债务人以土地抵顶，不能从根本上反映双方当事人的真实意思表示，反而使大量的农民失去了生存根基，继而引发社会的动荡，增加社会的不和谐因素。另外，需要注意的是，在用土地抵债的案件中，有一部分合同是债权债务人签订的土地转包合同，债权标的额就是土地转包金，掩盖了双方债权债务关系。因此，这就要求法官在审理案件时特别注意将土地转包和用土地抵债区别开来，以确保案件的正确审理。

第三节　关于以不同形式
流转农村土地承包经营权纠纷

在土地承包经营权租赁关系中，租赁人获得的是土地承包经营权的使用权，而不是完整的土地承包经营权。土地承包经营权的租赁与转包没有什么本质的区别，均属于债的关系。[①] 但是，从法律的行为上看，转包是一种农地产权内部流转行为，出租是外部行为。转包人对土地经营权的产权不变，受转包人享有土地承包经营权的使用权，获取承包土地的收益，并向转包人支付转包费，转包无须发包方许可，但

---

① 《杜万华大法官民事商事审判实务》，人民法院出版社 2016 年版，第 36 页。

转包合同需向发包方备案。出租是农户将土地承包经营权租赁给本集体经济组织以外的人。出租是一种外部的民事合同，出租人对土地经营权的产权不变。承租人通过租赁合同取得土地承包经营权的承租权，并向出租的农户支付租金。

一 案例五 以"出租"为名签订的实为"转让"合同效力的认定
——刘某某等诉殷某某、苏某某、李家寨镇南田村民委员会侵犯集体经济组织成员权益纠纷案[1]

【案例要旨】

当事人之间以"出租"为名签订的农村土地流转合同，实际内容涉及土地承包经营权的转让，其签订的合同的性质和效力应如何认定？

【案情简介】

2005年5月16日，被告南田村委会（甲方）与被告苏某某签订合同书，主要内容如下：为了开发李家寨南田村旅游景点，尽快将资源优势转化为产业优势，经甲乙双方协商就南田村集体山林开发经营签订以下合同。

一、甲方将南田村山林开发使用权出租给乙方柒拾年，时间从2005年5月16日到2075年5月16日。合同期满后，乙方有优先续签合同的权利。

二、南田村山林开发使用权出租金柒拾年共为叁万元整。

三、南田村山林总面积约捌仟伍佰亩。甲方保证山林面积四周边界清楚无异议，林业产权证甲方应协助乙方办理。

四、甲方将开发使用权租给乙方后，由乙方自主经营、自主开发、自负盈亏。但乙方要保持南田村山林原貌，未经政府同意不得擅自砍

---

[1] 案例来源：2020年1月20日，信阳市浉河区人民法院网（http://shqfy.hncourt.gov.cn/public/detail.php?id=35）。

伐林木。

五、山林内原有耕地、山地、房屋附属物等，甲方已经承包给他人经营的该合同生效后，甲方应协助乙方善后原承包合同，应该终止的终止，需要承包经营的由乙方同承包人续签承包合同，承包收入归乙方所有。合同除有殷某某签名并加盖南田村委会公章及苏某某签名外，还有村民代表栏吴某某等六名村民的名字，2005 年 11 月 24 日，信阳市浉河区公证处出具（2005）信浉证经字第 933 号公证书。

2005 年 12 月 23 日，信阳市浉河区林业局向苏某某颁发了林权证。2007 年 6 月 5 日、10 月 15 日殷某某等出具收条，收到苏某某方现金 30000 元。南田村全村共 4 个村民组，43 户、150 人，原告刘某某等 27 人得知上述情况后，认为被告的行为侵犯了其合法权益，自发组织、提起诉讼，要求认定被告签订的合同无效，支持原告对山林的优先承包权，并由被告承担本案诉讼费等费用。

【法院判决】

信阳浉河区法院审理认为，被告南田村委会与被告殷某某签订的合同书为"将南田村山林开发使用权出租给乙方柒拾年"，双方签订的合同是租赁合同，还是承包合同？殷某某依据合同取得的是山林林地开发使用权，根据林权证，林地使用权利人为苏某某，在林权证注记栏中载明"该林系李家寨镇南田村委会所有，苏某某在承包期间内具有山林开发使用权……"，因此苏某某取得的权利事实上是农村土地承包经营权，双方的合同性质应为农村土地承包合同，双方的行为应符合《中华人民共和国农村土地承包法》第 47 条、第 48 条之规定 ①。

根据《中华人民共和国合同法》第 52 条第 5 项、《中华人民共和国农村土地承包法》第 47 条、第 48 条之规定，判决：

---

① 《中华人民共和国农村土地承包法》第 47 条："以其他方式承包农村土地，在同等条件下，本集体经济组织成员享有优先承包权"，第 48 条"发包方将农村土地发包本集体经济组织以外的单位或者个人承包，应当事先经本集体经济组织成员的村民会议三分之二以上成员或三分之二以上的村民代表同意，并报乡（镇）人民政府批准……"。

一、本案被告南田村委会与被告苏某某 2005 年 5 月 16 日签订的合同无效。二、驳回原告的其他诉讼请求。本案受理费 5000 元，被告南田村委会、苏某某各承担 2500 元。

被告苏某某不服提起上诉称，原审按民主争议受理本案，程序错误；原审对诉讼时效、合同效力及性质认定错误；双方签订合同为有效合同。

信阳市中级法院审理认为，上诉人苏某某与被上诉人南田村委会签订的合同中约定，将南田村山林开发使用权出租给苏某某，苏某某依据合同取得山林地开发使用权，并办理林权证，林权证载明该林地为南田村委会所有，苏某某在承包期间内具有山林开发使用权。因而双方签订的合同应为农村土地承包合同，原审作为民事案件受理，并认定合同性质为农村土地承包合同并无不当。

【案例评析】

一、本案是否能以民事案件受理

20 多户原告起诉时，就本案是否能以民事案件受理有两种不同意见，第一种意见认为：苏某某已经取得行政机关颁发的林权证，原告应提起行政诉讼，请求林业局撤销林权证。第二种意见认为，应以民事案件予以受理，理由为：林业局为苏某某颁发林权证是依苏某某与南田村委会签订的合同办理，林业局无权认定双方签订的合同是否有效，其颁证的具体行政行为并无不当，只有通过民事审判认定苏某某与南田村委会签订的合同无效后，林业局才能撤销林权证。经合议，认为第二种意见正确，南田村委会与苏某某签订合同的行为没有经过村民大会和村民代表合议表决通过，侵犯了全体村民的利益，是一种平等主体之间的侵权纠纷，属民法调整的范围，只有通过民事审判对合同是否有效进行认定，才能为行政机关的具体行政行为提供依据，从而彻底解决纠纷。

二、本案的"合同"是一种什么性质的合同

双方签订的合同名称为"出租合同"，南田村委会将其村集体所有的 8500 亩山林以 3 万元价格出租给苏某某开发使用 70 年，苏某某依据合同取得该山林的林权证，取得了该林地的开发使用权，即该林地的承包经营权，从合同内容分析，双方签订的合同应为农村土地承包合同。双方的行为应受《中华人民共和国农村土地承包法》调整，本案合同性质的认定，是审理本案的基础，正确确定合同的性质，才能正确适用法律。

三、依法审理农村土地承包合同条件，规范农村土地合法有序流转

信阳市浉河区农村多为山区，随着国家鼓励农村土地流转政策的出台，农村农田、山地、林地等承包经营权采取转包、出租、互换、转让或者以其他方式流转日益频繁，由此产生的纠纷也日益增多，尤其是集体所有的土地在对外承包、转包等过程中，由于少数集体单位领导缺乏相关法律知识，或主观上存在以权谋私的思想，致使土地流转合同的签订违反法律规定，致使合同无效，侵犯了其他集体组织成员的利益。基层法庭处在农村审判的前沿阵地，通过民事审判和法律服务，对促进农村土地流转市场的健康发展，具有非常重要的作用。

二 案例六 集体土地规模化流转中土地承包经营权租赁合同纠纷
——邓某诉曹某土地承包经营权出租合同纠纷案 ①

【案例要旨】

在农村集体土地规模化流转中，因承租人轻微违约行为导致相对人主张解除合同时，如解除合同可能造成更大损失，人民法院可以综合案件情况，对合同解除权进行限制。

【案情简介】

2014年1月17日，邓某与曹某签订《农村土地租用协议》，约定曹某租赁邓某承包的农村土地3.669亩用以经营，租赁期限从2014年2月1日至2044年2月1日，租金标准每亩每年500元，每年2月15

① 案例来源：2020年1月20日，北大法宝（http://www.pkulaw.cn/case/pfnl_a25051f3312b07f399bfb9e432ee90e50634dd880de0f2e1bdfb.html?keywords）。

日之前支付，并约定租金支付时间最迟不得超过半年，否则甲方可以解除合同。同时曹某与邓某所在村民小组大多数农户签约租赁其连片土地发展农业生产，整体面积多达 70 余亩，租期长达 30 年。

合同签订后，曹某分别于 2014 年、2015 年，按照协议约定的时间，将土地租金支付给柏溪镇长江村第十一村民小组，再由村民小组将租金分别发放给村民。2016 年 2 月，因曹某未按照协议约定支付原告租金，致邓某于 2016 年 8 月起诉到法院。

邓某起诉后，曹某于 2016 年 10 月 13 日将 2016 年度租金按以往付款惯例全部支付给柏溪镇长江村第十一村民小组，但邓某并未前往领取该年度租金。审理中，经法院释明，邓某表示只要求解除协议和请求租金，没有其他损失。曹某表示自愿给付邓某 2016 年度土地租金 1834.5 元。但双方对于是否解除协议分歧较大，经调解未能达成一致意见。

【法院判决】

四川省宜宾县人民法院于 2016 年 11 月 4 日做出（2016）川 1521 民初 1947 号民事判决：

被告曹某于判决生效之日起三日内给付原告邓某土地承包费 1834.5 元；二、驳回原告邓某的其他诉讼请求。一审宣判后，双方当事人均未提出上诉，一审判决已经发生法律效力。

法院生效裁判认为，原告邓某依据《农村土地租用协议》第 3 条第 3 项约定"租金支付时间最迟不得超过半年，否则违约，甲方可以解除合同"，主张解除合同。但结合本案实际，双方所签协议并不当然必须解除，其理由如下：

第一，对原告而言，被告迟延支付租金的违约行为，确也对原告造成了一定损失，被告依法应当予以补偿。但原告的实际损失幅度可控。被告在诉讼过程中已然认识到了自己的违约过错，主动支付租金，切实以自己的行动履行合同义务，弥补过失。就其迟延履行的实际情况来看，应当不是恶意拖欠租金，其违约性质，也不属根本性违约。

第二，对于原告而言，协议解除与否，利益差别不大，但对于被告却差别巨大。被告与原告所在村民小组大多数农户签约租赁其连片土地发展农业生产，整体面积多达 70 余亩，租期长达 30 年，其投资周期长、前期投入较大、后期产出较慢。如果片面机械解读双方协议约定条文，简单强制解除双方《农村土地租用协议》，势必影响被告正常生产经营，人为扩大损失。如此对被告既不公平，也不合理，与维护生产经营稳定、保护交易安全的法律适用理念和诚实守信的契约精神相悖。

第三，双方签订的协议具有继续履行的基础条件，双方当事人当初自愿合意签订的合同目的依然可以并应当能够实现。继续履行合同更能维护原、被告的长远利益，且也合乎情理。

【案例评析】

当前国家政策鼓励推进农村土地进行有效流转，既可以让农户获得稳定土地租金收入，还可以通过土地集约化、专业化经营管理提升土地利用率，发展农业经济。本案包括原告在内的柏溪镇长江村第十一村民小组众多村民，在村、组集体组织统筹下，将其承包的土地有偿流转给被告，既是协议双方意思自治，也是大家谋发展的共识，更是对国家现行农业政策的有力贯彻践行。若轻易解除双方合同，不仅造成被告的巨大损失，而且从长远看，也可能导致包括原告在内的多数村民集体的损失。

三　案例七　委托代耕是土地转包的一种方式
　　——时某与于某土地承包合同纠纷上诉案 [①]

【案例要旨】

本案的关键在于土地委托代耕性质是转包与转让的确认。转包与转让有着本质的区别：其一，农民转让土地承包经营权后丧失承包经营权，而转包的则不同，转包人并未转让土地承包经营权，只是转让

---

① 案例参见于大海《土地承包经营权系转让还是委托代耕的认定》，《人民司法·案例》2009 年第 2 期。

土地承包经营权的使用权及部分收益权，作为物权的土地承包经营权仍然归原来的权利人所享有。土地承包经营权的转包实际上是一种债权关系。土地经营权应依据承包经营合同而取得。一直耕种土地的事实存在可以被形成事实上的承包关系。加之此后签订承包合同（双方意思表示真实，合同合法有效），承包人即获得了继续承包土地的权利。

【案情简介】

上诉人（一审原告）：时某。

被上诉人（一审被告）：于某。

于某系某村集体组织成员，从该村委会分得口粮地 1.5 亩，并签订了 30 年的土地承包合同，但未办理土地承包经营权证。后来，于某与其妻随子女到小城镇生活（户口仍为农业户口），遂将上述口粮地交给同村集体组织成员时某经营，但双方未签订书面土地流转合同。

村委会在土地账册上将于某名下的上述土地变更登记在时某名下。事后，时某之妻单方请求会计将合同书再更改在时某名下，时某亦一直以自己的名义直接向村委会缴纳土地承包费等费用。一年后，于某及其妻返回该村，并以其现无土地耕种亦无稳定职业和收入来源为由，通知时某并收回了交给时某耕种的上述土地。

就此，时某以于某已将土地承包经营权转让为由，起诉至文登市人民法院，要求于某返还上述土地。于某则以其仅系将土地委托时某代为耕种，并约定可随时返还为由拒绝返还。另外，村委会对于某与时某间是否系土地承包经营权转让关系及其是否同意转让均未明确表态。

【法院判决】

山东省文登市人民法院经审理认为，被告及其妻虽然从村委迁出居住，但其户口仍为农业户口，村委会也未终止与被告的原土地承包关系并收回土地，故被告对诉争土地仍享有合法承包经营权。原告主张被告已将上述土地承包经营权转让给其经营，对此应提供证据加以证明。

　　因双方未签订书面的土地流转合同，也无证据表明村委会在进行土地账册变更登记时已征得了原、被告的一致同意，诉讼中村委会对双方的土地流转方式是否系转让也未做出明确表态，故应认定被告仅系将上述土地委托原告代为耕种，而非转让给原告。被告现因无稳定职业和收入而通知原告收回土地，于法有据，应予支持。原告诉请被告返还上述土地，理由不当，不予支持。故判决驳回原告时某要求被告于某返还 1.5 亩土地的诉讼请求。

　　宣判后，原告时某不服一审判决，向威海市中级人民法院提起上诉。称：诉争土地已由被上诉人转让给上诉人，对此村委会已在土地账册上进行了变更登记，并由上诉人直接向村委缴纳与上述土地相关的各项费用，被上诉人对此也从未提出异议，应认定被上诉人已丧失了该土地的承包经营权，上诉人已因受让该土地而成为该土地的承包方。

　　被上诉人辩称，其仅系将土地委托上诉人代为耕种，而非转让给上诉人。

　　山东省威海市中级人民法院经审理认为，家庭承包户之土地系农民赖以生存之本，其土地流转应受到一定的限制。虽然被上诉人已迁出村委会居住，但村委会未履行必要的审查义务，也没有终止与被上诉人的土地承包关系并依法收回土地。仅依上诉人之妻单方意愿就将合同书更改在上诉人名下，这对被上诉人并无法律约束力，故被上诉人仍享有上述土地的合法承包经营权。

　　因上诉人与被上诉人未签订土地流转合同，亦未办理土地承包经营权证，村委会进行土地转账登记及直接向上诉人收取土地费用，不足以证明上诉人已与被上诉人达成了土地承包经营权转让之合意，故上诉人关于土地承包经营权已经转让的主张，证据不足，不予支持。被上诉人基于委托代耕关系收回并占有该土地并无不妥，予以照准。遂判决：驳回上诉，维持原判。

【案例评析】

　　家庭承包户成员因短期外出或暂时迁移等原因，将以家庭名义承包的口粮地流转给集体经济组织其他成员耕种经营，集体组织亦将土地账册转移至实际耕种人名下并直接向实际耕种人收取该土地的各项费用。此后,原家庭承包户成员返乡并以委托代耕(或转包)为由要求实际承包人返还该土地,而实际耕种人则以土地承包经营权已发生转让为由进行抗辩。

法院在双方当事人各自穷尽举证责任后,仍难以查清土地流转方式系土地承包经营权转让还是委托代耕(或转包),集体经济组织对此又不予以明确表态。在此情形下,不能仅以土地账册已转至实际耕种人名下并直接向实际耕种人收取土地相关费用,就当然推定土地承包经营权已经发生转让,而应该采取两害相权取其轻的证明规则,加重主张土地承包经营权转让一方的证明责任,在其举证不能或举证不足的情况下,应认定双方系土地承包经营权的委托代耕(或转包)关系,而非转让。

四 案例八 未约定流转方式和期限的转包视为不定期转包
——钟某某诉钟小某土地承包经营权流转纠纷案①

【案例要旨】

当事人对土地承包经营权流转方式和期限约定不明的,应做有利于原承包人的解释,视为不定期转包,原承包人可收回承包地自己经营。

【案情简介】

1992 年,原住江西省瑞金市黄柏乡瑞兰村兴村小组的钟某某在县城购买了房屋居住(其本人仍为农村户口),便将农村的房屋出售给本村村民钟小某。双方签订了房屋买卖合同,约定钟某某将位于瑞兰村兴村的自建房屋四间卖予钟小某名下为业,房价款 7100 元于签订协议的当日付清。同时,还写明对房屋门口原由钟某某承包经营的一口水塘由买方钟小某经营。

---

① 案例来源:《土地承包权不定期转包的认定:江西赣州中院判决钟某某诉钟小某土地承包经营权流转纠纷案》,《人民法院报·案例指导》2013 年 2 月 12 日第 6 版。

另一口在沙岭的水塘，口头约定也由买方经营。协议签订后，钟小某对房屋进行了改建，并对门口水塘靠近房屋部分填埋修成道路，另一部分则种上了脐橙。对沙岭水塘钟小某则转包给了同村村民钟水发经营。2011年5月，钟某某以钟小某擅自改变门口水塘的用途，未经其同意将沙岭水塘的经营权转包给他人为由，向法院起诉，要求收回两口水塘的承包经营权。

【法院判决】

江西省瑞金市人民法院经审理认为，原、被告双方签订合同后，房屋已交付，房款已付清，故可认定协议成立并已生效。原告以协议及口头的形式分别将两口水塘的经营权流转给被告，双方并未明确流转期限，故本案土地转包合同应为不定期合同。被告在取得经营权后，在未征得原承包户同意的情况下，将门口水塘改变用途及将沙岭水塘转包给他人经营均系违约行为。

基于土地经营权流转合同为不定期，被告又存在违约行为，故原告有权解除门口水塘及沙岭水塘的土地流转合同，对其要求判决被告返还两口水塘经营权的请求应予以支持。法院判决：原告对门口水塘、沙岭水塘均享有土地承包经营权；解除原告与被告之间的土地经营权流转合同关系，第三人钟水发应在本判决生效后30日内将沙岭水塘返还给原告经营，被告钟小某在下一个适合脐橙移植的季节结束前将脐橙移种他处并将门口水塘返还给原告经营。

被告钟小某不服一审判决，提起上诉。

江西省赣州市中级人民法院经审理认为，合同核心内容是买卖房屋，尽管也约定了门口水塘由钟小某经营，但没有约定将门口水塘转让。土地承包经营权转让是一次性将承包经营权这一用益物权转让给受让人的一种流转方式，是一种不能回转的流转形式。土地承包经营权的转让应当采用较为严谨的方式，即采用书面合同的形式明确，没有书面合同或合同约定不清的，不能推定有土地承包经营权转让之意。

从维护农村土地承包的稳定性出发，应做有利于原承包户的理解，即不认为长期经营即是转让，而做不定期合同认定。法院判决：驳回上诉，维持原判。

【案例评析】

本案争议双方于 1992 年签订房屋买卖合同时，曾对门口水塘约定由钟小某经营，但没有约定是转让给其经营，还是转包给其经营，是临时经营还是长期经营，容易使人产生歧义。

农村土地承包法第 37 条规定："土地承包权采取转包、出租、互换、转让或其他方式流转，当事人双方应签订书面合同。采用转让方式流转的，应当经发包方同意；采用转包、出租、互换或其他方式流转的应当报发包方备案。"因此，没有签订书面合同或合同约定不明的，不能认定为有土地承包经营权转让的意思表示。

本案双方虽在合同中约定门口水塘由购买方经营，至今已达 20 年之久，但不能据此认定长期经营即是转让。最高人民法院《关于审理涉及农村土地承包纠纷案件适用法律问题的解释》第 17 条规定："当事人对转包、出租地流转期限没有约定或者约定不明的，参照合同法第二百三十二条规定处理。除当事人另有约定或者属于林地承包经营外，承包地交回的时间应当在农作物收获期结束后或者下一耕种期开始前。"对本案歧义，应做有利于原承包户的理解，即认定为不定期转包合同。原承包户要求收回承包地，可视为终止不定期合同，因此，其请求获得法院的支持。

五 案例九 "互耕"与"互换"的实质区别是用益物权还是处分权
——黄某江诉冉某江农村土地承包经营权流转纠纷案①

【案例要旨】

互耕是双方为了各自的便利享有对对方土地的使用权，它的实质是用益物权的一种交换，通常而言，即只是涉及耕种收益的权利。互

---

① 案例来源：2020 年 1 月 20 日，重庆法院网 (http://cqfy.chinacourt.org/article/detail/2013/03/id/905005.shtml)。

换的目的则不仅是获取对方之土地的用益物权得以耕种，而是取得该地之核心权利即处分权并自由使用，包含对之进行再处分、再流转及用于其他农业用途，及依法改变为非农用途。

【案情简介】

原告黄某江在 2000 年 3 月时属于白鹿村 7 组，组长是陈某辉；同期被告冉某江属白鹿村 3 组，组长是罗某。白鹿村 7 组与白鹿村 3 组于 2004 年 11 月合并为凉风垭村 6 组，合并后凉风垭村 6 组组长是陈某辉。黄某江与冉某江两家关系一直较好，2000 年 3 月 12 日被告主动找原告互换土地耕种，用原告地名为"干田堡"的田与被告地名为"大沙田"的田互换耕种，被告言之是为了种植蔬菜之便，原告便同意互换耕种。

互换后，冉某江于 2000 年 3 月 16 日缴纳了土地管理税，在调换后的"干田堡"土地上修建了房屋 40 平方米，并于 2005 年进行了扩建。双方未就互换行为向县级以上地方人民政府申请登记及报发包方备案。

近年来，原告黄某江多次要求被告冉某江换回土地，被告拒不返还，经村、镇多次调解未果，故特诉诸法律，请求人民法院判决被告冉某江返还地名为"干田堡"的承包地。被告冉某江辩称，当时的土地互换协议是双方自愿达成的，边界划分明显，双方互换土地的合同合法有效，且当时双方的真实意思不是互换耕种而是互换，因此，原告黄某江要求返还该田于法无据。

【法院判决】

酉阳土家族苗族自治县人民法院审理后认为：

一、原、被告对 2000 年 3 月"交换"各自位于"干田堡"与"大沙田"承包地之事实不持争议，只对当时行为是"互换"还是"互耕"存争议。农村承包地流转中，"互耕"与"互换"从形式上均是承包人以各自的承包地与相对方交换耕种使用作为常态表现并无外在之特殊区别，但从法律上判断，两者是以双方交换的是承包地的用益权还是处分权作为内在实质加以区分。

本案中，双方从 2000 年 3 月"交换"承包地至被告建房及至 2005 年扩建，10 余年间未有异议。可推知，双方"交换"之真实目的不在于仅获取对方之地的用益权得以耕种，而在于取得该地之核心权利即处分权并自由使用。同时，黄某江在村委会调解笔录的陈述亦可证实，双方当时真实意图是互换而非互耕。故原、被告之间属"互换"承包地之事实应予认定。

2004 年双方成为同一集体经济组织农户，该互换行为合法有效。至于被告建房占地之问题，根据《中华人民共和国土地承包法》第 60 条之规定，应由发包方另行处理。

二、互换期限。《中华人民共和国合同法》规定，合同未约定履行期限的可以补充协议，协议不成按习惯确定。

由于本案不属以出让"用益权"为目的的租赁及出借类合同，依法不适用该法关于"不定期租赁"之相关规定，应按习惯及农村土地流转之相关法规确定期限。本地习惯，农村承包地互换泛指权利之完全让渡；《中华人民共和国土地承包法》第 40 条规定，互换后的双方均取得对方的土地承包经营权，丧失自己的原土地承包经营权。故承包地"互换"一经有效成立，原承包人即在"特定期限"内丧失该地之全部权利。

该"特定期限"，根据国家关于维护农村土地承包秩序稳定及无法定事由不做调整之政策法规，在互换行为有效之前提下，可以认定为即是本轮剩余承包期限。互换后原告不再对"干田堡"土地享有承包经营权，该地的承包经营权由被告实际享有。故对原告请求判令被告归还其"干田堡"承包地的主张，依法不应予以支持。遂判决：驳回原告的诉讼请求。

黄某江不服一审判决，提起上诉，请求撤销原判，依法予以改判。重庆市第四中级人民法院经审理后认为，一审判决事实清楚，适用法律正确。黄某江承包户的上诉请求不能成立，不予支持。根据《中华人民共和国民事诉讼法》第 153 条第 1 款第 1 项之规定，判决驳回上诉，维持原判。

【案例评析】

一、农村土地承包经营户的土地"互耕"与"互换"的界定

农村承包地流转中，"互耕"与"互换"从形式上均是承包人以各自的承包地与相对方交换耕种使用作为常态表现，从这点来看二者并无区别，但从法律权利类型上判断，以双方交换的是承包地的用益物权还是处分权作为两者的内在实质区别则是明显的。

互耕是双方为了各自的便利享有对对方土地的使用权，它的实质是用益物权的一种交换，通常而言，即只是涉及耕种收益的权利。互换的目的则不仅是获取对方之土地的用益物权得以耕种，而是取得该地之核心权利即处分权并自由使用，包含对之进行再处分、再流转及用于其他农业用途，及依法改变为非农用途。

在实务中，互换双方基于某一种信任关系或者为了生活上的方便而在农村土地承包地之间寻求置换之地，在经过协商达成统一协议的前提下，对土地的互换或者互耕是可以满足彼此的需求，但由于对法律知识的匮乏或者相关土地流转、互换程序的不了解，导致在土地流转、互换、互耕的过程中出现约定不明或者容易产生歧义的现象，如本案中的原告和被告之间关于土地互换的行为到底是互换还是互耕，双方都持有不同的理解，严重影响了正常的农村土地流转。

二、土地互换成立的前提

我国的土地所有权人是国家或集体，为了保护农村土地承包户的合法权益，同时也为了维护农村土地流转秩序的稳定，所以关于互换是有严格限定的。一是要求土地承包经营权互换的主体须为同一集体经济组织，不同集体经济组织之间须经本集体经济组织同意。二是互换主体必须具有农村土地经营能力。该两个条件只要缺少一个，便会影响土地互换合同的效力。

土地互换主要是对土地的最核心的权利即处分权的获得，而土地互换和土地互耕之间的最本质的区别也在于是否对土地背后的处分权进行处理，如果只是单纯地换地进行耕种而求生活上的方便，则无须有对处分权的处理，故也不能达到互换的法律效果，只能算是集体土

地承包经营户之间的对耕地的使用权的短暂处理。若在土地互换的过程中，能够在互耕的基础之上达到双方认可的对处分权的取得之效果，那么该土地置换协议便有了互换之效果，也即法律上承认的对农村土地承包经营权的完全处分，一方完全丧失对该土地承包经营权的所有的用益物权，另一方则完全取得该土地的承包经营权的所有的用益物权，在互耕与互换之间也能有一个比较合理的界定标准，该界定标准能够很好地区分农村土地承包经营权之间的互耕和互换所产生的法律效果。

三、互换土地后互换期限的确定

土地的互换虽然也是双方经平等协商后达成的一种合意，也属合同的范畴，但根据特别法优于普通法的原则，在这里我们不能适用《中华人民共和国合同法》关于期限的规定，而应适用特别法《中华人民共和国土地承包法》第40条关于期限的规定，即互换后的双方均取得对方的土地承包经营权，丧失自己的原土地承包经营权。故承包地"互换"一经有效成立，原承包人即在特定期限内丧失该地之全部权利。根据国家关于维护农村土地承包秩序稳定及无法定事由土地承包经营权不做调整之政策法规，在互换行为有效之前提下，可以认定为是本轮剩余承包期限。

六　案例十　不同集体经济组织承包人承包经营权互换效力的认定
——何某诉韦某请求确认双方互换承包田的行为有效案①

【案例要旨】

属于同一集体经济组织的土地调换使用，表面上是耕种土地的互换，实际上是承包方之间的土地承包经营权进行了互换。承包田互换后，双方没有签订书面合同，没有经各自所在村民小组同意，也没有将互换后的承包田进行变更登记，报发包方备案，其互换承包田的行

---

① 案例来源：2020年1月20日，中国土地法制研究网（http://illss.gdufs.edu.cn/info/1028/2976.htm）。

为违反了法律的规定，为无效民事法律行为，双方互换承包地的行为无效。

【案情简介】

韦某系荔城镇某村坡良屯村民，何某系荔城镇某村大塘屯村民。1997年，韦某为了方便种植果树，用冲里头（地名）的承包田与何某苦马塘底（地名）的承包田进行互换。承包田互换后，双方没有签订书面合同，没有经各自所在村民小组同意，也没有将互换后的承包田进行变更登记，报发包方备案。2010年9月，因修建高速公路征用了冲里头的承包田，何某和韦某因为征地补偿费的领取发生争执，何某遂诉至法院，请求确认双方互换承包田的行为有效。

【法院判决】

法院经审理后认为，何某的承包田是荔城镇某村大塘屯第三村民小组集体所有的土地，韦某的承包田是荔城镇某村坡良屯第三村民小组集体所有的土地，双方承包的土地所有权属不同的集体经济组织所有，双方对不属于同一集体经济组织的土地进行互换耕种，未经发包方同意，没有订立书面合同，互换后也没有进行变更登记，没有报主管部门备案，其互换承包田的行为违反了法律的规定，为无效民事法律行为，双方互换承包地的行为无效。

【案例评析】

土地承包经营权互换是土地承包经营权法定的流转形式之一，是土地承包方之间为了方便耕种或者其他各自需要，将属于同一集体经济组织的土地调换使用的一种行为，表面上是耕种土地的互换，实际上是承包方之间的土地承包经营权进行了互换。那么，承包经营权的互换行为的效力应如何认定呢？

本案中，何某和韦某互换的承包地分属不同的集体经济组织所有，双方没有就互换耕地订立书面合同，互换行为没有经发包方同意，没有向发包方备案，没有向地方政府申请登记，是不是上述的所有行为结合起来才能认为双方之间的互换行为无效，还是只要符合其中一个条件即可？

《土地承包法》第 40 条规定，"承包方之间为了方便耕种或者各自需要，可以对属于同一集体经济组织的土地的承包经营权进行互换"，这就意味着，法律硬性地规定了互换双方调换的土地必须是同属于一个集体经济组织的，如双方互换的土地分属两个不同的集体经济组织，那么双方的互换行为应属无效。本案正是基于这一依据而判决何某和韦某的互换行为无效。

《土地承包法》第 37 条规定，"土地承包经营权采取转包、出租、互换、转让或者其他方式流转，当事人双方应当签订书面合同。采取转包、出租、互换或者其他方式流转的，应当报发包方备案"。根据这一规定，承包经营权的互换应当签订书面合同并报发包方备案，那么，订立书面合同和向发包方备案是不是互换行为成立的必要条件呢？在互换耕地的实践中，土地承包经营权以传统的口头协商的方式进行互换的行为大量存在，同时，我国《物权法》第 127 条规定"土地承包经营权自土地承包经营权合同生效时设立"，《土地承包法》第 22 条也规定"承包合同自成立之日起生效。承包方自承包合同生效时取得土地承包经营权"，根据上述法律规定可知，土地承包经营权的取得不以书面合同的存在为要件，那么，土地承包经营权的互换也同样不以书面合同的存在为要件，只要互换的双方之间协商一致，互换合同就发生法律效力。土地承包经营权互换行为的备案以书面合同的存在为依据，而且，根据最高人民法院《关于审理涉及农村土地承包纠纷案件适用法律问题的解释》的规定可知，发包方不能以土地承包经营权的流转未报其备案为由请求确认合同无效，因此，向发包方备案也不是承包经营权互换行为生效的必要条件。

《土地承包法》第 38 条规定，"土地承包经营权采取互换、转让方式流转，当事人要求登记的，应当向县级以上人民政府申请。未经登记，不得对抗善意第三人"，据此可知，登记不是承包经营权互换的生效要件，只是在互换的当事人提出登记要求的时候，才需要向县级以上人民政府申请登记。

七 案例十一 未经发包方同意以转让方式流转土地承包经营权

——刘某诉佘某、黄某土地承包经营权转让合同纠纷案①

根据《农村土地承包法》的相关规定，土地承包经营权的转让条件十分严格：第一，一般来说，应当提前半年告知村委会，并征得其同意；第二，土地承包经营权的受让人的范围是有限制的，土地承包经营权不能转让给本集体经济组织成员之外的人。②

【案例要旨】

土地承包经营权采取转让方式流转的，流转双方当事人应当签订书面合同，且应经发包方同意。因我国现阶段的家庭承包经营权具有社会保障的性质，是农民生存的主要依靠。法律及有关规定虽然允许承包方自主流转承包经营权，但对以转让方式流转的，法律规定了较为严格的条件，不仅要求转让双方签订正式的书面合同，且转让应经发包方同意。

【案情简介】

原告：刘某。

被告：佘某、黄某。

2000 年原告将 1997 年土地二轮承包时承包下的位于如东县双甸镇佰元村 14 组河南头节 1.73 亩土地交给被告佘某耕种，并由被告佘某缴纳各种税费，但双方没有签订书面转让合同，被告佘某一直种植经营至 2007 年，2007 年春节期间，被告黄某未经有关职能部门批准在该土地上搭建厂房 8 间，2007 年 10 月 20 日如东县人民政府经原告申请为原告补办了《农村土地承包经营权证》，其中内含河南头节 1.73 亩责任田，后原告要求两被告返还河南头节 1.73 亩责任田，未能如愿，原告曾于 2007 年 12 月向法院起诉，请求两被告停止侵权，后因黄某与原告达成协议而撤诉，2008 年 4 月 14 日，原告发现该块承包地麦苗呈

---

① 案例来源：2020 年 1 月 20 日，江苏法院网（http://www.jsfy.gov.cn/）。
② 《杜万华大法官民事商事审判实务》，人民法院出版社 2016 年版，第 35 页。

大面积枯死，原告认为系被告黄某所为，并向镇政府和村支书、村主任反映，但被告黄某否认，后双方为河南头节 1.73 亩责任田发生纠纷，2008 年 6 月 20 日，原告向本院起诉，要求两被告停止侵权，立即拆除建在原告承包土地上的非法建筑，恢复土地原状，并将该承包土地完整返还给原告，赔偿原告的小麦枯死损失 800 元。

本案审理过程中，被告佘某向本院提起行政起诉，要求撤销如东县人民政府于 2007 年 10 月 20 日颁发给原告的《农村土地承包经营权证》，本院审理后做出（2008）东行初字第 0045 号行政判决书驳回了佘某的诉讼请求，佘某不服上诉至江苏省南通市中级人民法院，江苏省南通市中级人民法院做出（2009）通中行终字第 0036 号行政判决书维持原判。

【法院判决】

依照《中华人民共和国民法通则》第 80 条第 2 款、第 117 条第 1 款之规定做出判决：一、被告佘某、黄某于本判决生效后 30 日内将原告《农村土地承包经营权证》记载的原告承包的位于如东县双甸镇佰元村 14 组的河南头节 1.73 亩土地恢复耕地原状，交还给原告刘某。二、驳回原告刘某的其他诉讼请求。案件受理费 150 元，由原告刘某负担 50 元，被告佘某、黄某负担 100 元。

【案例评析】

本案的法律事实清楚，案情并不复杂，关键是本案原告持有如东县人民政府补发的《农村土地承包经营权证》，该证上明确记载原告对河南头节 1.73 亩责任田有承包经营权，虽然 2000 年原告将其承包下的位于如东县双甸镇佰元村 14 组河南头节 1.73 亩土地交给被告佘某耕种，以后一直由被告佘某缴纳各种税费，村委会按耕种情况调整了两户的上缴金额，但双方没有签订书面转让合同，根据《中华人民共和国农村土地承包法》第 37 条的规定，土地承包经营权采取转让方式流转的，流转双方当事人应当签订书面合同，且应经发包方同意。

因我国现阶段的家庭承包经营权具有社会保障的性质，是农民生存的主要依靠。法律及有关规定虽然允许承包方自主流转承包经营权，但对以转让方式流转的，法律规定了较为严格的条件，不仅要求转让双方签订正式的书面合同且转让应经发包方同意。

土地承包权的转让不仅要求转让双方签订正式的书面合同且转让应经发包方同意，或者办理到土地承包权的变更登记手续，本案审理过程中据了解，农村承包土地流转像这种不规范的情况很多，本案对这种不符合法律规定的情况做出否定判决，既符合相关法律的规定，也对本地规范农村承包土地流转有一定的积极作用。

八 案例十二 如何区分农村土地承包经营权流转的转包和转让
——代某祥、代某彬与罗某某土地承包纠纷案①

【案例要旨】

土地转包与转让本质区别在于承包方与发包方是否终止土地承包合同的权利义务关系。② 在土地承包经营权的流转中，双方就流转方式产生争议的，应当由当事人对自己所提出的主张承担举证责任。

【案情简介】

原告代某祥诉称：1997 年 3 月其父与被告购买房屋时一并要求被告附加转让其全部土地。由当时村支书执笔拟写了卖房契约和土地转让协议书，双方在此上面签字和按手印。其后原告父亲支付了 5000 元现金。1998 年经新添村委会主任办理，缴纳 2400 元入户费，2001 年 4 月 20 日荥经县公安局新添派出所办理了居民户口簿。

---

① 案例来源：2020 年 1 月 20 日，北大法宝（http://www.pkulaw.cn/case/pfnl_a25051f3312b07f3abd7f57bea89b5e93cb656c2731ebea1bdfb.html?keywords）。

② 《民事诉讼法》第 64 条规定："当事人对自己提出的主张，有责任提供证据。"最高人民法院《关于民事诉讼证据的若干规定》第 2 条也同时规定，当事人对自己提出的诉讼请求所依据的事实或者反驳对方诉讼请求所依据的事实有责任提供证据加以证明。没有证据或者证据不足以证明当事人的事实主张的，由负有举证责任的当事人承担不利后果。

1998 年村里颁发第二轮土地承包证时，由于村里不懂政策，故一直未颁发承包证。被告强行领取 1997 年、1998 年两年的粮食直补款 130 元。从 1998 年至今农业税是原告方缴纳的。现请求法院确认二原告父亲与被告所签土地转让协议有效；判令被告停止侵犯原告耕种权，赔偿一季大春损失 300 元，并退还粮食直补款 130 元和承担诉讼费。

被告辩称：首先与原告父亲所签的土地转包协议是有效的。原告认为土地是转让协议，不是转包协议，但其协议应该是转包协议，白纸黑字写得清清楚楚，不能认为是转让，写的转包就是转包。原告认为是转让，但从 1997 年至今都没有相关机关认同而颁发的证照。

关于粮食直补款，中央和地方政策有规定，原告不是土地承包人，三年都没耕种，而是交给他人在耕种，故原告无权取得。土地转包协议中约定土地交给原告父亲耕种，如果原告认为有继承权，就应该全面履行协议。

【法院判决】

土地转包与转让本质区别在于承包方与发包方是否终止土地承包合同的权利义务关系。

本案中，二原告之父代盛某与被告罗某某签订的"土地转包协议"，从标题上是"土地转包协议"，从内容上是罗某某将 7 人土地全部转包给代盛某耕种，代盛某同本社社员承担一切义务。在没有相反证据足以推翻外，顾名思义应当认定二原告之父代盛贵与被告罗昭秋签订的"土地转包协议"系土地"转包"行为，非土地"转让"行为。

【案例评析】

在本案中，上诉人代某祥、代某彬认为其父代盛某与被上诉人罗某某签订的"土地转包协议"实为"土地转让协议"，但根据被上诉人罗昭秋提交 1998 年 9 月 30 日荥经县人民政府为其颁发的"土地承包经营权证书"，证明罗某某与荥经县复顺乡新添村八社在第二轮土地承包期间仍是土地承包关系，双方承包的权利义务并未终止。

虽然上诉人代某祥、代某彬提供了其父与被上诉人罗某某签订的

"卖房契约"以及代某祥缴纳农业税的收据，但均不能证明双方签订的"土地转包协议"实为土地"转让"协议。且其父与被上诉人罗某某签订的"卖房契约"中双方也没有约定房屋买卖以"土地转让"为条件的内容。为此，一审判决认定土地为转包，并且做出的判决正确。

由于上诉人代某祥、代某彬在近三年来外出打工，将土地交与他人耕种，没有自行管理，作为土地转包合同的出包人，罗某某有权行使土地耕种使用权。同时，有权按照"土地承包经营权证书"的承包关系，领取粮食直补款。对于上诉人代某祥、代某彬要求被上诉人罗某某赔偿一季大春损失 300 元的诉讼请求，本院不予支持。

第四节　其他形式农村土地承包经营权流转纠纷

一　案例十三　土地承包经营权流转收益在农户家庭内部的分配规则

——曹某杰、张思某诉张某、张某某等所有权确认纠纷案[①]

【案例要旨】

农村土地承包经营合同是取得土地承包经营权的方式和条件，并以合同固定农户承包的土地亩数，但合同的签订并不影响在农户内部现有全体家庭成员共同享有该土地流转收益的权利，不以签订合同时确定的家庭成员为限。[②]

【案情简介】

曹某杰、张思某诉称：家庭承包土地共确权 16 亩，已经流转，张思某作为新生儿，有权享有土地流转收益，不应按照签订土地承包经

---

① 案例来源：2020 年 1 月 20 日，北大法宝（http://www.pkulaw.cn/case/pfnl_a25051f3312b07f3abd7f57bea89b5e93cb656c2731ebea1bdfb.html?keywords）。

② 农户家庭成员死亡的，该家庭成员在承包期内获得的承包收益，按照《继承法》的规定继承，但仅以其死亡时已经获得或虽尚未取得但已经投入资金、付出劳动即将取得之情形为限，不包括死亡后承包土地新产生的流转收益。

营合同时所确定的人口为准，张永某享有的土地流转收益在其去世后应由其他家庭成员共同享有。因此，请求判令：（1）北京市通州区于家务回族乡西马坊村六斗土地 16 亩流转收益的五分之一归曹某杰所有；（2）北京市通州区于家务回族乡西马坊村六斗土地 16 亩流转收益的五分之一归张思某所有。

张某、张某某、张金某、张新某共同辩称：2004 年所签土地承包合同书载明人口五人，分别为张金某、张永某、张某某、张新某、曹某杰，当时张思某尚未出生，故张思某不应享有该土地流转收益，而张永某于 2011 年已经去世，其所享有的土地流转收益份额，在其去世后应依法作为遗产进行继承。

经审理查明：曹某杰与张金某于 1994 年登记结婚，婚后于 1994 年生育长女张新某，于 2007 年生育次女张思某。后法院于 2014 年判令曹某杰与张金某离婚，张思某由曹某杰抚养。张某与张某某系张金某之父母。张永某系张某之父，于 2011 年去世。张某为非农业户口。

2004 年 10 月 1 日，张某与北京市通州区于家务回族乡西马坊村民委员会（以下简称村委会）签订《农村土地承包合同书（确权确地）》，约定张某承包位于北京市通州区于家务回族乡西马坊村六斗面积为 16 亩的土地，承包期限自 2005 年 1 月 1 日至 2027 年 12 月 31 日。上述土地于 2005 年开始流转，流转收益均由张某领取。2015 年 1 月 20 日，村委会出具证明，证明内容如下："根据中央的政策，我村于 2005 年 1 月 1 日在原来土地承包的基础上实行农村土地确权，根据我村土地现状人均确权土地 3.2 亩，不足 3.2 亩的不足部分给予一定的经济补偿，超过 3.2 亩部分交承包费。我村张某家当时确权的总亩数 16 亩，人口 5 人，分别是：张金某、张某某、张永某、曹某杰、张新某。"

张某提交西马坊村委会出具的证明两份。其中 2015 年 7 月 30 日出具的证明内容为："张思某于 2007 年 9 月 23 日出生，自上户口起，村委会按照相关规定已给张思某土地补偿款 640 元（共计 3 亩 2 分），张思某已不再享有流转收益的五分之一，因此不能顶替承包合同中的任何一人。"2015 年 9 月 14 日出具的证明内容为："根据增人不增地，减人不减地的精神，我们通过村民代表会议决定，对 2005 年以后出生的孩子均按 3.2 亩土地标准，适当给予经济补偿，老人去世后土地仍由家属继续经营，队里不收任何费用。直至 2027 年土地承包期结束。"法院就上述 640 元的性质调查，称村民决议确定的，给村里 2005 年之后的新生儿或从外村迁入但未享有土地流转收益的孩子每人每年一定数额的补偿，是西马坊村给自己村民独有的待遇。

【法院判决】

北京市通州区人民法院于 2015 年 7 月 21 日做出（2015）通民初字第 12262 号民事判决：一、张某与北京市通州区于家务回族乡西马坊村民委员会签订的《农村土地承包合同书（确权确地）》中 16 亩土地流转收益的五分之一归曹某杰所有；二、张某与北京市通州区于家务回族乡西马坊村民委员会签订的《农村土地承包合同书（确权确地）》中 16 亩土地流转收益的五分之一归张思某所有。宣判后，张某、张某某、张金某、张新某不服提出上诉。北京市第三中级人民法院于 2015 年 11 月 18日做出（2015）三中民终字第 11238 号民事判决：驳回上诉，维持原判。

【案例评析】

首先，虽然土地承包经营权的内容由土地承包合同确立，但该合同只是取得土地承包经营权的方式和条件，并不能因此否定土地承包经营权的物权属性。

其次，由于土地承包经营权是通过本集体经济组织内部的农户家庭为单位的家庭土地承包经营来实现，强调的是村民人人有份、农村福利性及生活保障性，是集体成员权最重要、最集中的体现。在此前提下，由土地承包经营权所衍生出的土地流转收益亦应当属于本集体经济组织内一户家庭的全部成员共同享有。

二 案例十四 以其他方式承包农村土地与家庭联产承包方式的甄别

——张某新与莱州市平里店镇石柱栏村民委员会承包农村土地纠纷再审案 [①]

【案例要旨】

村集体与村民之间通过叫行、拍卖等方式签订合同，约定机动地、结余地、待分配地、撂荒地等承包出现纠纷时，应根据土地承包合同的性质进行裁判，这类合同属于平等主体之间签订的而非按家庭联产承包方式签订的，则应依合同法处理。通过其他方式获取土地承包权在农村中大量存在，人民法院除应正确甄别承包合同的性质，准确适用法律外，针对村民对土地承包性质的混淆而产生的纠纷等应做好调解、解释工作，防止群体性事件发生，维护农村社会稳定。

【案情简介】

申请再审人（一审被告、二审上诉人）：张某新。

申请再审人（一审原告、二审上诉人）：莱州市平里店镇石柱栏村民委员会。

1997年，村民郭某俊与村委会签订承包合同，承包了涉案土地及附属设施，合同有效期至2007年12月30日，每年承包费为2万元。后郭某俊将该土地及附属设施口头转让给张某新等三人，在承包合同履行期满后，张某新等未将土地返还，并于1999年继续缴纳了承包费，村委会也收取了相关费用。2010年，村委会要求张某新返还承包的土地及拖欠的承包费。本案经过了一审、二审、申请再审等法律程序。

张某新在一审、二审及再审申请中均称无法认定其承包土地系从郭某俊处口头转让取得，且承包期到2007年12月30日，其土地是村

---

① 案例来源：2018年5月6日，北大法宝（http://www.pkulaw.cn/case/pfnl_a25051f3312b07f3abd7f57bea89b5e93cb656c2731ebea1bdfb.html?keywords）。

委承包给他的；根据 2010 年中央一号文件"确保农村现有土地承包关系保持稳定并长久不变"等政策，本案土地承包期限应适用土地管理法及农村土地承包法中土地承包期为 30 年的规定。

石柱栏村委会认为，其与张某新之间不存在土地承包合同关系，要求张某新返还土地及缴纳相应费用。

【法院判决】

山东省莱州市人民法院经审理认为，村委会与郭某俊签订合同，就土地承包约定了相关权利义务，不违反有关法律规定。后郭某俊将承包土地转让给张某新等人经营，村委会向张某新等人收取了承包费用，是对合同转让行为的认可，张某新主张其承包合同是与村委签订的，但未提供证据证明，故应认定双方形成事实上的承包关系，合同到期后，双方未续签合同，合同关系终止。村委会享有随时要求张某新等返还土地的权利，并且履行了告知义务，无违农时，判决：张某新将涉案土地归还给村委会，并支付土地使用费 5000 余元。

宣判后，双方均不服一审判决，提起上诉。

山东省烟台市中级人民法院经审理认为，本案诉争的土地及附属设施是以其他方式承包的，不适用农村土地承包法中家庭联产承包方式 30 年承包期限的规定。驳回上诉，维持原判。

山东省高级人民法院经再审，裁定认为原审判决认定事实清楚，适用法律正确，本案土地系以其他方式承包，不适用土地管理法、农村土地承包法中土地承包期限为 30 年的规定，原审法院已经查明张某新在承包土地期间向村委交纳承包费，且村委会也诉求张某新返还承包土地，故石柱栏村委会与张某新之间形成土地承包关系事实清楚，原审法院依据合同法的相关规定做出判决适用法律正确。裁定：驳回张某新、莱州市平里店镇石柱栏村民委员会的再审申请。

【案例评析】

本案争议焦点是张某新应否返还涉案的土地，合同承包期是多久。即双方所签承包合同的性质，是以其他方式签订的土地承包合同，还是按照家庭联产承包责任制所签订的土地承包合同。两种承包合同的土地承包方式、承包期限、土地承包经营权的流转方式以及争议的解决等存在诸多区别。家庭承包方式带有比较强烈的社会保障功能，而其他方式的承包具有明显的商业性质，处理有关纠纷时必须要区别对待。

一、以家庭承包方式承包经营土地的特征

国家为稳定和完善以家庭承包经营为基础、统分结合的双层经营体制，促进农业、农村经济发展和农村社会稳定，颁布了农村土地承包法，实行农村土地承包经营制度。

其中以家庭承包方式承包土地，是农村土地承包经营制度的主要方式，此种方式的承包主体是集体经济中的农户。国家通过一系列强制性规定，保护了农民使用耕地的权利，稳定了基本的土地承包关系，为维护农村稳定、增加农民收入等创造了条件。以家庭承包方式承包土地的显著特征就是按户分配，公平分配，随着户口的迁入、迁出而变化，承包所得的土地是农民赖以生存的最基本的口粮田，占有、使用、征用农民口粮田等有严格的国家规定。

再者，虽然本案未涉及土地的征地补偿问题，但是因征地补偿产生的纠纷在当前处于高发期，通过不同方式获得承包权所带来的土地征用补偿也并不相同，家庭联产承包责任制下的承包方享有获得土地补偿的权利，根据土地管理法第47条、土地管理法实施条例第26条的规定，土地补偿费归农村集体经济组织所有；地上附着物及青苗补偿费归地上附着物及青苗的所有者所有。

征用土地的安置补助费必须专款专用，不得挪作他用。需要安置的人员由农村集体经济组织安置的，安置补助费支付给农村集体经济组织，由农村集体经济组织管理和使用；由其他单位安置的，安置补助费支付给安置单位；不需要统一安置的，安置补助费发放给被安置人员个人或者征得被安置人员同意后用于支付被安置人员的保险费用。

根据法律规定，土地补偿费的归属主体只能是集体经济组织，无论采取哪种方式的承包，都无权主张承包地块的土地补偿费，但是集体经济组织可以按照本组织全体村民的意愿将土地补偿费按照人口分发给征地村民。安置补助费是国家征收集体土地后，为了保障以土地为主要生产资料和生活来源的失地农民的基本生活，解决因土地被征用而产生的剩余劳动力的安置问题而发给被征地单位的专属款项，只能补助给失去土地的农村集体经济组织及其成员。

地上附着物跟青苗补偿费则根据被征用土地上的实际情况进行补偿，与获得土地的方式没有直接关系。

二、以其他方式承包土地的特征

因为土地形式的多样化以及出于最大限度发挥所有土地生产力的目的，农村土地承包法规定了当事人可以以其他方式承包集体土地，当事人包括单位和个人，方式包括拍卖、竞价、议价、公开协商等，通过此种方式应当与集体组织之间签订承包合同，但此承包合同是平等主体之间通过友好协商达成的，是意思自治的结果，合同签订的方式、期限等方面不受国家强制性规定，不违反法律、行政法规的规定即可。

即使承包合同约定或者土地承包经营权证等证书记载的承包期限短于农村土地承包法规定的期限，只要属于双方意思自治，并不违反法律规定；承包合同中可以约定收回、调整承包地的条款，也可以约定违约内容。

在发生征地补偿纠纷时，以其他方式获得土地承包权的承包人并不一定享有获得相应承包土地补偿款的权利，该类承包人并不存在因土地被征用而丧失基本生产资料和生活来源的问题，特别是法人的承包等，不需要专门的安置，故此种方式承包土地被征用后不应获得安置补助费。

承包人主张的基于土地被征用而发生的损失，可以通过领取地上附着物和青苗补偿费的方式获得弥补，如果当事人主张其承包活动使其承包的土地得到了增值，可以根据民法通则所确立的公平原则，并参照最高人民法院《关于审理涉及农村土地承包纠纷案件适用法律问题的解释》关于"对提高土地生产能力的投入，对方当事人请求承包方给予相应补偿的，应予支持"的精神进行适当的处理，给予相应的补偿。

本案为承包合同纠纷，并未涉及征地补偿问题，本案中的土地承包方式，即为以其他方式获得土地的承包权。张某新与村委会形成了事实上的承包合同，本合同属于其他方式的承包合同，双方均应遵守合同的约定，按照合同规定的方式享有权利和形式义务，如有一方违反也应当按照合同法的规定进行处理。村委会要求结束双方的事实承包关系，符合合同法的规定，并且提前通知了张某新，没有违背农时，人民法院的审判厘清了该承包合同的性质，正确运用了法律。

三、受理土地承包合同纠纷案件应该注意的问题

需要注意区分承包合同的性质，及承包取得的方式。将按照家庭承包获得的"口粮田"与通过其他方式获得的土地区分开来，从而正确运用法律进行审判，特别是对于承包合同签订时间较早的，尤其是土地承包法颁布以前签订的承包合同，要根据两种承包方式的区别正确甄别，判断其性质，并不能因为签订时间较早就混淆了其区别。除此以外，更重要的是要做好调解、解释工作。

近些年来，随着土地分配方式的多样化，通过其他方式获得土地经营权的情况越来越普遍，随着城市化进程的加快，农村土地被征用也越来越频繁，农村土地征用补偿等成为敏感问题，土地承包纠纷高发，在很多地方涉及很大一部分群众，一个案件处理不当就会带来连锁反应。土地管理法及土地承包法虽然已经大力普及，但是由于部分群众对法律条文不熟悉，以及自身知识的限制，加上部分宣传方式的简单化，往往通过"承包耕地三十年不变""国家保护耕地三十年"等标语进行宣传，使部分群众先入为主地认为土地承包合同均是以家庭承包方式进行的，合同最少期限30年，认为村集体与自己签订的不足30年的合同是违反了法律规定，错误地将合同法规制下的承包合同与家庭联产承包责任制下的承包合同混淆，片面地理解了国家稳定土地承包形式的政策，很大一部分案件由一审、二审走向再审，不仅增加了自身诉累，造成了司法资源的浪费，而且一旦处理不当，群众感情上不理解，就容易出现群体性事件。

三 案例十五 大户承包与农村土地承包经营权性质认定及实体处理

——赵某与北京市海淀区西北旺镇西北旺村经济合作社土地承包合同纠纷上诉案[①]

【案例要旨】

在审理农村土地承包合同纠纷时，需要准确区分大户承包[②]和农户基于农村土地承包经营权进行的家庭承包，并尽可能结合相关政策规定和当地实际，妥善保护农民利益，依法合理地做出裁判。

【案情简介】

原告：赵某。

被告：北京市海淀区西北旺镇西北旺村经济合作社（以下简称西北旺合作社）。

1999 年 3 月，西北旺合作社（甲方）与部分本村村民（乙方）签订了统一格式的承包合同书。承包合同主要约定：乙方以家庭承包的方式承包集体土地，土地现状为稻地（菜地）；承包期限自 1999 年 1 月 1 日起至 2008 年 12 月 31 日止，共 10 年；土地承包金为每年每亩 40 元。

甲方的权利义务包括提供给乙方使用的土地和集体资产拥有所有权，依照承包合同的规定向乙方收取应交款项，对乙方的生产经营情况进行指导，维护乙方的合法权益等。乙方的权利义务包括在承包期内对承包的土地享有经营管理权和收益权，按期缴纳应交款项；合同期满，合同自然终止，乙方将所承包的土地无条件交给甲方；如甲方继续发包土地，乙方有继续承包优先权。赵某等村民签订了该承包合

[①] 案例来源：2020 年 1 月 21 日，北大法宝（http://www.pkulaw.cn/case/pfnl_a25051f3312b07f3abd7f57bea89b5e93cb656c2731ebea1bdfb.html?keywords）。

[②] 大户承包是指村委会将农户回流转的土地再次向包括但不限于本村村民的自然人、法人和其他组织进行转包的情况。

同后，按约承包土地并缴纳了土地承包费。

2001 年，按照北京市海淀区政府关于《加快海淀区农业结果调整步伐，实现三年大变样的意见》的精神，赵某在承包土地上按照政府要求改种了经济林木。当年 8 月，赵某等村内部分土地承包人与被告签订补充合同书。

2008 年 1 月 24 日，赵某等村民向被告递交了延长土地承包申请书，要求延长承包期限。当年 12 月，西北旺村村委会就是否同意原告等村民土地延包申请事宜征求村民意见。2008 年 12 月 31 日，承租户与被告签订的承包合同期满，合同自然终止，承包户将所承包土地无条件交回被告。

2009 年 9 月 26 日，西北旺村第七届村民委员会第十一次村民代表大会做出《关于将原 18 户村民承包合同到期的土地收归村集体经营管理的决议》称，根据多数村民的意愿，为了维护多数村民的合法权利和根本利益，以全体同意的方式通过了收回承包合同到期土地归集体经营管理的决议。

鉴此，原告诉至法院，请求判令被告继续履行与承包人签署的土地承包合同，土地承包合同向后延期 40 年至 2048 年 12 月 31 日。

【法院判决】

北京市海淀区人民法院经审理认为：被告 1999 年 3 月与村民所订立的承包合同书，是确定被告部分村民土地承包经营权的基础，对被告及相应农户具有约束力。双方当事人争议的核心，是赵某是否有权要求按照农村土地承包法规定的期限与被告延续土地承包合同。首先，被告与承包户签订的承包合同书中所约定的家庭承包方式，不是农村土地承包法中规定的家庭承包方式。

土地承包法规定的家庭承包，要求集体经济组织成员能够平等地行使承包土地的权利，土地承包方案经本集体经济组织成员的村民会议三分之二以上成员或者三分之二以上村民代表的同意。

本案土地发包时，被告既未确定每名村民可承包土地的份额，也没有制定承包实施方案并经民主议定程序表决通过，就由被告直接与有承包意愿的农户签约，承包土地面积的确定也具有较大的随意性。

土地承包合同与土地承包法中家庭承包的规定不符，该合同的简单延续，不利于保护集体经济组织成员依法平等地行使承包土地的权利，不能落实人人有份的土地利益分配政策，也未体现村集体土地使用上的公平原则。其次，承包合同到期后，是否对承包合同续约，被告村委会进行了民意调查并广泛征求了本集体经济组织成员的意见，召开村民代表大会，经表决程序后做出了不继续延包土地合同的决议。这一过程，体现了被告多数村民的真实意见，尊重了该集体经济组织成员的利益。

被告村委会根据村民集体意见不予续签土地承包合同，符合法律规定，并无不当。原告要求续签土地承包合同40年的诉讼请求，应当予以驳回。但应当指出，被告应依法保护每位村民的土地承包经营权。考虑到2000年前后的特定状况，原告当初自愿增加承包土地的行为，有效避免了土地撂荒现象，应值得肯定。现在正值盛果时期，又有可以期待的利益。故，承包合同终止后，双方当事人应当实事求是地看待特定历史条件下的承包关系，充分考虑原承包户在承包土地上的经济与劳动投入及对承包土地上经济林的预期利益，依法处理地上物补偿问题，且在补偿问题解决以前，从保障原承包户生活来源角度考虑，不应单方改变土地使用现状。

依照合同法第8条，农村土地承包法第18条、第19条、第20条之规定，判决：驳回原告赵某的诉讼请求。

宣判后，原告赵某不服一审判决，提起上诉。

北京市第一中级人民法院经审理后，判决：驳回上诉，维持原判。

【案例评析】

本案的争议焦点在于赵某是否有权依据农村土地承包经营权的有关规定而要求延长土地承包期限，如何区分大户承包与家庭土地承包经营权，对地上物又该如何进行处理。

一、如何区分大户承包和农村土地承包经营权

土地承包经营权，是公民和集体经济组织对集体所有或国家所有

由集体使用的土地所享有的承包经营的权利。在我国广大农村地区，土地对于农民来说，不仅仅是一种生产资料，还兼具一定的社会保障功能。从这个意义上说，农村土地承包经营权是为实现耕者有其田，保障农民生活的一种权利设置。所以权利的效力层级高，且较为稳定。

而大户承包的出现具有较深的历史原因。在2000年前全国进行第二轮承包工作时，由于土地收益低、负担重，海淀区撂荒、抛荒等现象比较严重，在各级机关干部的反复动员下，农民仍不愿承包土地进行种植。于是政府便积极鼓励农民先与村委会签订承包合同，而后农户再将土地回流转给村委会，由村委会再统一向外发包，期限从5年至30年不等，这些承包户就是所谓的大户。

当然，也有比较特殊的情况，如本案中，赵某是在村委会的允许下，将自家承包土地旁被撂荒的土地一并进行耕种，并签订了承包合同，而没有按照大户承包其他农户先回流转给村委会、村委会再发包的一般情形进行。但即使这样，因赵某等村民承包的土地已经远远超过了家庭承包的范畴，所以超过自身应承包土地范围之外的部分应认定为大户承包。大户承包实际上是为实现营利目的和土地充分流转使用而设置的一种债权，这种债权应该按照合同本身约定的期限、地域等内容履行。

实践中，比较突出的矛盾是在大户承包期限未届满时，农民提出要实现其土地承包经营权而承包村内的具体土地时该如何处理？法院在具体裁判时，一般做法是当农户已经落实了确权、确地、确利的农村政策并享受了一定收益，即认定其农民的农村土地承包经营权已经实现，不再支持其要求承包具体地块等的诉讼请求。因赵某等村民承包土地的行为并非农村土地承包经营权，而属于大户承包的范畴，故应该按照物权优于债权的原则，严格依约履行，不能按照法律关于农村土地承包经营权的规定而要求延长土地承包期限。

另外，当赵某等村民的土地承包合同到期后，村委会广泛征集了村民意见，并召开村民代表大会，通过了不延续土地承包合同的决议，这符合法律规定，也充分体现了村民的真实意思。在目前人多地少矛盾已经非常尖锐的情况下，收回承包土地明显更符合广大村民的利益，且根据合同约定的期限也已经到期，所以在程序上并无不妥。如果法院做出了支持赵某等村民的裁判结果，延续了土地承包合同，则在很大程度上会损害村集体其他成员的承包经营权，导致更大程度和范围的不公平。所以，赵某的诉讼请求不予支持。

二、大户承包期间地上物的归属及补偿问题

虽然法院已经依法做出了判决，但要实际处理好该问题仍需非常谨慎，主要涉及赵某在承包期间依据当时政策在承包土地上种植的经济作物该如何处理。根据相关规定，土地的地上物补偿应该归地上物的所有权人，虽然赵某在承包合同解除后已经不享有对土地的相关权利，但其种植的地上物所有权仍属于赵某。种植林木是响应政府政策的产物，无法进行移除补偿，导致土地与地上物的权益产生了分割。

本案中，因地上物补偿问题不属于诉讼请求的范围，判决并没有进行直接处理，但因属判决结果必然涉及的内容，所以进行了必要交代。一般而言，大户承包期间的地上物应按照以下方式进行处理：对于在承包土地上私搭乱建的违章建筑，因承包人已经改变了土地用途，不符合法律规定，所以不属于保障和补偿的范围，应当予以拆除；对于退耕还林属于国家强制规定保留的，如公路绿化带、养护林，应当按照有关标准进行补偿，并予以保留；如不属于国家强制规定保留部分的，应当由承包人自行移除。

考虑到赵某等村民实际在承包该土地后进行了大量投入，为农业生产做出了贡献，且所种林木已经进入收益期，故不宜在此时单方改变土地用途。如赵某等村民愿意和村委会达成补偿协议，可按照补偿协议进行处理；如难以达成补偿协议，可将土地及地上物享有的权益进行分割，地上物收益归赵某所有，土地权益归村民集体所有。从而实现对案件争议相对稳妥的处理，也具有相应的可操作性。

本章小结

（1）从司法审判案例综合分析的结果看，近年我国农地承包经营权流转案例比例逐年上升，农村土地权利主要主体也基本涉及。[①] 因土地流转利益冲突使得农村土地产权制度深层次的问题集中暴露。[②] 形成纠纷的主要有经济利益驱动、[③]法律意识淡薄（合同不规范）、[④]法律政策滞后、基层土地权益保护消极不作为等原因。

（2）司法实践中，常见的土地流转纠纷主要包括物权纠纷和债权纠纷两大类。其中，物权类型的土地承包经营权流转纠纷主要包括主体资格确认、权利确认、抵押权纠纷等；农地承包经营权债权纠纷主要包括流转过程中合同纠纷，合同纠纷涉及转包、转让、互换、入股、抵押和出租合同纠纷等。

（3）农村土地承包经营权流转合同专业性较强，涉及物权变动、债权履行、合同缔约、合同履行及违约等，也是土地承包经营权流转矛盾纠纷焦点。土地承包经营权转包、出租和转让合同纠纷案件是农地流转纠纷最常见的案例。[⑤]签订转让、转包、出租合同时容易混淆，由于性质相近，会导致合同执行中产生的争议。另外，以下几类纠纷也在土地流转中容易出现：①发包方未依合同约定交付承包标的物。②将农用地改为非农建设，擅自改变土地用途。③超过了农地承包剩余的期限。④事先未征得发包方同意，擅自以转让方式流转土地。

---

① 集体经济组织和承包人、承包人与承包人、承包人与第三人、承包户家庭成员之间。

② 因土地流转利益冲突，引发了大量的纠纷和矛盾。案件涉及农民的根本利益，牵涉面广，并且由于对土地承包相关法律、政策执行的不规范和部分政策的缺失，有关法律、政策规定与农村实际的做法有较大的冲突，使农村土地承包中的一些深层次的问题和矛盾逐步凸显出来。

③ 在审判实践中，土地发包初期农村土地承包关系比较稳定，少有纠纷产生，一直到二轮承包初期都一直持续着这种稳定的状态。但是随着农业税费的取消、国家对农业的政策扶持、农产品价格上涨、征地补偿的增加等因素影响，土地承包者能够获得较好的现实收益和预期收益，原先没有提出异议或进行荒地开发时没有提出异议的承包户和村民自治组织，在长达多年甚至十多年后主张权利或者强行终止合法有效的土地承包合同。

④ 农民缺乏必要的法律意识，在土地承包合同的签订、履行，土地承包经营权流转中随意性很大。

⑤ 因转包、出租和转让土地承包经营权的形式比较相似，在签订合同时容易混淆，出现以此名义的合同约定彼此性质的内容，导致在履行合同中出现偏差而引发纠纷。

⑤按照规定需要签订书面合同，但未签订书面合同流转土地。⑥农村土地承包经营权流转后未及时进行权属的变更和登记，依法取得土地承包经营权证。⑦征地补偿引起的流转合同纠纷。包括征地补偿金额纠纷、征地补偿分配纠纷等。

（4）从司法审判案例分析的结果看，农村土地承包经营权流转合同纠纷产生的主要原因有以下几点：一是农村土地承包经营权流转法律体系不完善，与之配套的制度机制缺乏协调性。[①]二是农村土地承包经营权流转规则不清晰。土地流转法律关系不够清晰，流转方式的规则不明确，以其他方式流转法律规定模式规则缺失。三是农村土地承包经营权流转合同不规范，流转中缺乏市场化的契约履约精神和畅通的流转机制。[②]

（5）农地承包经营权流转纠纷不仅涉及"三农"问题，还涉及社会经济秩序等各个层面。从承包类型上看，有家庭联产承包和其他方式的承包，不同的承包类型决定着双方之间具有不同的法律关系；从流转的方式上看，有转包、转让、互换、入股、抵押、出租等，不同的流转方式需要不一样的条件。从适用的法律法规看，既有土地管理法、农村土地承包法、解释、物权法，也有合同法、土地法、森林法及农村土地承包经营权流转管理办法等法律规范和行政法规规章。

（6）农村土地承包经营权纠纷案件表面看起来法律关系并不复杂，但是审理起来却困难重重，究其主要原因，其一是利益主体的复杂性，涉及农村土地权利，不仅仅是财产权利关系，还涉及人身资格关系、社会保障等多层面的因素；其二是农地流转法律制度不完善，缺乏具体细则操作规则，流转中容易出现权利滥用和侵权现象；其三，涉及

---

① 立法欠缺系统性，彼此存在不协调的现象，且对土地征用、再流转等法律问题未做规定，导致审判实践处理相关纠纷时处于无法可依的状态，加之法律具有稳定性和滞后性的特点，有时有些政策会超前现有法律的规定，如一旦出现纠纷，就会造成法律与政策适用方面的冲突。

② 在实践操作中，农户在自行流转时不规范，有些协议是在未办理授权手续的情况下，由双方各委派一个代表签订，且所签协议往往内容简单，权利义务约定不明确，也没有办理报批、备案手续，一旦发生矛盾纠纷，双方便各执一词，有些承包户以未经授权为由，主张流转协议无效，给法院调查取证、查明事实等工作带来很大难度。

了农民生存权^①、平等权、财产权等问题，这也是根本的深层次的原因。农村土地承包经营权纠纷的处理，要充分考虑土地对农民的生活保障意义。

---

① 最高人民法院《关于人民法院民事执行中查封、扣押、冻结财产的规定》第6条规定："对被执行人及其所扶养家属生活所必需的居住房屋，人民法院可以查封，但不得拍卖、变卖或者抵债。"第7条规定："对于超过被执行人及其所扶养家属生活所必需的房屋和生活用品，人民法院根据申请执行人的申请，在保障被执行人及其所扶养家属最低生活标准所必需的居住房屋和普通生活必需品后，可予以执行。"《最高人民法院关于建设工程价款优先受偿权问题的批复》规定："消费者交付购买商品房的全部或者大部分款项后，承包人就该商品房享有的工程价款优先受偿权不得对抗买受人。"以上规定彰显的法理精神，就是生存权优先于债权。

第三章
农村土地承包经营权制度改革创新模式分析

近年来，在中央政策鼓励下，各地进行农地流转制度改革创新，探索创造出一批各具特色的农地承包经营权流转模式。本章就深入各地实地调研，结合地方政府及相关单位提供的试点改革材料，展开土地承包经营权流转模式的讨论和分析。

第一节 农地流转出租模式

一 安徽小岗村承包地"使用权整体出租"模式

随着土地流转的推进、适度规模经营、合作经济的发展和农村治理模式的创新，新一轮改革试点的启动，小岗村从传统的小规模农业经济向现代农业转变，从封闭的旧农村下的城乡二元结构向城乡融合新农村发展。小岗村位于安徽凤阳县东部约40公里处，是农村土地制度改革第一村。小岗村耕地面积14500.35亩，其中农民承包地面积6483亩。2009年以来，小岗村通过招商引资引进了美国GLG、深圳普朗特、天津宝迪、广东从玉、江苏弘浩、山东圣田、高湖粮油等多家企业。2012年6月15日，小岗村成立了村级集体所有的创新发展有限公司。通过这些农业企业的规模生产经营，加速了小岗村的土地流转。目前，小岗村已流转的土地8449.6亩，其中企业流转6358.6亩、农户之间自发流转土地2091亩。[①] 截

---

① 李红娟：《我国农村土地权利身份性研究》，博士学位论文，中国政法大学，2015年。

至 2018 年，小岗村辖 23 个村民组，940 户、4173 人，村域面积 15 平方公里，其中可耕地面积 1.45 万亩。自 2008 年起，小岗村将分散的土地重新集中后，开始大规模流转，流转土地面积已占可耕地面积的 60% 以上，以集约型现代农业的形式经营，实现了土地经营效益的最大化。[①]

（一）主要做法

1. 并村并地

2006 年 1 月，为提高农地集约利用度，集中办农场、搞养殖和旅游开发，小岗村将部分村及其土地合并，为农地规模流转提供保障。在不改变土地集体所有制和农民的土地承包经营权的前提下，以自愿为原则，把农户家庭承包的集体土地集并起来，以每年 500 元/亩（0.0667 公顷）的价格出租给农业公司经营，农民收取租金，以后再根据形势发展的需要，由农民自愿将承包的土地入股直至转让。[②] 通过集中承包地，为土地承包经营权整体出租，统一流转和出租给农地经营公司统一经营，提供了基本的条件保障，也创新了小岗村农村承包地经营方式和组织体制。

2. 土地确权

2012 年 8 月，小岗村作为安徽省土地承包经营权确权试点，率先开始了确权。采用遥感航拍技术，对地块进行定位、测绘，然后公示，请农户确认，进行土地确权，形成了土地所有权、承包权、经营权三权分置、经营权流转的新格局。土地确权登记中，小岗村出租了农地的五分之一面积，租期到 2027 年。通过集体资产股份权改革，把村集体经营性资产折股量化到人、落实到户，让符合条件的村民变身"股民"，从制度创新中释放红利。

3. 土地集中出租流转

坚持土地承包权不变和群众自愿原则，以出租形式流转集体土地

---

① 严友良：《小岗村进行二次土改：土地重新集中然后对外发包流转》，《时代周报》2013 年 4 月 25 日。

② 阮文彪：《小岗村土地集并的制度经济学分析》，《学习论坛》2007 年第 3 期。

经营权。成立小岗村村企合一企业（小岗村创新发展有限公司），[①]将承包地通过成立的企业与村民签订合同的形式，集中起来，按照现代管理模式统一管理和对外寻找合作企业。[②]通过把农业设施等村集体资产和小岗品牌折股量化 3026 万元，入股小岗创发公司，全村实现"人人持股"，"人人分红"，2017 年每个股民分红 350 元。

4. 设立社员互助基金

探讨设立社员互助基金，由社员筹资，通过互相担保，解决社员的阶段性资金需求。[③]

（二）取得的成效

通过土地集中统一出租，把小岗村的农民从农业劳动中解放出来，从事其他非农生产和经营，增加收入来源，改善收入结构和进一步实现农业收入、租金收入、经营收入和工资性收入的多元化。[④] 小岗村农民的收入不仅仅限于出租土地，还包括给农地经营企业打工和务农的收入。不仅如此，土地集中统一出租，这种模式下，深化、发展和完善家庭联产责任制。

[①] 小岗村创新发展有限公司成立于 2012 年 6 月 15 日，是小岗村村企合一的企业。在其运作下，原本包产到户的农田被重新集中起来。2012 年 5 月 28 日成立凤阳金小岗农林科技产业发展有限公司。

[②] 以集体统一组织、农户通过血缘关系、邻里关系等多种方式进行土地流转，发展起粮食、葡萄规模种植及双孢菇产业等农业现代化规模经营，发展现代农业。

[③] 例如，合作社准备金通过资金互助等形式筹资发展蘑菇粗加工，以延长储藏期，让社员分享加工环节利润。吸收社员入股成立互助资金，为社员生产生活提供借款便利。

[④] 2013 年村集体经济收入突破 500 万元，比上年增长 22%。农民人均纯收入达到 1.21 万元，比上年增长 18.6%。2014 年村集体经济突破 665 万元，比上年增长 31%。农民人均纯收入 14500 元，比上年增长 19.8%。工农业总产值达 7.38 亿元，比上年增长 22.4%。旅游接待量突破 90 万人次。参见小岗村网站介绍（http://www.cnxiaogang.com/Html/sjzc/index.html，最后访问日期 2020 年 5 月 7 日）。

二　南海广佛智城集体土地自主联合出让转租模式

（一）广佛智城集体土地自主联合出租模式基本情况

广佛智城的诞生为佛山带来了三种模式的变革，即土地开发模式、投资模式和商业模式。[①] 该项目通过自主联合出让的方式取得农村集体土地进行项目开发和利用，为农村集体土地集约开发提供了样板。

2008年8月，经由一批专家在广东南海地区大沥县进行实地调研后，提出由联滘、沥东、沥中、雅瑶、平地五个村委会按土地比例入股，自行组成股份公司，由股份公司负责发展中心区未来的建设和经营，各个股东按入股比例获得相应收益并承担相应风险。2008年9月，经过与该方案涉及的村集体协商和讨论，进行方案修正，由村集体委员会提出将土地进行出租开发，村集体只管收租金，不负责经营，村集体无须承担由此引起的风险。以保障村集体的利益，促成广佛国际商贸城中心区土地开发，确保该片区高标准建设。南海区政府对城市中轴线北延到广佛国际商贸城中心区进行统一战略规划，"三旧"改造政策，充分整合资源，并制定了一体化推进路径。采用政府二次返租及征用土地统一规划开发的模式，对广佛国际商贸城中心区实施重新规划，将原来零散分割的低效用地，进行连片集约开发，实现国有土地和集体土地的高效利用。

农村集体土地自主联合出让租地模式是一种政府与村民协商合作良性互动模式，南海政府与村民商讨中摸索出了农村集体用地出租开发模式。该模式下由政府统一从村集体租用土地后，即先将建设用地所有权转为（不是征地）国家所有，而后才能实现使用权的转移对外

---

① 广佛智城坐落在广东省佛山市南海区东翼，位于广佛国际商贸城中心区内，占地面积1800多亩，土地开发用地涉及5个村委会、15个包括村组集体经济组织在内的土地权属单位。定位为集产业平台、科技展览、生态办公、休闲娱乐、品牌零售、时尚餐饮、精品酒店于一体的全功能都市综合体。广佛智城用地为农村集体土地，是通过集体土地租赁方式获得使用权，因此建成房产后销售出去的也只是该物业的租赁使用权。

引入项目开发公司，实行镇政府统一租赁开发、租赁期满土地及地上物业一并返还农村集体的模式。这种模式中，涉及的土地权益主体有集体土地经济组织，村民，投资者和经营者。土地租用到期之后，建筑物归土地所有者，而土地经营人（投资者）继续经营使用土地。但从实践来看，对大型商业体而言，其经济收益的保障要比土地归属更为重要。

（二）模式实现的路径解析

一是，法律政策是模式创新的保障。广佛智城项目创新最突出的特点是，在国家授权试点范围内，进行法律政策的创新和部分突破，有的采取折中的办法，为改革提供配套的法律指引和保障，[①] 让土地流转有法可依，为流转纠纷矛盾的解决进行事前安排。[②]

二是，模式实现以农民自愿为基础。围绕土地开发模式，镇、村干部与村民通过开会、座谈、表决等程序，就如何实现"可持续地、最小风险地保障村民的收益"与"最贴合政府的规划来实现集约发展"

---

① 南海区根据 2015 年 2 月 25 日出台的全国人大发布的《全国人大常委会关于授权国务院在北京市大兴区等三十三个试点县（市、区）行政区域暂时调整实施有关法律规定的决定》，出台了《南海区新一轮深化"三旧"改造综合试点工作方案》《南海区人民政府关于进一步推进村居社区公寓建设的实施意见》《南海区集体建设用地使用权流转实施办法》《佛山市南海区农村集体资产管理交易办法（试行）》《关于加快推进村级工业园改造提升　促进产业社区发展的指导意见》等。其中，《南海区集体建设用地使用权流转实施办法》明确提出，集体建设用地使用权出让、出租的最高年限与同类用途的国有建设用地等同，且流转过程中应当依法缴纳有关税费，并预留城乡公共设施建设用地等，与国有建设用地享有"同权同责"的规定。不仅如此，《南海区集体建设用地使用权流转实施办法》还突破了集体土地上物业产权分割问题，规定集体土地商服产业载体项目（不包含住宅或类似住宅的居住用房）经过认定并通过竣工验收后，可由规划、住建部门审定的房屋基本单元进行确权，经住建部门核发现售备案证明的，可以分拆销售。
② 广佛智城项目是通过集体土地租赁方式获得使用权的商服建设项目，但由于没有使用权证，土地上盖物业只能通过出租物业的方式，而不能办理房产证，因此，也无法抵押融资及销售，直接影响了集体土地的价值与价格，以及其开发的规模和档次。在南海区成为土地改革试点，出台了《南海区集体建设用地使用权流转实施办法》之后，该项目经确认为集体土地商服产业载体项目，里面的每个铺位都可拿到房地产权证，进行自由买卖和抵押融资。集体土地商服项目分拆销售，依据产权的分割和销售分拆打破了现有集体土地开发之后只能整体转让或者自主经营的困境。

两者之间的平衡进行反复的讨论和协商。

三是，"三权分置"是该模式运行的核心。所谓"三权分置"，就是农村集体土地的所有权，使用权和经营权分别由不同的主体享有，并承担相应的责任。该模式下，政府统一开发，享有收益和承担项目风险，[①] 村委会不参与村集体土地开发经营。

（三）国内其他地区的自主联合出让操作方式

成都市下辖的一些市、县政府试图改革政府主导的土地开发模式，以自发形成的组织作为开发主体，通过土地综合整理节约出一定数量的建设用地指标，将这些指标直接转让给社会资本，或者以合作开发的形式与社会资本共同使用指标。无论规模还是数量，集体建设用地自主流转在整个成都市建设用地增减挂钩、土地综合整理项目中所占比重都是非常少。[②] 在转让权可以合法化的前提下，并不是所有村庄都能搞建设用地的自主流转。

实现自主转让的基本条件有两个，其一是有充足的资金覆盖前期的拆旧建新和土地整理费用（不管这笔费用是自筹的还是向金融机构借贷的），其二是要有相关产业支撑，也就是说项目实施过后必须要有持续的经济流量来平衡基础设施投入和新型社区维护费用，以及村民的就业。

旅游镇自主联合开发模式。这里所谓的自主联合开发是指居住在旅游镇的户主自主联合起来，共同商议旅游资源的开发和游客接待方式，不出售旅游门票，旅游者由各户家庭分别接待，这种开发模式不多，开发层次和深度也比较有限，比较典型的是云南大理洱海边的白族村落。

---

① 由镇政府组建项目开发公司租赁及征用村委会部分土地，进行统一开发中心区内土地的集体土地利用，政府自行承担开发利益和风险。
② 张惠强：《合法转让权的发育路径——成都集体建设用地自主流转案例分析》，《公共行政评论》2014年第2期。

三 四川成都郫县集体经营性建设用地租赁入市

近年来，成都市以郫都区为改革试点，深入贯彻落实中央、省、市城乡融合改革各项决策部署，以促进城乡要素资源自由流动为目标，深入推进统筹城乡综合配套改革，优化配置，促进了城乡生产要素自由流动。

（一）主要做法

1. 科学规划，统筹推进集体土地开发利用

按照"多规合一"要求，编制土地专项规划，在对郫都区区域内经济地理空间结构全面分析基础上，结合生态本底、市场需求、产业发展、功能分区、基础设施情况，统筹推进农村集体经营性建设用地使用权入市，在出让、入股的基础上，大胆探索租赁入市，保障供地策略优化和用地项目优选，实现了供需高效对接和用地集约节约。

2. 明晰农村集体产权，夯实改革基础

坚持"符合规划、用途管制、依法取得"原则，以农村资产"多权同确"为基础，在完成郫都区集体土地确权办证，资产清理等基础上，围绕"三定"（定基数、定图斑、定规模），确定可出让、可租赁、可入股入市集体土地资源面积4900余亩。

3. 健全租赁管理制度，构建交易规则体系

围绕土地交易，土地使用权交易相关管理办法，明确农村集体经营性建设用地使用权租赁期限20年，明确了农村集体经营性建设用地的土地租赁用途和办理产权登记具体要求，依托成都市农村产权交易公司郫都子公司作为产权交易平台，建立土地使用和储备系统。

4. 明确租赁程序，畅通入市渠道

创新设计农地产权结构，以农民持集体土地股权组建的新型农村集体经济组织作为产权入市主体，授权委托农村集体资产管理公司承担实施主体角色，制定租赁入市方案，需明确宗地的位置、空间范围、用途、面积、使用年限、租金起始价、土地移交时间、规划建设条件、开竣工时间、竞买保证金、收益分配办法以及土地价款缴纳比例和期限等内容。

5. 科学确定起始价,保障农民利益

农村集体经营性建设用地租金的起始价采取评估方式确定,起始价不低于同区域同用途基准地价折合到相同使用年限的价格,即年亩平租金≥基准地价÷宗地用途使用年限。其土地入市方式、收益分配等由村民代表大会自主协商决策,切实保障了村民的民主自治权利和土地财产权益。

6. 兼顾各方收益,注重持续发展

在集体经营性建设用地租赁试点中,根据与国有土地"同权同价"入市的要求和"多方兼顾、保障公平"的共享原则,保障集体经济可持续发展。

(二)改革成效

在探索推进农村土地制度改革过程中,始终坚持以"聚集先进要素,追求长期收益,推动绿色发展,促进农村繁荣"为努力方向,全面激活"三农"要素。截至目前,郫都区通过产权平台完成公开挂牌租赁入市地块3宗,面积37.92亩,租赁期限10年,成交总价1305.4万元,收取与契税相当的调节金40万元。

1. 探索打通了制度路径

农村集体建设用地租赁市场长期存在,但缺乏公开规范的入市程序,租赁程序不明确,不利于承租人再发展,也不利于保护村集体经济组织成员的权益。成都市以统筹城乡综合配套改革试验区为重要切入点,指导郫都区从政策上进行明确,从程序上大胆探索,从利益分配上多方兼顾,实现了集体建设用地租赁的顺畅入市。

2. 规范了集体土地租赁市场

通过搭建郫都区区级农村产权交易中心,建起12个街道、144个村级农村产权交易服务网点,搭建起服务全区的租赁交易平台,只有通过平台进行交易的宗地,才能取得交易鉴证,强化了对租赁双方的保护,实现了集体建设用地租赁市场的规范发展。

3. 壮大了农村集体经济

通过模式创新，夯实了农村经济发展资金支持基础。例如，古城镇中平村采取挂牌租赁的方式，出租集体建设用地 13.3 亩用于建设仓储基地，亩租金达到 1.6 万元。同时，通过组建资产管理公司与市场主体通过股份合作等多种形式的紧密合作，融合现代化管理经验，逐步实现了集体经济组织治理机制的现代化。

4. 实现了农民持续增收

坚持将群众获得感提升作为改革成功的重要标志。通过多种模式发展，使农村土地价值在流通中得以实现，农民得到了实惠。

第二节　农地流转互换模式

一　新疆沙湾县"节水灌溉耕地互换"模式

新疆沙湾县在保持农村基本经营制度不变的前提下，积极引导农户以优质棉基地节水灌溉工程为契机，在自愿的前提下互换承包土地，实现了土地的集中连片种植、农业增产和农民增收，为推进农业规模化、机械化经营创造了条件。[①] 沙湾县是新疆自治区确定的天山北坡经济带优先发展的县市之一，辖区面积 1.31 万平方公里，总人口 39 万人，其中地方人口 21 万人，由汉、哈、回、维等 30 个民族组成，[②] 辖 9 镇、3 乡、3 个农牧场，250 个村队。全县有 243 万亩耕地、880 万亩草场、40 万亩自然林地，绿洲森林覆盖率达 24%，森林覆盖率达 12%。[③] 沙湾县水资源相对匮乏，在棉花种植用水高峰期，水资源供应紧张，严重影响棉花的增收，急需发展土地适度规模耕作和节水灌溉技术。为

---

① 张晗、邵彦敏：《欠发达地区农村土地流转模式研究》，《经济纵横》2015 年第 3 期。

② 杨丽香：《培育农业职业经理人　推进发展农业现代化》，《农民科技培训》2017 年第 6 期。

③ 沙湾县政府：《沙湾基本情况》，2020 年 1 月 31 日，http://www.xjswx.gov.cn/info/1013/31645.htm。

了更好地推广和实施节水灌溉，节约土地经营成本，发展农业规模化种植，提高农业生产效率，沙湾率先全国开展土地互换，集中经营的承包地流转模式。通过农村承包地互换方式将分散零碎的土地化零为整，集中起来，统一标准化种植农作物、建设农业基础设施，取得了良好的经济效益。[①] 老沙湾片乡镇棉花生产基地品种进一步统一，品质进一步优化，单产进一步提高，有力地推动了土地规模集约经营，加速了农业产业化进程，促进了农业增效、农民增收，加快了农村经济的发展。[②]

（一）主要做法

1. 技术推广、群众自愿、村委会组织协调

通过灌溉节水技术的推广和农耕规模化效益的应用，使得农户深刻地感触到了土地流转带来的效益和便利化，早期的互换模式农地流转是农民进行的自发的土地流转。农民的资源和积极性，是土地互换集中标准化规模经营得以顺利实现的基础，并以此为基础探索土地流转经营创新模式。在农地互换模式达到一定的规模后，由于节水技术的推广和土地大规模互换需要从更大的范围内进行统筹安排和协调（条田、农作物种植、打井、灌溉设备安装等），所涉及的农户人数较多，需要村委会参与其中，因此，农地互换流转模式发展到了一定规模，就是一种有组织的群体行为。

2. 按照"七步法"程序有序进行 [③]

（1）召开村民大会。会上主要就"土地互换"的原则、程序等进行讨论，并对土地适度规模经营、统一管理的益处进行介绍等；（2）对

---

① 下八户村，位于镇区西北 26 公里，古尔班通古特沙漠南缘、玛河南岸，与兵团农八师 121 团接壤，交通便利，地理位置优越。现有村民 243 户、人口 1012 人，总耕地面积 11000 亩，2012 年人均收入 22249 元，现有党员 30 人，四老人员 9 人，是一个以棉花种植为主、农机服务为辅、在全县率先推行土地互换配套实施高新节水滴灌技术的村队，被确定为国家级现代农业万亩高产机采棉示范区。

② 刘卫柏、柳钦、李中：《我国农村土地流转模式创新剖析》，《调研世界》2012 年第 4 期。

③ 陈锡文、韩俊主编：《转变中的村庄》，清华大学出版社 2016 年版，第 309 页。

不愿意进行土地互换的农户进行积极引导和劝说，直到全村绝大多数农民同意土地互换；（3）召开全村大会，选出负责"土地互换"的工作小组及相关监督人员；（4）整理土地，测量耕地面积；（5）工作小组打桩；（6）统计并安排全村土地抓阄工作；（7）土地互换，统一管理。

（二）取得成效

新疆沙湾县是现代农业发展模式下推进土地权利制度改革的一个典范路径。沙湾县的土地流转模式，通过技术改革土地经营模式，通过土地互换，解决了土地碎片化问题，普及了节水灌溉技术，降低了土地经营成本，提高了土地的利用率，增加了农业种植的收益。

2015 年沙湾县按照国家确权办证统一部署，依法保护土地权利人合法权益，积极开展农村地籍调查与确权登记发证工作。截至目前，新疆沙湾县农村土地确权工作已经全面完成，实际测量的集体土地面积 150.12 万亩。其中二轮承包土地面积 70.68 万亩，其他承包方式面积 79.44 万亩，共 108735 宗地，涉及农户 32736 户。农村土地确权工作的全面完成，也将进一步推动全县新型农业经营主体健康快速发展，促使农业现代化水平迈上新台阶，农民增收、农业增效也将达到新水平。

沙湾农民互换土地是农村集体经济组织内部的农户，为方便耕种和各自的需要，对各自土地的承包经营权进行的简单交换，是促进农村规模化、产业化、集约化经营的必由之路。[1]

二 河北下坊村"统一经营保底分红"模式

廊坊市霸州东杨庄乡积极探索改革农村土地流转方式，以下坊村为试点，以专业合作社为经营主体，采取"合作社＋农户"的产业化模式，引导农户自觉参与土地承包经营权适度流转，实现了农户分散经

---

[1] 焦悦：《农村土地流转问题与对策研究——以 M 村为例》，《经济研究导刊》2018 年第 10 期。

营向集体规模经营的转变，带动附近村庄实现了土地增产、农民增收，走出一条产出高效、产品安全、资源节约、环境友好的现代农业发展之路。①

（一）大胆创新，在改革中推行新举措

1. 因势利导，从依附土地到脱离土地再到盘活土地

下坊村现有人口600户、2505人，耕地面积4200亩，全部耕地处于蓄滞洪区内，靠天吃饭的时期，土地不是涝就是旱，土地利用率不高，农业收入不稳定。目前，下坊村工商业十分发达，拥有个体工商户450家，涉及劳保用品、楼梯、冲床、有色金属等多种产业形式，解决农村劳动力就业2000多人，几乎家家有项目，户户有产业。农民脱离土地造成大量土地闲置，少数人大量承包土地，并以每亩200—300元的低价转租给外地人种植棉花、山芋等农作物，耕种不当造成生态环境破坏较为严重。近年来，针对土地利用率低等问题，在乡党委指导下，下坊村两委决定将土地全部收回，按照现有人口进行调整分配，并成立村集体所属合作社进行统一经营管理。号召农户以每人1.5亩的土地资源入股，由合作社统一经营管理，会员平均分红，增加了农民收入也盘活了资产。

2. 分步实施，从少数尝试到多数自愿再到全民参与

经下坊村两委研究，全体党员和村民大会集体讨论通过，成立霸州市兴农种植专业合作社，并一步步将合作社做大做强。在保障农民基本利益基础上，村委会鼓励农户以土地承包经营权入股合作社，由合作社统一经营，成员共担风险、共享利益。对于不愿放弃自家承包地、又不想自己耕种的农户，在保留原承包关系不变的前提下，合作社以每年每亩500元租金的价格租种其土地，当年合作社成员分红达到人均1050元，持谨慎观望态度的部分农户看到了差距，又有47户316.5亩土地陆续加入。协调收购补偿。对于之前少数土地承包大户，

---

① 《发展农村股份合作经济　推动乡村振兴战略实施》，2020年1月31日，河北霸州东杨庄乡政府网（http://www.heagri.gov.cn/article/qsxxlb/201801/20180100009114.shtml）。

对其购置的部分农机设备，合作社以补偿的方式将其收购。合作社会员人数逐年增加，目前入社率已达到100%。

3.科学管理，从统筹规划到合理生产再到全民增收

兴农合作社作为土地的经营主体，成立了独立核算机构和领导班子，合作社由村委会集体管理，统一和开发利用，企业化经营，规模化、标准化生产。重管理，一体经营。按照农闲时每人每天150元、农忙时每人每天200元标准计酬，分配公平公正，财务公开透明。强设施，提高生产力。下坊村民营经济发达，村街每年集体收入40余万元。村委会实行以工补农，共投资380万元，新建占地2310平方米的农机站，购进播种机、拖拉机、收割机、喷灌机等大型农机设备50台套，建造粮食烘干塔，打深水井，农业基础设施大大改善。机械化操作和科学化管理使生产效率得到极大提高。上保险，旱涝保收。兴农种植合作社连续给全体村民分红，上至耄耋老人、下至妇孺儿童人人参与、个个有份，公开透明，旱涝保收。

4.步步为营，从夯实基础到发展实体再到田园农业

完善基础设施。计划投资162.3万元打310米深井11眼、建50千瓦变压器5台，完成后可解决4100亩农田灌溉，粮食每亩可增产300斤，预计可增加经济收入249.7万元，村集体可增加经济效益25万元。发展集体经济。计划投资47.7万元筹建占地1850平方米的花生榨油厂，建成后每年村集体可增加收入18万元。发展新兴产业。让产业成为持续发展的有力支撑，运营后预计可增加集体收入17.5万元。

（二）多方共赢，在改革中收获新成效

1.促进了农民增收

霸州兴农合作社连续多年为会员分红，并且逐年递增。合作社成员人均分红达到1050元，比起农户自行耕种，土地"入股"的收入增加了一倍多。下坊村农民人均纯收入达15500元，高于全市农民人均纯收入水平13.5个百分点，实现了农民收入和土地收成的"双丰收"。

2.农业经营实现了规模化运作

从根本上改变了过去土地大量闲置、小规模分散经营组织化程度

低、抗自然和市场风险能力低、生产技术科技含量低的格局，农业组织化程度和集约化水平大大提高，为农业现代发展奠定了基础。转变生产经营方式后，下坊村小麦平均每亩增产130公斤，玉米平均每亩增产100公斤，全村粮食总产量达3400吨。

3. 推动了村街繁荣稳定

集体有钱了，除会员分红、扩大生产外，剩余收入用于村街建设，全部返利于民：投入160余万元，用于村街绿化亮化美化，村街面貌焕然一新；投资160余万元，建设占地800多平方米的影剧院。村街文化生活丰富多彩，社会局面和谐稳定，做到了矛盾隐患不出村，全村没有出现一起到乡里、市里的信访案件。

4. 形成了示范效应

东杨庄乡积极探索"土地入股经营模式"，推广示范应用。王庄伙村成立了农业合作社，600余亩土地全部收回由村委会统一管理、耕种，投资40余万元购置农机具，在大清河水域种植荷花2500株，谋划筹资发展生态农业，开发采摘、观光等高附加值农产品。

（三）深入总结，在改革中得到新启示

1. 必须顺应三农改革的大趋势

近年来，在国家不断深化农业农村改革，推动农业现代化发展的大背景下，土地流转政策不断加码，改革势在必行。下坊村顺应农村产权改革趋势，对分散的土地资源进行整合，促进了农业专业化、集约化、规模化发展，打破了原有土地资源闲置、生态破坏的僵局，推动了土地资源升值和农民增收。

2. 必须有党委、政府的大力扶持和合理引导

党委、政府在下坊村土地流转过程中给予大力支持，起到了很好的组织、宣传、规划及引导作用。强化政策扶持，对农田基础设施和现代农业设施建设给予专项资金和技术支持。强化指导服务，帮助制定具体管理办法，并实施有效监管，确保土地流转规范有序进行。东杨庄乡党委、政府将下坊村作为试点在全乡推广，形成以点带面、全面铺开的良好格局。

3. 必须因地制宜、因势利导

土地流转要充分尊重村情民意，绝不能搞一刀切。下坊村地处溢流洼，农业发展滞后，民营经济却较发达，农民对土地的依附性不强，造成耕地大量闲置或低效利用。但这也为农业规模化、专业化、标准化发展创造了有利条件。

4. 必须有坚强有力的两委班子

下坊村的成功经验在于有一个创造力、凝聚力、战斗力比较强的村集体领导班子。村两委班子顺应当前农村改革发展大势，拓展土地流转新思路，大胆探索创新，在保证土地不流失、耕地不乱占的前提下对耕地进行适当调整，分步实施，既稳妥地推进了土地经营权流转，又维护了村街稳定，得到了全体村民的拥护。

第三节　农地流转入股模式

一　广东南海承包经营权入股"股权固化"

南海的改革基本上遵循了"经济需要发展＋问题不断倒逼＋制度政策逐渐完善＋体制机制改革创新"的路线。自 20 世纪 80 年代以来，南海区持续探索城乡一体化发展的体制机制，通过农村土地流转制度改革创新，探索构建城乡统一的土地市场体系。

（一）南海土地制度改革创新背景

实践表明，股份合作制对促进南海的经济发展发挥了重要的作用。1984 年，南海提出"镇、公社、村、生产队、个体、联合体企业"各所有制经济主体"六个轮子一起转"的发展思路，提倡个体、私营、集体等经济形式创新发展。1989 年，南海开始探索转换农村土地承包经营权机制，不再平均分配林果用地和鱼塘，实行农村土地入股统一经营，推进规模化种植和养殖。1992 年南海在罗村镇下柏管理区首先实行社区型股份合作制试点改革，[①]该村在经联社的基础上，成立下柏农业股份公司，将各村小组所有的农田、鱼塘、空地统一收归股份公司，土地划分为农耕区（45%）、工业区（45%）和商住区（10%），以出租的方式招标经营，各类经营收取的标金和利润留作年底分红，分红按股份发放，成人每人 1 股份，16 岁以下者每人 0.5 股。[②]

2011 年，南海全区收入 5345.05 亿元，农村集体可支配收入达 50.86 亿元，集体经营资产总额达到 268 亿元，人均收入 14574 元，分别比 1992 年增长 42 倍、13 倍、5 倍和 6 倍。[③]2012 年，南海 GDP 高达 1966 亿元，堪比西部一个省。其中，农村集体经济规模上千亿元，村组两级集体经营性资产超 300 亿元，由 2300 个经济（联）社经营管理，279 个村居中，总收入超亿元的有 197 个。[④]目前，南海区土地面积 1073.82 平方公里，其中集体土地 658.15 平方公里，约占土地总面积的 61.3%；建设用地总面积 560.58 平方公里，其中集体建设用地面积 303.98 平方公里，占建设用地总面积的 54.2%；集体经营性建设用地面积 171.37 平方公里，占集体建设用地总面积的 56.4%。经过多年发展，南海的土地开发强度已超 50%，新增建设用地已不足以支撑南海经济社会发展需求，利用存量集体建设用地开展入市流转工作是南海区必然的现实选择。

---

① 马健：《南海模式：创新与困局——对南海土地股份合作制发展状况的调查》，《农村工作通讯》2008 年第 17 期。南海罗村镇下柏行政村（原名为管理区，以下称行政村）是把股份合作制引入到农村土地经营体制，首先推行农村土地股份合作制的试点。该村辖 4 个自然村，1748 个农业人口，有水田 1600 多亩，旱岗地和宅基地 2000 多亩。实行股份合作制时，把已经分包到户的土地和集体组织的其他财产统一集中到行政村的农业发展股份有限公司。然后按年满 16 周岁以上的农业人口分配一个土地股份，16 周岁以下的分配半股的标准折股到人。公司保证按国家当年粮食收购价格的 80% 每人每月供应 25 公斤稻谷，每年给予每股 400 元以上的现金分红。全部土地集中后，行政村把土地划分为基本农田保护区、工业开发区和商贸住宅区，统一规划，统一开发。农业基本保护区按照特定的经营项目给专业队进行定额承包。
② 刘雪梅：《土地承包经营权确股的"南海模式"研究》，《国家行政学院学报》2016 年第 4 期。
③ 张燕生、肖耿：《政府与市场 中国经验》，中信出版集团 2017 年版，第 102 页。
④ 舒泰峰：《新一轮农村改革样本：南海股权分红模式引发冲突》，《财经》2013 年第 34 期。

（二）南海土地制度改革主要做法

1.制度保障

出台土地承包经营权流转政策，规范和创新农地流转行为。在国家大的政策引导下，南海出台了一系列农村土地流转政策文件，[①]使农村土地流转有章可循，并为全国各地的土地承包经营权股份制改革指引了方向、积累了经验。

2.权利确认

南海股权固化，主要分为"固化到人"和"固化到户"两种模式。股权"固化到人"，是指以某一时点为分界点，对该时点在册的农村集体经济组织成员股东配股，该时点后新增的农村集体经济组织成员不能再从该集体经济组织直接取得或者购得股权，该时点后若持股人员死亡或者户口迁出，股权不会取消，可以以继承、赠予或者转让的股权设置模式。股权"固化到户"，是指以某一时间为分界点，对该时点时在册的农村集体经济组织成员股东配股，固化农村集体经济组织的总股数，将股权量化和固化到户，以户为基本单位核发股权证，以户为单位核发股份分红。通过这两种模式，将土地权利固定下来，形成一种长效的收益机制。

3.搭建平台

在股权固化的基础上，建立土地股权交易流转平台，夯实集体土地入市的服务体系，促使集体土地入市流转从民间自发形式转入规范合法渠道。南海区农村集体资产交易平台共分区级、镇（街）级、村级，按照"统一职能、统一软件、统一制度、统一程序、统一模式"的原则，将农村集体资产全部纳入资产管理交易平台进行管理和交易。在2011年南海全面建立镇（街）农村集体资产管理交易平台的基础上，2014年1月，在区委区政府的统一部署下，成立了区集体土地交易中心。

---

① 制定出台了《关于推行农村股份合作制的意见》《关于推进全区集体经济组织转型改制的工作意见》《南海区农村集体经济组织成员资格界定办法》《佛山市南海区农村集体经济组织成员登记管理办法》《关于推进农村"两确权"，落实农村"出嫁女"及其子女合法权益的意见》《佛山市南海区农村集体资产管理交易办法（试行）》等一系列制度措施。

4. 平衡权益

平衡新老股东利益，统一确权确股模式。一是对现有在册的社员股东的信息进行核对，经确认无误后予以确权。二是对合法合理但未落实股权权益的人员，坚决依法将股权权益落实到位。三是对合理但法律没有明确规定的人员，在平衡新老股东利益的基础上，依情依理落实其股权权益。四是梳理出外嫁女等十类群体，[①] 通过确权契机将其纳入妥善解决范围。针对户口纯粹挂靠在集体中的人群则不给予股东身份。五是"以户为单位"落实股权不变。以户代表作为股权登记主体，进一步明晰集体产权和股权分配关系，促使农村股权从动态调整型向稳定规范型转变。

（三）存在的问题

南海农村土地承包经营权入股模式在改革初期体现了其很高的价值性，但是随着经济的进一步发展和社会的不断进步，南海模式的制度弊端也逐渐地显露出来。主要表现在：

1. 股权固化与股权利益主体变化之间的矛盾

由于土地股权固化的同时，各村股权利益主体不断发生着变化，造成围绕股权权益所引起的各种矛盾纠纷。[②] 无法梳理各群体利益关系，因此产生了各种难以调和的矛盾和冲突。

2. 原有的土地权益分配模式不能适应现实情况的变化

随着年龄的增加，南海当年固化配股时没有分到成年人全额股份的未成年人、新嫁入的媳妇、新入赘的女婿等已成长为农村集体经济组织的骨干劳动力，甚至部分已是农村集体经济组织的领导成员。[③] 例

[①] 在南海，99.3%的"出嫁女"的股权权益已得以保障，剩余的合法合理但未落实股权权益的"出嫁女"及其子女，南海将通过新一轮的股权确权保障其权益。

[②] 其中包括离婚再婚人员、农业户口性质的违法违纪人员、回迁户人员、空挂户人员、挂靠户人员、知青、退伍军人、农转非人员、"出嫁女"及其子女等13类人争抢集体分红，不同的利益群体之间，往往会形成彼此之间的利益比较，引发新的利益诉求，并通过群体意识的扩大化而获得"合法性"，而实践中关于利益主体资格确认不清。

[③] 刘雪梅:《土地承包经营权确股的"南海模式"研究》,《国家行政学院学报》2016年第4期。

如，原先规定股权"生不增，死不减"、16周岁以下的半股份等内容，由于原有群体客观条件的变化（例如16周岁已经成年），进而转化为突出的社会矛盾。这些与原有土地分配方案有利益冲突的群体，对于土地权益的诉求与原先土地权利固化，以及农村集体经济组织基于情况需要进行土地权益分配模式转变等，都会成为农村社会不稳定因素。

3. 土地股份公司治理结构不健全

土地所有权和经营权主体身份定位有错位，村委会和股份公司为同一主体，"政社合一""政经合一"。农村土地承包经营权收益的实际所有人，由少数人占有了村集体土地的大部分增值收益，侵犯了农民的土地权益，造成农民不满。另外，由于信息不对称和专业经验不足等原因，土地承包经营权入股的股民对股权管理者、股份合作社运营情况以及资产变动情况等，无法形成有效监督。

（四）经验和启示

1. 南海模式特征有如下方面

一是土地性质不改变情况下，由农民自发完成了村集体土地制度改革和创新。二是通过股份合作制的建立，实现了土地和资本的有效融合。三是适时地抓住了国家和本地区改革的重要契机。包括家庭联产承包责任制改革、土地规模化经营试验改革、农村集体建设用地入市改革试点、农村土地承包经营权入股合作制改革等重要的制度改革等。四是经过两轮的改革试点，利益关系的博弈主体力量强大。南海全区有2300多个以土地股份合作制方式组织起来的经济（联）社。五是改革和创新先行先试。南海在优化程序、多元保障、风险评估、纠纷调解等方面的做法已经先行一步，并在实践探索中又遇到了新的问题和困境。

2. 从发展地方经济角度看，南海农村土地承包经营权入股模式具有以下几个重要的价值

其一是可以促进农业适度规模经营和调整农业结构，有利于农村土地集约利用和农业生产效率的提高；其二是有利于农村劳动力转移和促进产业融合发展；其三是可以大幅度地增加农村经济实力，为农

村土地股权合作社内成员提供相应的社会保障和社会福利。

3. 南海农村土地入股模式的推行需要结合特定的区域自然条件和经济环境

南海模式对于沿海开放城市适应外资大举进入、城乡融合较为紧密、工业化发展迅猛、工业用地有限且土地需求旺盛的地区，借鉴这种模式能够很快地显现出独特的制度优势。

二 山东昌乐农地"四种模式"入股赋权能

昌乐县位于山东半岛中部，辖896个村，耕地74.9万亩，人口62.3万。[①]2015年5月，昌乐县被确定为全国发展农民股份合作改革试点县，试点改革周期为3年。昌乐以通过"由零到整、要素重组、以人为本"的改革路径，探索四种土地入股推进模式，[②]创新发展多种形式的农民股份合作社（如成立股份经营合作社、股份公司等），采用承包、租赁、招标等多种方式，使得农村承包地进入市场参与竞争，增加了农民收入[③]，培育了一批农村产业和龙头企业，带动了产业融合和升级，成为试点改革典范地区。

（一）试点改革主要做法

1. 清产核资，明晰产权

对属于村集体的财产和权益彻底清查核实，摸清家底。其中，量化这股经营性资产，一次性到户到人；对资源性资产，除承包土地已经确权到户以外，原则上进行量化；对公益性资产，重点做好产权登记和运营管护。制定出台农村集体经济组织成员资格认定、农村集体资产核资、股份收益分配、股权证书管理等制度性文件，以县政府文件予以下发，为推进试点改革工作提供制度遵循。2017年底，全县80%

---

① 山东省昌乐县农村经管局：《因地因产施改革良策》，《农村经营管理》2016年第2期。

② 主要为集体资产较多村、经济薄弱村、村社共建村和贫困村四种类型。

③ 土地流转后农民人均可支配收入年均增长1200元，2016年达到15450元。

的村完成了股份合作制改革，形成了一批可复制、可推广的土地制度改革成果。

2. 界定成员，赋权赋能

按照"有法依法、无法依规、无规依民"的原则，界定集体经济组织成员 51 万人。制定收益分配，抵押担保等 19 个规范性文件，赋予农民占有、收益、抵押、有偿退出等六项土地权能。建立了县、镇、社区三级农村产权交易体系。截至 2017 年 9 月底，已办理农村产权抵押业务 270 笔，贷款 7400 万元。

3. 建全组织，完善机制

每个村都成立了集体经济股份合作社，统一经营集体资产，合作社成立了股东大会，理事会、监事会，办理法人登记，获得了市场主体地位，解决了集体经济组织长期缺位问题，完善了村级自治体系。积极推进村级政经分离，由社区担任原村"两委"的党建和公共服务职能，股份经济合作社具体负责管理运营资产，真正实现职能分离、事权分离、班子分离、财务分开。

4. 分四类创新股权合作方式，发展农村集体经济

对于资产较多的城中村，城郊村，建立股东大会、理事会、监事会，土地承包实行"一人一份，一人一股制"，原则上只设个人股，不设集体股，并采取"生不增、死不减；进不增、初步减"的静态管理模式；对于经济薄弱村，通过"四荒地"、机动地等入股壮大集体经济；对于村社共建村，采用"党支部＋合作社"模式，赋权到户，村集体经济合作社入股专业合作社，统一经营管理；对于贫困村采用"政策性资金＋集体资产"入股方式，建立脱贫发展长效机制。

5. 通过物业经济增加集体收入，促进集体资产保值增值

对确权到户的山岭薄地入股，村集体以整理出的荒沟、边角地和水利设施等入股组建土地股份合租社发展桑蚕养殖、山林经济等。

（二）土地股份制改革步骤

1. 制定出台相关文件

探索制定《农村集体经济组织成员资格认定工作指导意见（试

行)》①《农村集体资产评估管理办法》《农村集体经济成员和集体资产股份登记备案管理办法》《农村集体股权有偿退出、继承管理办法》《农村集体资产股份抵押、担保管理办法》等。

2. 创新多种形式农民股份合作经营

重点开展农民土地承包经营权股份合作试点。集体合作社统一管理和经营土地，负责对外出租、委托经营，或与农民专业合作社相结合进行自营等，发展现代农业。探索以农民土地股份合作社的土地、产品等入股农业产业化龙头企业，参与农业产业化经营。鼓励农民合作社兴办食品加工、流通项目，探索合作制主导的产业化经营机制。

3. 完善资产运营和监督制度

新成立的股份经济合作组织，因地制宜选择不同方式流转集体土地，进入市场，参与市场竞争；及时制定股份合作经济合作组织《章程》，落实财务公开、监事会监督、民主管理等制度，保障农民合法权益。

（三）制度创新取得的成效

1. 农村土地权利关系进一步得到了明晰

界定了成员边界，规范了农村集体资产管理，理顺了村委、村集体经济组织与专业合作社的关系，提升了乡村治理水平。通过改革厘

---

① 以是否具有本村户籍为基础为认定的原则。（一）符合以下条件之一并履行相应义务的人员，确认为集体经济组织成员：1. 开始实行以家庭承包经营为基础、统分结合的双层经营体制时原生产大队成员，户口未迁出的。2. 开始实行以家庭承包经营为基础、统分结合的双层经营体制时起，原生产大队成员所生子女，户口未迁出的。3. 本村村民依法办理领养手续，以及《中华人民共和国收养法》正式实施以前（1992 年 4 月 1 日）未办理领养手续但已形成实际收养关系，户口已迁入本村的子女。4. 政策性落户的。5. 符合法律、法规规定的其他人员。6. 其他将户口迁入本村，并经证明资格的集体经济组织成员（代表）大会三分之二以上讨论通过的。（二）对于以下人员不确认成员资格：户口虽未迁出但已经享有社保的、有稳定生活保障的；回村养老、退休的；因上学、投靠亲友的"空挂户"人员及其子女；其他不能明确认定成员资格，经已明确资格三分之二成员（代表）讨论未通过的。（三）特殊情况确认：全日制大中专在校生、硕士、博士（未落实工作又继续深造的学生），上学期间保留集体成员资格；服兵役人员，户口落回本村的确认成员资格；服刑人员仍保留其集体经济成员资格。出嫁女、丧偶、离婚妇女、知青，户口仍在村集体的确认为集体成员。参见《昌乐县农村集体经济组织成员资格认定工作指导意见》。

清了农地产权、保障了农民土地权益、化解了土地纠纷矛盾。

2. 培育了一批新型土地经营主体

农村土地实行"三权分置",吸引了大量工商资本注入,培育起一批新型经营主体。全县市级以上农民农业示范社 52 家、农业龙头企业 52 家、家庭农场 19 家、种养大户 170 家。[①]

3. 创新了多种形式的土地合作模式

例如,鄌郚善庄村农民以农村土地承包地入股,村集体以水利设施等入股组建汶盛土地股份合作社,农民每年不仅能够获得每亩 425 元的保底分红,而且在合作社从事季节性桑树种植管理、桑蚕养殖,人均增加收入 8000 多元,村集体年增加收入 5 万元。

4. 发展了现代农业

主要利用集体"四荒地"等资源入股合作社,发展现代农业。全县 60% 以上的村通过这种模式发展合作经济。例如,庵上湖村用 136 亩集体土地入股合作社,年增收入 10 多万元,还吸引山东矿机集团投资 500 万成立公司,建立"庵上湖・优厨房"网上生鲜购物平台,打造了集循环农业、创意农业和田园综合体,村集体资产发展到 3000 多万元,村民年收入近 4 万元。

5. 健全了产权交易体系

构建农村产权交易体系,成立齐鲁农村产权交易中心昌乐县分中心,在县政服务中心大厅开设窗口,开展土地经营权、大棚所有权、林权、农村集体股权、农村知识产权等抵押登记,推进镇、社区级农村产权交易中心实体化运行,构建起县、镇、社区三级服务体系,出台产权交易等制度性文件 16 个,规范有序的农村产权交易市场初步形成。出台奖励扶持政策,农民承包经营权抵押可以享受不超过基准利率上浮 50% 的贷款利率,破解农户贷款难、贷款贵的问题,使农村产权发挥更大作用。

昌乐县农村集体资产股份权能改革标准流程,如图 3-1(1)、(2)

---

① 山东省农业厅:《昌乐乡村振兴接地气出实招》,2018 年 6 月 1 日,http://www.sdny.gov.cn/snzx/snxw/snxw/201801/t20180110_1128385.html。

所示：

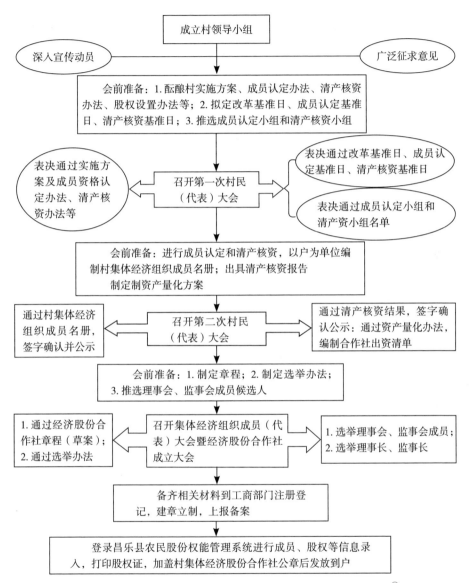

图3-1 昌乐县农村集体资产股份权能改革标准流程图（1）①

---

① 昌乐县农村集体资产股份权能改革领导小组办公室：《昌乐县积极发展农民股份合作赋予农民对集体资产股份权能改革试点工作资料汇编》，2017年9月。

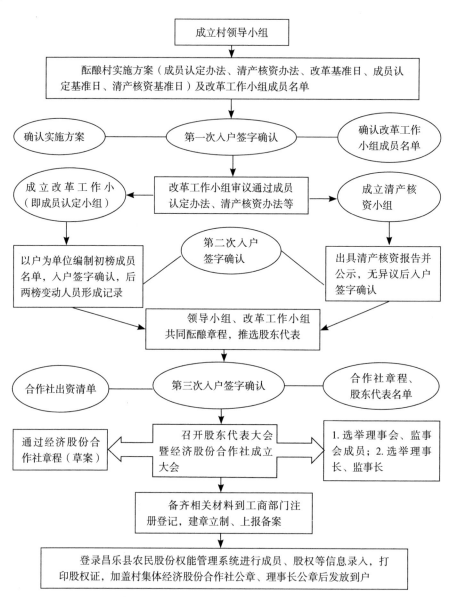

图3-1 昌乐县农村集体资产股份权能改革标准流程图（2）①

① 昌乐县农村集体资产股份权能改革领导小组办公室:《昌乐县积极发展农民股份合作赋予农民对集体资产股份权能改革试点工作资料汇编》, 2017年9月。

三 安徽黟县田川农民土地股份合作综合改革

安徽黄山市黟县于 2016 年初在碧阳镇田川区域启动了农民土地股份试点工作。田川试点被列为全省农村"三变"改革试点。经过一年的运行，生产经营等情况较为顺利，群众反响良好。2017 年 1 月 23 日合作社召开了第一届第二次社员代表大会暨分红大会，进行了首次分红，每股分红 610 元，分红总额达 27.72875 万元，实现了"农民、村集体、企业"三增收，取得了较好的经济、社会等效益，试点达到了预期目标。

（一）试点村基本情况

田川位于黟县碧阳镇（现合并为钟山村），距县城约五公里，辖六个村民组，216 户、652 人，劳动力约 450 人，其中常年县外务工人员 141 人，另有约 100 多人在县内从事二三产业。全村拥有耕地面积 1317 亩（确权面积），山场面积 1888 亩（公益林）。农业生产以粮油为主、茶叶为辅，农民收入来源主要是外出务工及在县城周边从事二三产业等服务收入，2015 年、2016 年度全村农村居民可支配收入分别为 14096 元、15464 元，其中农业收入所占比重约 18%。本次试点主要选择了上田段、下田段、横溪三个村民组中适宜机械化耕作区域，涉及农户约 120 户，其中贫困户 6 户，承包耕地面积 424.51 亩（贫困户面积 24.1 亩）。

（二）试点改革整体框架

试点综合改革以黟县农友种植专业合作社田川分社为载体，着力构建"多主体多要素合作，自主经营"的发展模式。其具体架构如下：

1. 在要素构成上

根据主体特征不同，构建不同要素入股模式，其中，合作企业黟县有农公司以现金和管理入股，农民以农村土地承包经营权入股，村民组以闲置土地入股，政府以扶贫资金、产业发展资金等财政资金入股，组建黟县农友种植合作社田川分社，推动多主体多要素间合作。

2. 在股权设置上

每亩承包土地为一个股份，每股折算现金 5000 元（按最近 3 年每亩土地净收益，乘以土地承包剩余期限计算，净收益由当地生产能人测算提供，符合实际，具有很强说服力，群众认可）。① 企业村组及项目投入资金也按 5000 元一股折算成股份。

目前合作社共有股份 490.51 股，具体为：（1）120 户农民，入股土地 420.07 亩，折合 420.07 股。（2）横溪村民组，闲置土地 4.44 亩，折合 4.44 股。（3）合作企业有农公司以 20 万元现金入股，折合 40 股，另以管理入股，评为 1 股，共 41 股。（4）村集体共 19 股，其中管理 5 股，县级村集体经济发展补助资金 5 万元，及县扶贫资金 5 万元中的 2 万元作为村集体入股，折合 14 股。（5）贫困户（扶贫资金）共 6 股，主要是县扶贫资金 5 万元中的 3 万元折合 6 股分配给 6 个贫困户。

3. 在分红模式上

对农户入股的经营权实行每股 400 元保底分红，最大限度降低群众的入股风险。年终收益优先保障以土地承包经营权入股农户的保底分红，再提取 15% 的盈余公积（10% 公积金，5% 公益金，盈余公积主要用于弥补上年亏损、生产发展、土地复垦、基础设施建设以及公益事业等），剩余部分按照全部股份比例分配给入社社员。

4. 在生产经营管理上

以优质粮油生产为主攻方向，由田川分社自主经营、市场化运作。在重点生产环节与有农公司签订服务合同，享受服务优惠价格（在同等价格情况下，优先使用合作社社员机械及用工）。在管理上借助公司绩效考评管理经验，聘请有较好生产管理经验的社员作为管理员，严格按照有农生产要求组织生产，积极打造优质粮油生产基地。

5. 在合作社组织架构及运作上

实行社员代表大会制度，社员代表大会是田川分社的最高权力机关。按每六户一名代表的标准，选举产生社员代表，负责财务审计和

---

① 黟县人民政府：《黟县探索农村土地承包经营权入股》，2018 年 6 月 1 日，http://www.yixian.gov.cn/DocHtml/1/00150195.html。

对外事务审计。理事会是田川分社的经营决策机构，对社员代表大会负责，由 5 人组成，理事长一名。设立监事会，由 3 人组成，监事长一名。同时，建立健全各项规章制度，县农业委全程参与指导，推进合作社高效规范运行，切实保障各成员利益。

（三）土地流转制度创新主要做法

1. 突出组织保障

县委县政府高度重视田川试点工作，重点布置工作。县农业委落实专人具体负责田川改革试点工作，开展定点指导，相关部门积极配合，确保工作顺利推进。工作中，省市县相关部门领导多次来合作社开展调研、给予了大力支持。

2. 注重方案设计

为使合作社真正成为多主体共享发展的平台，在土地股份合作试点章程起草、框架的谋划、宣传发动等阶段，工作人员深入村组调查研究，及时征求吸纳村两委、企业及农户多方意见，力求使章程方案兼顾各方利益。通过深入细致的组织发动，股份合作方案得到了群众的一致认可，试点工作得以顺利推进。

3. 加大扶持力度

为切实解决田川区域农田基础设施薄弱现状，县政府多次召集相关部门开展现场调研，落实基础设施建设项目，解决发展瓶颈问题。目前投资约 27 万元，建成停车场、桥、道路等基础设施；并结合农业综合开发项目及小农水项目建设，投资约 70 万元解决田间作业道及沟渠排灌等问题。安排农业人员对田川试点进行全程跟踪服务，及时协调解决合作社发展中遇到的各种困难和问题。扩大保险业务受理范围，切实预防各种灾害。2017 年合作社有 50 亩水稻受到野猪的侵害，其中 31 亩绝收，获得赔偿 1.78 万元。

4. 科学生产管理

在生产上，纳入有农优质粮油生产联合体生产计划，统一安排整地、育插秧、植保等生产。在管理上，严格按照规范化管理要求，制定了各项管理制度，发挥理事会监事会职能，重要事务通过理事监事会集体研究讨论，严格财务核算，坚持社务公开，有效开展监督，确保健康运行。

5. 谋划长远发展

将土地股份合作领域加以延伸，打造一二三产业融合发展示范区：即在现有试点区域基础上扩大试点范围，围绕南山山脉，上下延伸，与南屏及横岗区域连片发展。并以优质粮油生产基地为基础，融入"物联网+"等元素，整合古民居、淋沥山文化等资源合作入股，重点打造以休闲养生、农耕文化展示、农事体验、科普宣传、骑行徒步、传统文化等为主题的南山特色小镇。

（四）土地制度改革创新收益等情况

经核算，合作社入股土地确权面积 424.51 亩（其原二轮承包面积为 331.03 亩），合作社实际可耕种面积为 377.51 亩（因土地田埂多出面积约 47 亩）。其中 36.77 亩因深脚，机械无法进入，人工种植成本太高而暂时没有耕作。50 余亩受到野猪糟蹋（其中 31.5 亩绝收），还有 14.29 亩用于道路及沟渠建设。2016 年合作社实际收获面积为 294.95 亩。总产量为 304060 斤，单产为每亩 1030.89 斤。总收入为 45.0009 万元，种植成本为 173393 元，管理成本为 26240 元，总成本为 199633 元，利润为 250376 元。因考虑第一年种植，将抛荒、野猪糟蹋绝收及道路等入股土地 82.56 亩由资本公积直接核算（1.78 万元赔付款也直接进入资本公积）。分红分两次：366.95 股按 400 元保底先分配 146789 元（有农公司 41 股不参与），然后按 15% 计提资本公积 15540 元，剩余 88056 元按 407.95 股进行第二次分红，每股可分红 215 元。经理事会研究，每股分红 610 元。首次分红总额为 27.72875 万元，其中农户分红 254742.4 元，村民组分红 2345.1 元，村级分红 11590 元，有农公司分红 8610 元（捐合作社）。

（五）改革创新主要成效

1. 初步建成优质粮油基地

田川区域原有近四成的土地已呈抛荒状态，通过合作社运营、基础条件的改善，科学种植技术的运用，使得规模化、机械化生产在该区域得以实现，基本解决了土地抛荒问题，优质粮油种植获得成功。

2. 实现了农业增产农民增收

虽然 2016 年遭受到长期阴雨天气的影响，但通过优良品种选用、统防统治等措施，合作社整体生产形势良好，亩产达 1030 斤，在各大基地产量中处领先地位，较以往农户直接经营平均单产有较大提高。群众纷纷议论从来没有种过这么好的稻。同时通过机械化降低了生产成本，农户自行耕种亩均成本为 1100 元，合作社生产成本约为 700 元，亩均收益提高 300—400 元。

3. 促进了村组集体经济的增长

通过股份合作，用活了村集体经济发展补助资金，盘活了组级土地资源，调动了村级工作积极性。村组集体经济共增收 13935.1 元。

4. 探索了贫困户帮扶新模式

扶贫资金入股 6 股，共分红 17739.1 元，户均达 2956.5 元，改以往扶贫资金直接到户为生产及合作股份帮扶，避免了贫困户发展能力不足，资金浪费或挥霍，帮扶效益低下的问题。

5. 推进了土地有效平整及项目实施

针对山区土地细碎的现状，为提高土地利用率，打造高标准农田，合作社成立之初就通过社员代表大会表决了土地整修方案，对分社生产区域的地块进行总体规划，约定了退股时返还标准，使得合作社在建设过程中的土地占用等问题得到解决，为水利、道路等项目的实施提供了基础。

6. 摸索了股份合作治理模式

通过田川试点探索，总结企业、村组及群众在生产管理及治理等方面的运转，及各自作用的发挥。实践证明，试点大大提高了群众、村组对基地发展的积极性，减少了企业自建基地带来的管理及生产、资金等方面的风险，探索了产业联合、共享发展的新样板，对黑多县产业发展将起到积极推动作用。

第四节　农地流转信托模式

一　湖南益阳"政府平台+"模式

　　湖南益阳是传统的农业大市，随着经济的发展，农民纷纷进城务工，大面积土地（1/3多）出现了撂荒。益阳政府发现问题，并及时进行土地流转模式创新，在坚持土地集体所有、农地农用、承包权归农民所有的前提下大力开展农村土地信托流转，加快试验区建设和统筹发展，形成了具有本地特色的土地流转模式。益阳的土地流转创新可以概括为"政府平台+信托本质+产业推动+要素聚集"的流转模式。这种土地流转模式改革成效突出，为益阳带来了显著的经济效益。一方面，土地流转促进了益阳农村土地在较短时间内形成适度规模经营，提升了农业产业水平，带动了村域经济的发展和农民增收；另一方面，农村土地信托流转与镇区建设、村庄建设结合起来，通过平整复垦土地，增加了城乡建设用地空间，促进了村镇建设；此外，通过土地信托流转的实施，盘活了闲置土地，彻底解决了困扰益阳多年的土地抛荒问题。[①]

（一）全面部署了土地承包经营权的确权发证和土地流转工作

　　2008年，益阳市委开会决定，通过土地联产承包经营权的适度流转，解决抛荒问题。2009年，全市耕地流转居于全省首位，占本市耕地总面积的32.1%。之后，当土地流转率超过30%以后，土地流转遇到了发展瓶颈，停滞不前。分析原因，主要是土地流转体系过度不完善，市场化流转机制未形成。[②]

---

　　① 《我国土地信托流转的典型实践》，2018年7月1日，http://bank.cnfol.co；刘睿文：《我国土地信托流转的典型实践》，载王曙光主编、王丹莉执行主编《农本》第3辑，中国发展出版社2014年版，第46页。

　　② 在传统流转模式中，主要是农户和农业企业（或农业大户）两个角色在起作用，政府尽管成立了土地流转中介服务机构，但只能做些信息服务、矛盾调解的工作。企业对与大量的农户打交道的难度、对毁约风险的担忧和农户对农业企业投资商的不信任等因素交织在一起，导致土地流转工作进展艰难。

（二）进行土地流转信托模式探索

为了进一步推动土地流转，益阳政府从 2009 年开始，将目光瞄准了土地信托流转机制。选择一些试点地区，进行土地信托改革探索工作。经过三年的实践，在进行土地信托流转试点的地区，耕地流转率很快突破了 40%，有的地方达到了 90%，并且产生了很好的社会效果。益阳土地信托其基本操作流程是：（1）政府设立土地流转服务中心。（2）政府出资设立信托基金，并成立信托投资公司。（3）信托投资公司通过支付土地使用权转让费（从基金中支付）从农户（委托方）手中获得土地。（4）信托投资公司将从农户手中获得的土地调整为成片区，进行土地整理。（5）土地信托投资公司以招标竞拍等方式确定土地经营者，获取土地信托直接收益。（6）土地收益提取一部分返回到土地信托基金中，其余部分主要用于农村公共服务设施和基础设施建设。

（三）试点先试先行

为了使土地信托流转按照依法、自愿、有偿的原则健康有序推进，益阳市注重先试点、后示范、再逐步推广。首先在土地流转基础较好的沅江市草尾镇试点，探索出一套积极稳妥可操作性强的土地信托流转办法，在总结典型试点地区经验的基础上，进行经验复制推广，并开展土地信托流转培训。[①]

（四）把握的三条原则

在推进土地信托模式过程中，始终坚持三项原则，即一是坚持尊重农民意愿。二是坚持生产力标准。着眼于提高生产水平、收入水平，大力发展规模经营，创新土地收益方式。三是坚持市场导向。益阳市开展农村土地信托流转，坚持政府搭平台，以市场运作的方式经营管理土地，以市场机制的作用推动要素流动，真正做到市场主体充分参

---

① 贺安杰、张伟达、姚杰：《放大土地权益 创造多赢效应》,《湖南日报》2012 年 8 月 20 日。

与，市场充分配置资源。

二 浙江绍兴"三级信托服务"模式

绍兴市位于浙江省中北部，是全国农村土地流转信托模式的创始地。绍兴辖三区两市一县，有 118 个乡镇（街道），227 个农村社区（居委会），2186 个行政村，总农户 124.57 万户，农村人口 345.50 万人，其中农村劳动力 236.36 万人，拥有耕地 286.8 万亩，其中水田 185.4 万亩，旱地 77.5 万亩，山林 690 万亩，水面 111.5 万亩，全市共有 13 个现代农业综合区、47 个农业主导产业示范区、110 个特色农业精品园列入省级创建点，196 个园区列为市级创建点。[①] 素有"七山一水两分田"之称。绍兴自 2001 年开始以试点先试先行的方式，积极探索农村土地流转信托模式，加强农村土地流转服务组织建设，流转模式具有全国性的典范效果。

（一）明确三项服务，建立三级土地信托服务机构

绍兴土地信托模式最主要的特点是：以信托理念为指导，在明确服务领域、服务规则、服务程序的框架下，成立县、镇、村三级农村土地信托服务体系，三级组织之间责任分层，垂直管理。[②]

---

① 绍兴农业局:《绍兴农业情况》，2020 年 2 月 1 日，http://www.sxnyj.gov.cn/art/2015/9/1/art_49203_977930.html。

② 三级的土地信托服务机构名称和功能各不相同，其中，县级为土地信托服务中心，镇级为土地信托服务站，村级的土地信托服务则由村经济合作社承办。县级信托服务中心总管土地信托的日常工作，负责县行政区域内的土地信托事务的管理与协调职责；县级信托服务中心的基本职能主要包括：供求登记、发布信息、项目推介、中介协调、指导证签、追踪服务和协调纠纷等。镇级在县级土地信托服务中心与村级土地信托服务中心之间起到连接作用，负责辖区内的土地信托工作；村级土地信托服务中心由村委会进行负责和执行，负责村土地流转的日常管理工作。土地信托服务机构的服务对象包括在绍兴县范围内要求转让土地承包经营的村经济合作社或农户和需要受让土地承包经营权的种养大户和工商业主。

（二）村集体合作社统一出租土地，建立农村土地流转信托制度

为了提高土地的利用效能，进行土地连片开发和适度规模经营，绍兴对一些无法集中经营的土地通过置换在村集体内部流转，然后由村集体合作社根据地块条件等不同，[①] 因地制宜地与农户逐一签订合同，统一返租农户土地。村级体合作社负责对反租后的土地进行统一规划整理，交由镇土地信托服务站进行土地信托。[②]

（三）土地信托服务中心跟踪服务，收益分配及协调

土地信托后，土地信托服务中心提供对土地流转的跟踪服务，对土地承包人进行监管，根据土地流转签订流转合同条款，确保土地原有的用于农业用地作用不得改变，如果承包人违背土地流转签订的合同内容，土地信托中介组织进行制止。与此同时，土地信托服务中心对经营承包者的经营情况进行监测，对于在经营中出现的问题和遇到的困难，土地信托服务中心采取措施帮助解决困境。[③] 土地信托服务中心还负责对信托双方的纠纷和矛盾进行调解和解决，在法律和政策允许的范围内，及时处理流转双方的矛盾和纠纷，确保土地信托的合法权益。

第五节　农地权利抵押模式

一　陕西安康平利"两权"抵押

陕西安康平利县辖 11 镇 137 个村，总人口 23 万。2009 年以来，

---

① 土地委托出租价格制定标准通常以上一年每亩土地的种粮收益作为参考。

② 镇信托服务站对要求出让土地承包经营权的村和要求受让土地承包经营权的大户进行配对，协调双方进行直接谈判，协调一致后，村经济合作社与大户签订土地承包经营权承包（倒包）合同。各试点村的土地信托服务机构结合当地的具体情况，确定用于流转的土地的数量和确保土地规模化经营。并在此基础上，建立土地使用权流转登记簿，进行确权登记。内容包括受让个人及单位、转入时间、受让的土地位置、面积以及流转后的土地经营项目、面积等。

③ 杨鑫:《农村土地信托流转机制研究》，硕士学位论文，河北农业大学，2013 年。

平利县结合农村经济发展中融资困难的现实需要，大胆探索了以农村承包地和农村住房为有效担保的抵押贷款，进行农村"三权分置"改革模式创新，并积累了一定的经验。2015年12月27日，平利县被列为全国"两权"抵押贷款双试点县。平利县政府紧抓试点改革机遇，紧扣扩大农村信贷试点改革机遇，紧贴农业发展和脱贫攻坚的形势机遇，大胆创新农村金融改革，有效盘活了农村沉睡资源，破解了农业龙头企业和产业大户融资难题，"两权"抵押贷款试点工作取得了预期效果。

（一）试点总体进展情况

1. 成立了领导小组，制定一套政策

为确保试点工作顺利进展，平利县成立了以县长为组长、人民银行行长为办公室主任的试点改革领导小组，同时根据中、省意见，在深入调查研究的基础上，制定出台了"一个方案""八个办法"。[①]从政策层面到操作层面进行细化实化，使试点工作有章可循、有据可依。

2. 搭建两个平台

统筹协调，打破原有职能分散，部门分割的农权交易机构，进行统一调度，初步建成"村有联络点、镇有服务点、县有实体交易场所"的流转交易服务网络。[②]做到了统一收集发布信息、统一交易流程、统一交易规则、统一交易鉴证、统一监督管理"五统一"，确保了农村产权流转交易市场公开、透明、规范运行。

---

① 即：《平利县农村承包土地经营权和农民住房财产权抵押贷款试点工作实施方案》《农村承包土地经营权抵押贷款管理办法》《农民住房财产权抵押贷款管理办法》《农村承包土地经营权评估办法》《农民住房财产权评估办法》《农村承包土地经营权交易管理办法》《农民住房财产权交易管理办法》《农村承包土地经营权和农民住房财产权抵押贷款风险补偿基金管理办法》《农村承包土地经营权和农民住房财产权抵押贷款不良资产处置办法》。

② 按照"整合资源、集中交易、规范服务"的原则，打破农村产权管理条块分割、交易服务分散的原有格局，将农村各类资产资源统一纳入农村产权流转交易范围，分别在县农林局、县不动产登记局挂牌成立"平利县农村承包土地经营权交易中心"和"平利县农民住房财产权交易中心"。同时，大力推进农村产权信息化管理和电子化交易，及时发布交易信息，受理交易咨询和申请，组织交易和出具产权流转交易鉴证书，协助产权查询、办理产权变更登记，开展资金结算等服务。

3. 健全三大体系

健全征信、登记、评估三大保障体系，从源头上防范信贷风险。一是征信记录体系。强化农商银行基层网点与基层党组织的"双基联动"，共同建立农户信用信息档案，大力开展个人、村集体、乡镇信用评定工作，为"两权"抵押贷款营造了良好的金融生态环境。全县共创信用镇 4 个、信用村 70 个、评级授信农户 4.43 万户，授信金额 37.66 亿元，户均授信 8.5 万元。[①]二是产权登记体系。依法依规推进确权登记颁证工作，目前已完成 5.29 万户农村承包土地经营权确权颁证工作，办理不动产登记 1272 户，确权办证率达 100%。三是价值评估体系。坚持"物有所值、风险可控、公平自愿、利民便民"的原则，对农地经营权实行借款人、贷款人、承包户、村组、农综站和农林局"六位一体"式评估；对农房财产权评估，500 万元以下的由借贷银行自行评估，500 万元以上的由企业、农户委托第三方评估机构评估。[②]

4. 建立五项机制

一是银政联席会议机制。成立由农林、国土、住建、财政、金融、司法等部门为成员的全县"两权"抵押贷款试点工作指导小组，定期召开联席会议，通报试点情况，解决实际问题。二是信贷风险防范机制。整合资金 3000 万元，设立了"两权"抵押贷款风险补偿基金，撬动银行发放 20 倍以上贷款资金，加快了试点工作步伐。三是贷款保险保障机制。鼓励保险公司参与"两权"抵押贷款试点，大力开发符合地域特点的茶叶、绞股蓝、能繁母猪、农房和借款人等"两权"抵押贷款保险业务，扩大保险覆盖范围，发挥风险保障作用。2018 年全县保费收入 3500 万元，提供风险保障 2 亿元。[③]四是抵押物处置机制。在"两权"抵押贷款借款人无法偿还到期债务时，坚持协议清收为主，诉

---

① 平利县人大常委会调研组：《平利县"两权"抵押贷款试点情况调研报告》，《安康发展》2017 年第 6 期。
② 刘勇、沈奕君：《唤醒沉睡的资源》，《安康日报》2017 年 3 月 15 日；平利县人大常委会调研组：《平利县"两权"抵押贷款试点情况调研报告》，《安康发展》2017 年第 6 期。
③ 平利县人大常委会调研组：《平利县"两权"抵押贷款试点情况调研报告》，《安康发展》2017 年第 6 期。

讼清偿为辅,建立"四个一点"分担机制,即银行免一点、财政补一点、保险出一点、借款人筹一点,保障金融债权安全。目前农地不良贷款率为0,农房不良贷款率仅为1.4%。五是政策激励考核机制。综合运用多种货币政策鼓励农地产权抵押。县财政对发放"两权"抵押贷款成效显著的金融机构,优先存放各类资金。对资金不足的县域法人机构扶贫再贷款优先支持,县考核办把两权抵押贷款试点工作已纳入政府年度考核,对工作不力的单位考核为不合格,不得评为优秀单位。县4家农商银行全部制定了相应贷款流程,开通了"两权"抵押贷款窗口,在全县金融机构开办了"两权"抵押贷款业务。

(二)试点工作总体成效

1. 两权贷款稳步增长

平利县在2008年扩大有效贷款担保物范围试点改革,现已取得了阶段性成效。截至2017年底,农房抵押贷款余额20225万元(不含第三方抵押补充贷款),累放353笔19486万元;农地抵押贷款余额9697万元,累放28笔9857万元,农房和农地贷款分别较上年增长63%和95%,流转耕地面积13.8万亩,耕地流转率达36.32%,农房农地交易平台分别累计交易27837万元和24242万元。

2. 融资成本和利率

为加大支农支小工作力度,创新"两权"抵押工作举措,人民银行主动推进"两权"抵押试点工作,对全县龙头企业、产业大户、扶贫大户建立"两权抵押"融资需求清单,及时掌握企业和项目信贷需求、还款以及续贷计划,为企业正常运行、项目顺利实施提供有力资金保障。同时通过抵押物自评、"三三三办结制工作要求"、优惠利率等方式降低借款人融资成本。目前,在人民银行办理"两权"抵押贷款的借款人除承担利息成本外,再无其他任何费用支出,人民银行也根据借款人生产经营状况、资信状况实行差别化优惠利率,特别是对带动贫困户脱贫成效显著的企业实行协商利率,平均贷款年利率在7%左右,进一步降低小微企业融资成本,减轻企业发展负担。

3.风险控制

允许农民"两权"向金融机构抵押融资，让农村资产活起来，这是平利县农村改革的一项重大突破，也是解决"三农"问题的根本所在，但面临的处置变现难、农业生产的不稳定等风险因素也是不可忽视的问题，在"两权"风险防范上，主要有以下措施。一是建立"两权"交易中心。二是严格执行贷款三查制度。通过征信系统查询了解借款人的资信状况，控制贷款投向，分析行业风险，加强贷后管理，按期对抵押物实行跟踪检查，注重第一还款来源的落实，确保贷款用途不转移、效益能发挥。三是评估抵押。坚持"物有所值、风险可控、公平自愿、利民便民"的原则，进行六位一体评估，办理贷款手续。[1]四是确权担保。贷款人以土地产权担保，获得金融机构贷款。[2]五是引入保险参与机制，设立风险补偿基金。[3]六是加强信用体系建设。充分发挥村级党组织的作用，建立"双基联动"机制，联合开展评级授信、审贷和管贷工作。充分利用"双基联动"工作站点多面广优势，动用各方关系进行协调，并形成了不良清收攻关奖励机制，对收回不良贷款的人员进行高额奖励，对协调不通的贷款依照法律程序变卖抵押物进行清收。

4.进一步深化了农村产权制度改革

实行所有权、承包权、经营权分置并行，着力推进农业现代化，进一步深化了农村产权制度变革。"三权分置"，明晰权属、赋予权能，依法保障权属主体的合法权益。"两权"抵押贷款反映了农村"三权分置"权属关系，同时生产要素流动更加合理，市场配置农村资源更为积极有效。

---

[1] 对农地经营权实行借款人、贷款人、承包户、村组、镇农综站和县农林科技局"六位一体"联合评估，对农房财产权评估，500万元以下的由借贷银行自行评估，500万元以上的由企业、农户委托第三方评估机构评估。评估完成后由登记机关办理他项权利证书，经第三方公证后办理贷款手续。

[2] 金融机构根据贷款人提供的担保物，农村承包土地经营权、农民住房财产权分别由县农林科技局和县不动产登记局负责确权颁证，作为贷方有效担保物。

[3] 支持保险公司参与"两权"抵押贷款试点，大力开展农业政策性保险业务，降低农业经营风险，增强发展信心和债务偿还能力。县政府整合资金3000万元，设立"两权"抵押贷款风险补偿基金，撬动银行发放20倍以上贷款资金。对在"两权"抵押借款人抵押物处置后仍然无法清偿债务时予以兜底。

（三）主要做法

一是政府引导，多方联动。平利县成立了由县长任组长，11个政府职能部门及5家金融机构组成的"两权"指导小组，政府主动承担改革主体责任、各职能部门积极发挥多方联动，按季召开联席会议，按照制定的"两权"改革方案及管理办法有条不紊稳定推进，并严格实现从政策层面到操作层面进行细化，使试点工作有章可循、有据可依。同时，将"两权"抵押贷款同金融扶贫有效对接，把扶贫再贷款同"两权"抵押贷款投放相结合，促进了"两权"抵押贷款在量上实现突破。

二是整合资源，搭建平台。初步建成村、镇、县三级覆盖的实体服务流转交易网络。统一收集发布信息、统一交易流程、统一交易规则、统一交易鉴证、统一监督管理"五统一"，确保了农村产权流转交易市场公开、透明、规范运行。

三是创新措施，完善抵押。创新抵押物评估方式，贷款金额500万元以下的由人民银行自行评估，500万元以上的由第三方评估机构评估。对抵押物的位置，周边环境对抵押物价值的影响，楼宇外观、用途、面积、户型、装修，《房屋所有权证》，《土地使用证》，《不动产权证书》，其他抵押物权利证书原件，借款抵押人身份证复印件，委托书，优先受偿权调查表等相关资料进行整理，最终形成评估书，通过自评累计为客户节省评估费用130万余元。

四是优化流程，加快投放。在受理申请上，营业网点及时受理贷款申请并进行贷前审查，收集形成信贷审批资料；在价值评估上，分类制定评估办法，免费为借款人评估，出具价值评估确认书；在审核登记上，按照谁确权、谁登记原则，由相关部门办理登记手续、发放权利证书；在发放贷款上，手续完备后及时发放，同时采取上门服务、现场办公的方式，解决农户资金需求。

（四）存在的问题

1. "两权"处置变现难，诉讼执行变现难度大

一旦抵押贷款无力偿还，农地资产陷入困境。首先是"两权"再

流转市场发育不全，"两权"再次流转的空间狭窄，土地流转经营权贷款的产业园可能存在没有合适接盘人的情况；其次土地具有稳定和保障作用，国家一直以来都非常重视对"三农"的保护，为保证只有一套房产的农户正常居住，使得贷款诉讼执行难度加大，难于全部执行债权人权益。

2. 农业生产的不稳定性导致风险较高

农村土地流转经营权及产业园抵押物价值确定没有具体标准，也没有专业的评估机构进行评估，所生产的农产品受市场价格波动影响较大，还款来源存在不稳定性。农产品如遭遇自然灾害，可能导致严重减产甚至绝产，致使抵押物只是一种形式，无法变现。平利流转土地主要是从事茶叶种植，目前开办的有茶叶气象景气保险，但未开办茶叶园受洪水、病虫害等自然灾害专项农业财产保险，导致信贷风险较高。

3. 未对不良资产依法进行处置，缺乏有效处置经验

"两权"抵押贷款试点中，贷款多为中长期，还没有形成新的不良贷款，还没有实行不良贷款处置，现在的不良贷款为试点前发放产生，虽然是试点县在法律层面不存在障碍，但存在处置中变现难的问题。

（五）进一步推进改革的建议

"两权"抵押贷款破解了农村贷款难的问题，取得了良好的社会效益和经济效益。农地权利流转抵押，实现了农民家庭规模经营，改变了一家一户难以形成生产规模化、产品销售批量化和交易成本过高的问题。实现了农业产业化发展、集约化经营，促进了传统农业向现代农业转变，是解放农村生产力、实现"三农"突破发展的有效途径，经过试验、论证，是一项行之有效解决农村融资难题的措施。为进一步推广两权抵押贷款工作，同时提出如下建议：

1. 适时修订《担保法》等法规，为"两权"抵押贷款提供法律保障

随着现代农业的发展，不断催生新型农业经营主体，但产业大户和龙头企业仍然存在融资难，其实就"难"在有效担保物和担保方式的确定上；在小额信贷无法满足融资需求的情况下，要取得信贷资金必须依靠"物"的担保；开展"两权"抵押贷款试点，事实上是突破了《担保法》限制，允许集体土地经营权和集体土地上的房屋财产权能够抵押获得信贷资金。①

2. 加强政策支持，建立多元化的风险防控机制

一方面，农业是弱质产业，投资大、见效慢、回报期长。另一方面，金融机构追求效益、防范风险是必然要求。"两权"抵押中，农村土地经营权抵押实质是依赖土地经营的预期收益，农民房屋财产权又往往有价无市，处置起来比较困难。因此开展"两权"抵押贷款必须建立多元化的风险防控机制，形成资金流动的良性循环。除了建立"两权"交易中心、引入商业保险参与外，关键是要发挥"两权"抵押贷款风险补偿基金的兜底作用，充分调动商业银行创新金融产品支持"三农"发展的积极性。建议进一步整合惠农补贴、农业保险、机构担保、巨灾防范等政策措施，多渠道防范风险，确保"两权"抵押贷款健康运行。充分调动金融机构积极性，为两权抵押设立风险保险业务，保障抵押后续风险。

3. 加大处置力度、积累成功处置经验

"两权"抵押贷款试点工作延长，可能会产生不良贷款，平利将紧抓改革试点机遇，加大两权不良资产处置力度，积极探索处置经验，农房按照试点方案实行依法处置，农地积极探索成立收储公司进行打包处置，对试点处置中存在的问题及时总结，形成一套可推广可复制成功处置经验，为"两权"抵押贷款试点工作画上一个圆满句号。

二 湖南长沙浏阳"三权"抵押

2015 年 8 月，国务院《关于开展农村承包土地的经营权和农民住房财产权抵押贷款试点的指导意见》正式印发。从现实情况来看，与

---

① 平利县人大常委会调研组：《平利县"两权"抵押贷款试点情况调研报告》，《安康发展》2017 年第 6 期。

工商资本相比，农村"三权"抵押贷款存在着抵押难、处置难、放贷难三大难题。近年来，浏阳市通过农村体制机制创新，积极推进农房、林权、农村土地承包经营权抵押贷款改革，成功实现了农村资源资产化、资产资本化，有效破解了"三权"抵押融资难题。

（一）稳步推进三权三证，让农民手中有抵押凭证

浏阳市先后进行了农房产权证、林权证、农村土地承包经营权证等改革，让农民农地产权通过抵押市场实现财产性收益。一是坚持便民利民办"房证"，在大乡镇、中心镇设立房管所或房管分局，将业务审批权全面下放。① 二是坚持民主民意定"林权"，严格政策，保障农民土地权利参与权。② 三是坚持先行先试确"地权"，历史上（1995 年和 2007 年），浏阳市曾经两次推行农村土地承包经营权确权颁证工作，第一次发放权证 23 万余张，第二次发放权证 2 万余张。由于时代局限，两轮权证农户都不能单独进行抵押贷款。为此，浏阳市大胆探索，通过大型农民专业合作社，以联户联保、财政担保基金担保、合作社法人及主要负责人担保等方式进行抵押贷款，并取得了积极成效。

（二）不断优化制度设计，让农村资源有市场活力

当前，"押物不押地"的法律红线和农资流转交易市场不健全的现状，导致"三权"抵押物不易评估、不好交易，容易发生令金融机构甚至司法部门都"头痛"的处置难问题。一是以制度规范强化"三权"的价值属性。浏阳严守底线设计制度，制定了抵押贷款的条件、程序、

---

① 所有农房产权登记业务均可在分局和中心所办结（2016 年浏阳市全面实施不动产统一登记以后，房管所将覆盖所有乡镇）。农民只要向当地房管所提出申请，根据"告知单"上报相关资料，工作人员便上户测量审核，符合政策要求的 15 个工作日便可拿到农房产权证。该举措为农民办证提供了极大便利，确保了改革的迅速推开。目前，浏阳市已发放农房权证近 5 万本。

② 浏阳在严格执行上级政策的基础上，努力让村民充分参与到林权改革中来，要求所有村组会议做到"通知签收、会议签到、投票签名、决议签字"，并规定凡未经村民大会或村民代表会议三分之二以上成员同意的林改决议一律无效，民主、民意、民心成了改革的主旋律，平稳顺利地实现了"山定权、树定根、人定心"的改革目标。截至目前，全市林权到户率达到了 99%，发放林权证 22 万余张。

规则，明确规定抵押物为"三权"的地面附着物（土地使用权不作抵押），并出台抵押物价值评估办法。农民可以选择相应银行对"三权"抵押物进行价值评估，一般按评估价值的 70% 确定放贷额度，录入银行信贷系统。当农民需要进行抵押贷款时，随时可以到相应银行申请，银行便根据其抵押物放贷额度以及信用等级直接或通过简便审批下拨贷款。二是以平台建设激发"三权"的市场活力。2015 年 10 月，在浏阳市政务服务中心建立专门的政务服务窗口和交易网站，免费为林权、农村土地承包经营权等资源发布交易信息、进行价值评估、法律咨询和流转交易，农民手中的抵押物终于走向了正规市场，其市场活力得到了极大激发，抵押物处置难问题进一步得到了缓解。

（三）高度重视金融创安，让银行机构有放贷信心

由于"三权"抵押贷款一般额度小、批次多、风险高、评估难度大，放贷难成为此项改革的重要困扰。因此，需要加强金融安全和风险防控，尽量降低"三权"抵押贷款的金融风险，才能激起银行参与的积极性。

一是突出政府主导。针对农村"三权"抵押贷款的风险难题，浏阳市金融部门在全市农村推行"信用乡镇""信用村（社区）""信用屋场""信用农户"评比，并将之纳入到全市的绩效考核工作，"信用村、社区"低于 50% 的乡镇将扣年终绩效考核分，切实强化了乡镇的金融创安责任。[①]

二是突出民众参与。按照相关规定，信用等级直接与个人利益挂钩，个人诚信问题不再是个人私事，成为每个村民共同遵循、互相监督的集体大事。这样，就将农民参与的积极性充分发挥和调动到了农村权利抵押生态环境氛围中。

三是突出银行主体。引导金融机构积极探索农村信用体系建设，如浏阳农商行针对"三权"抵押贷款业务，推出了以人品、产品、押

---

① 《以"三有"活"三权" 浏阳农民融资不再难》，2020 年 1 月 30 日，http://news.sina.com.cn/o/2016-06-27/doc-ifxtmwri4540986.shtml。

品为主要内容的"三品授信评级"办法。接到村民贷款申请后，该行工作人员进村入户，走访周边群众，根据村民的个人诚信表现、经营能力、投资产品潜力以及"三权"抵押物评估值等系列参数进行评估打分，再按分值确定村民的授信等级、放贷额度。[①] 这套体系运行以来，浏阳农商行该项业务的不良贷款率一直控制在 1.46% 以内。

三　安徽集体林权流转制度改革

（一）基本情况

当前，安徽全省基本完成了集体林业的确权发证任务。全省计划进行林权制度改革的面积 5335 万亩，已经确权的面积 5221.87 万亩，到户率 91.73%。通过家庭承包和勘界确权登记发证，把集体林地的使用权和林木所有权落实到农民手中，把农民的合法权益确定下来。在全面深化改革中，注重从相关制度建设入手，为持续性推进林权提供动能供给。先后出台了《关于农村林权流转的指导意见》(2011 年)、《关于加快林权抵押贷款工作的意见》(2015 年)等规范性文件，指导各地规范开展林权流转和抵押贷款。为加强林权管理，出台了《关于加强和规范林权管理工作的若干意见》《安徽省人民政府办公厅关于完善集体林权制度的实施意见》。[②]

（二）主要做法和成效

1. 进一步明晰产权确权发证到户，促进林权管理规范化、制度化

在明晰产权，确定责任的基础上，进一步确权发证到户，使广大

---

① 郑鹏、罗湖平：《浏阳市农房抵押贷款实践中的道德风险及防范研究》，《湖南农业科学》2018 年第 4 期。

② 2013 年 9 月，安徽省人大常委会审议通过了《安徽省林权管理条例》，就林权登记、林权流转、市场服务和林权争议调处等做出规范，在全国尚属首创。《国务院办公厅关于完善集体林权制度的意见》出台之后，安徽省结合林业改革实际，就完善确权发证制度、放活集体林权经营、加快集体林业发展等重点问题进行探讨，召开专家论证会，于 2017 年 4 月，经省政府常务会议通过，印发了《安徽省人民政府办公厅关于完善集体林权制度的实施意见》(皖政办〔2017〕39 号)。

农户耕者有其山，从村、组集体那里获得了林地的承包经营权。安徽全省各级党委、政府高度重视，层层宣传发动开展确权发证工作，各地人大、政协积极参与督查指导，林业部门加强指导检查，乡镇组织村组实施。全省集体林权确权发证工作扎实有序推进。

2. 规范林权流转市场，建立林权流转市场平台

自开展改革以来，全省各种形式的林权流转速度不断加快，取得了较大的经济效益。一是按照不同的流转形式和交易条件，加快制定规范的流转程序和流转合同格式。出台了《关于农村集体林权流转的指导意见》及《安徽省林权流转合同示范文本》，各地也纷纷出台规范林权流转的指导文件。二是市、县（区、市）通过推进林权管理服务中心建设，同步建设林权流转服务平台，经省政府同意，安徽省在黄山市设立了江南林业产权交易所、网上交易同时开放。成为全国第四个省级区域性具有网上交易功能的林权产权交易所。三是依法加强市场监管，对林权流转各方的主体条件、交易价格和风险、资产评估行为、相关信息的真实性等方面进行必要的监督，切实维护公平交易和市场规范有序进行。[①]

3. 开展银林合作，扩大林业投融资成果

林权流转促进了林权交易，为农民提供了林权抵押贷款条件，盘活了林地林木资源资产，为破解农村融资难的困境创造了条件。在工作推进中，安徽林业厅分别与省银监局、省农村信用联社、农行、建行等金融机构开展战略合作，出台了一系列规范文件，促进了林权抵押贷款的实施。宁国等地还开发了免评估、可循环小额贷款等金融服务产品。截至目前，办理贷款83.5亿元。与此同时，安徽省森林保险也于2013年正式在安庆、六安、池州、黄山、宣城等地开展试点。

4. 大力培育新型经营主体，层层开展合作组织建设

为促进产业化、规模化经营，改变一家一户闯市场的风险，引导农户规模经营，从2011年以来，制定示范标准，全省范围内开展示范

---

① 齐新:《深化改革中增强林业发展动力和活力》,《安徽林业科技》2014年第1期。

地区评定工作，截至目前，全省农民林业合作社、专业协会、股份合作林场等林业合作组织已达 13927 个（其中农民林业专业合作社 2536 个，省级示范社 198 个），涉及林地资源重组 745.6 万亩，带动农户 42.4 万，促进就业 110 万人。

5. 以促进农民财产性收入为目标，大力发展林下经济

通过引导开发，基本确立了林药、林菌、林笋、林农、林苗、林禽、林畜和林间采集、森林旅游九大模式，并初步形成霍山石斛、歙县贡菊、旌德灵芝、宣州木瓜、岳西天麻、广德白芨、青阳黄精、铜陵牡丹、亳州芍药、宁国前胡等林下经济特色品牌。2013 年，黄山区被确定为全国 22 个林下经济示范县之一。2015 年，全省又有休宁、旌德、金寨、谯城、砀山 5 县和池州天源现代农业有限公司被确定为全国林下经济示范基地。

6. 巩固集体林改确权发证成果，开发林权管理信息系统平台建设

安徽省结合林权登记发证工作，对大量的林改档案进行整理和归档，形成了纸质和电子两类档案。2012 年起，省财政在资金上予以支持，将全省林权档案电子版的单机版转换成网络版，拉开了安徽省林权档案信息化六大平台建设的序幕。截至 2016 年底，全省有 89 个县（市、区）建立了林权管理服务中心及其信息系统，占县级应建立个数的 93.2%。

（三）存在问题

安徽省林权流转制度改革工作在取得了一定的成效的同时，也存在一些亟待解决的问题：

1. 林权抵押贷款发展不顺畅

应该讲是集体林改的成果和广大林业经营者的伟大创举，虽然开发较早，但一些根本问题没有解决好，导致贷款难在一定范围内存在，有些地方还比较突出。根本问题是全省没有组建林业担保公司，林权抵押逾期收储机制不健全；贷款难、周期短、利率高等问题突出。

2. 森林资源资产评估难，难监管

森林资源资产评估专业性强，数额较大的需林业和专业评估机构合作完成，往往衔接不畅，评估价值虚高，收费不规范。林权流转市场体系建设尚不完善，市场规则、市场监管等相关制度有待于进一步建立健全。

3. 历史遗留问题阻碍改革进程

一些历史遗留问题特别是林权争议长期得不到解决，影响林业发展，林权流转中也有少量"三过"（租金过低、期限过长、面积过大）问题的存在，解决起来还比较难，新增人口没有山场问题长期得不到解决，这些都严重地阻碍了土地产权的改革与创新。

第六节　城乡土地统筹模式

一　成都温江"两放弃、三保障"改革模式

温江是成都全国统筹城乡综合配套改革试验区，农村土地产权制度改革试点区。温江通过"两股一改"和"土地换社保"，加速了农村土地的流转和规模经营，成为土地换社保的典型模式。

（一）主要做法

1. "两放弃"和"三保障"是一种互为条件的农村土地权利换社保的土地流转创新模式

其中，"两放弃"是基于农民自愿，农民通过放弃"土地承包经营权"换社保，可以换得城里住房和社保，实现农民变市民身份的一种变化。[①]"三保障"指的是农民变成市民需要的三个保障条件。[②]"两放弃、

---

　　① 　鼓励有条件农户自愿放弃土地使用权（包括耕地承包经营权和宅基地使用权）和农村集体经济组织成员身份，参照拆迁补偿标准和办法，给予参与农户土地和地上附着物补偿、住房安置和购房财政补贴、契税减免等优惠政策，并纳入社保、医疗、教育、户籍等城乡统一的社会保障。对农户退出的集体建设用地，通过土地综合整治进行整理和打捆集中使用。温江区共有 257 户 760 人通过"双放弃"自愿退出农村土地承包经营权面积 638 亩、宅基地面积 217 亩。

　　② 　即，一是能够在城市的二、三产业就业；二是在城市拥有自己的住宅，家属能够在城市居住；三是能够享受城市居民享受的社会公共服务。农民放弃了农村土地承包经营权和宅基地使用权就必须要给农民"三保障"，而有了"三保障"的农民就得放弃土地承包经营权和宅基地使用权。

三保障"模式是政府推进集体资产"股权化"、集体土地股份化、农民身份市民化的一条路径。

2. 为确保"两放弃、三保障"制度持续推进,温州市政府进行了一系列的配套改革措施

主要包括:一是出台文件对两权进行确权登记。出台《关于加强耕地保护 进一步改革完善农村土地和房屋产权制度的意见》,为农民获得"四证"和"两卡"①提供依据。二是实施"安居工程"②和"乐业工程"。在保障农民有房住的基础上,对农民进行就业培训,保障迁居农民稳得住。三是创新耕地保护机制。设立耕地保护基金,发放耕地保护补贴。对耕地流转担保资金补贴、农业保险补贴和承担耕地保护责任农户的养老保险补贴③。四是流转土地规模经营。主要包括跨区域流转和集体土地股份化流转。④

(二)成效和经验

1. 经过试点摸索和制度创新

到 2011 年,温江区就全面完成了 10 个镇(街)、101 个村(社区)、

---

① "四证"指的是《土地承包经营权证》《集体建设用地使用权证》《房屋所有权证》《集体林地使用权证》;"两卡"指的是耕地保护卡和养老保险卡。

② 2017 年温江区启动建设新居工程和新型社区 13 个,可容纳进城农民 10200户。农户可按照政府要求购买定向安置房,35 平方米内人均 350 元 / 平方米(同区域内商品房均价是 2400 元)。

③ 成都市和下属区县两级财政每年拿出 26 亿元设立耕地保护基金,补贴标准为基本农田每年每亩 400 元,一般耕地每年每亩 300 元,扣除 10% 的土地流转担保金和农业保险,打到农民"耕保卡"上的分别是 360 元和 270 元。根据本人意愿,可将耕保补贴转到养老保险卡,抵扣保费。农民可查询"耕保卡"上金额,但不能领取。成都市规定,农民男到 60 岁、女到 55 岁,经耕地保护协会确认承包地没有遭受破坏,方可一次性领取耕保补贴,否则将予以扣除。

④ 跨区域流转的模式主要是按照"大统筹、大集中"的思路,对农民"双放弃"的土地实施整理,在跨区域内实现流转。这种模式主要针对已在城市找到工作,且家庭收入中有 80% 以上是非农收入,又有宅基地和耕地的农户,申请双放弃后由当地政府部门进行核查批准后获得一定补偿,入住政府出资统一建设的集中居住点,户口变成居民,进入失地农民社保系统。集体土地股份化流转是以农业产业化、项目规模化经营为依托推进土地集中流转,同时将集体资产、集体土地股份化后进行统一流转。

1151 个村（居）民小组、6 万多群众的确权颁证工作。[①]2013 年，温江区在万春镇幸福村探索宅基地"小证"换集体建设用地"大证"抵押融资。2014 年，在四川省率先实现承包土地经营权抵押融资。2015 年，在四川省率先实现农村在地资产仓单质押；同年温江区开始启动了农村承包地经营权、农业生产设施所有权、农村养殖水面经营权、农村小型水利工程所有权、农村经济林木（果）权"新五权"的确权颁证。2016 年，温江区在四川省率先实现农村集体资产股权抵押融资。数据显示，温江区目前已累计办理"三权一单"融资 408 笔，共计 12.58 亿元。[②]

　　2. **以制度创新促进农村土地流转和规模经营**

　　温江通过农村产权制度改革促进了农村土地的合理流转和适度规模经营。实现了土地权利资本化、农民市民化、农村社区化、农村资产股份化，在提高农村土地利用效能的同时，兼顾农民失地风险和社会稳定和谐。

　　3. **有效解决了乡村振兴过程中，"人往哪里去？钱从哪里来"的难题**

　　通过确权登记，创新农地流转模式，为农村发展经济提供了一种有效的融资途径。通过设立基金和耕地保护制度创新，保证了粮食生产安全和稳定了农民土地生产关系，并为统筹城乡发展和农村社会保障制度改革提供了一个新思路。

二　浙江嘉兴"两分、两换"试点改革创新

（一）试点改革主要做法

　　2008 年 4 月，浙江省嘉兴市制定出台了《关于开展统筹城乡综合配套改革试点的实施意见》，推进农村土地权益"两分两换"改革试点工作。其中，秀洲区新塍镇为九个首批试点之一。所谓"两分两换"

---

① 戚原：《"本本"到"本钱"　资源变资本》，《中国县域经济报》2017 年 6 月 22 日。
② 同上。

是以农村土地使用权制度为核心，分开"农村宅基地使用权和土地承包权"和"搬迁转移与土地流转"，以"宅基地置换城镇房产"和"土地承包经营权置换社会保障"两种不同的方式进行补偿。

可以通过土地承包经营权的转移换取社保：一是采用转包、出租和入股等方式流转全部土地承包经营权的，并且流转期限大于10年，可以按照城镇居民的社会养老保险缴纳标准和待遇换取社会保障；二是当有公司整片开发土地时，鼓励农民自愿放弃全部土地承包经营权，在换取养老保险时，将按照被征地的标准执行养老保险的政策。

对于农村宅基地使用权的置换方式有：一是搬迁到安置区，置换统一建造的安置房；二是自建联排房，自己或联合到政府规划点内建房居住；三是农村房屋作价领取货币补偿或置换成产业用房。

（二）改革的成效及影响

从发展经济角度而言，通过"两分两换"的改革试点，承包地得到了流转，宅基地得到了复耕，农地散状经营得到了整体、全面的优化，土地统一利用规划效果显著，农民财产性收入切实增加。加快了土地流转和规模集约经营，促进了农业产业规模化、产业化；盘活了农村非农建设用地存量，拓展城市和工业发展空间；加快了农民向城镇、中心社区集聚，优化了城乡人口布局；加大以城带乡、以工哺农力度，加快推进了城乡一体化。

从农村"三权"权益保障角度而言，"两分两换"在政策上对农村宅基地使用权和土地承包经营权的转换进行了分离，针对不同的权利转移有不同的补偿办法，此举凸显了政策的灵活性和对权利结构的进一步认识。对于利用宅基地换取住房相关补偿和利用承包地换社保等保障的方式，是对不同土地功能、作用剖析的进一步加深，是政策的进步。同时提供多种补偿方式，让农民有了更多自由选择的权利。

三 安徽宁国市城乡统筹土地使用权综合改革

宁国市是安徽省农地使用权综合试点改革县，在推进土地改革中具有较为突出的经验和成效，成为先试先行典范区。

（一）城乡一体化规划体系基本形成

宁国市启动城市总体规划和市乡两级土地利用规划修编，对各类土地进行统筹布局。根据资源禀赋、交通位置、环境承载、产业基础等因素，将区域化分为自然保护区，并明确各功能区的发展定位和主攻方向。

（二）农村土地股份制改革新机制探索

宁国市土地使用权主要为农户、集体经济组织以及一些专业经营主体所行使，土地权利主体多元与土地管理的分散，不利于形成统一规模化开发和经营的格局。农业规模化经营和专业化生产对于农村土地流转提出了迫切的需求，宁国在此情况下对农村土地产权进行确权，选择了综合因素较好的三个村作为试点村，分别是河沥溪街道畈村、西津街道大村和港口镇山村。出台农地股份合作管理办法，依法在自愿的基础上对农村土地使用权进行有偿流转，农民可以以其所享有的农地使用权入股，分享土地股份合作社权益，实现地权转股权，农民变股东，农村土地权益以股权分红形式所体现的模式。2011 年 9 月成立了安徽省农民土地股份合作社——畈村营盘土地股份合作社，截至2014 年 6 月底宁国市完成了 107 个村民组 3.42 万亩农村集体土地所有权确权登记发证工作，组建了 43 家土地股份合作社，入股农户 2010户，入股土地 3.42 万亩。①

（三）耕地保护新模式创新

宁国市在提高耕地质量和保护耕地上开展耕作层土壤剥离再利用试点。2012 年，投入 100 万元专项资金委托专业公司将 100 亩耕地耕作层土壤进行剥离，剥离出 3 万立方米耕作土壤用于 107 亩新造林地。

---

① 洪曙光、刘林、黄珏筑：《筑"梦"城乡一体化》，《中国国土资源报》2014年 6 月 12 日。

2013 年宁国市出台《宁国市耕作层土壤剥离再利用工作实施意见》,设立 2000 万元耕作层土壤剥离再利用工作专项资金,到 2014 年已经实施建设占用耕地耕作层土壤剥离面积 1200 余亩,复垦新增耕地 800 余亩,通过验收的面积 500 余亩,实现了全市耕地开垦质量和耕地保护水平的大幅提升。[1]宁国市制定了《宁国市农村土地综合整治实施办法》,将耕地保护纳入乡(镇)、街道办目标管理考核,进一步强化乡(镇)、街道以及农户、土地耕种者、经营者的土地义务与责任。截至 2014 年 6 月底宁国市累计完成土地整治总规模达 80700 余亩。

(四)建立农村宅基地有偿退出机制

经过调查统计,宁国市闲置低效利用的宅基地面积 2200 余亩,未来 5 年里,预计每年将有 200 余亩闲置宅基地退出。据此,宁国市率先在安徽省出台了《宁国市农村宅基地退出办法(试行)》,依照办法规定的原则进行宅基地补偿退出。宁国市结合宅基地有偿退出工作进行了地票交易制度改革,通过制定宅基地退出规则,使得腾退结余的用地指标换为"地票",进入土地交易中心公开交易。[2]通过交易实现农村土地的流转、农民宅基地自由有偿退出以及保障了农民的土地财产的权益。

(五)城乡统一土地交易市场的建立

宁国市 2012 年 6 月建立了"宁国城乡土地交易中心",通过该交易中心将本市城乡土地纳入到统一的产权交易市场平台,使得两种不同性质的土地权利实现了身份上的平等。在城乡土地交易中心,农村土地使用权属于可交易的财产标的物,通过交易信息、交易规则和交易价格的统一,将身份性的限制得以排除。

---

[1] 洪曙光、刘林、黄珺筑:《筑"梦"城乡一体化》,《中国国土资源报》2014 年 6 月 12 日。

[2] 李红娟:《我国农村土地权利身份性研究》,博士学位论文,中国政法大学,2015 年。

（六）农村集体土地产权抵押融资制度

通过该管理办法，凡是资质符合要求的主体，[①] 均可进行土地产权抵押。实践中，宁国市政府部门已经为多家企业的农地使用权抵押提供反担保[②]，身体力行地推进农村土地产权的抵押融资制度建立和完善。

四　河北衡水"三区同建"城乡土地统筹改革

衡水市位于河北省东南部，辖8县1市2区，1个工业新区和滨湖新区，市域面积8815平方公里，有4994个村庄，343万农业人口。[③]近年来，河北衡水市农村承包地流转速度不断加快，农业现代化的水平也达到了一定的要求，农民通过农地流转获得了创新创业的资本。基于形势所趋，衡水市政府大胆探索并积极推行了农村新型社区与产业园区、生态园区"三区同建"模式，推进农民向社区集中、产业向园区集中、土地向规模经营集中，有效盘活了农村闲置资源，改善了农民生产生活条件，促进了一二三产业协调发展。[④]其农村承包土地流转主要做法和改革经验如下：

（一）从顶层设计上统一领导和推进农地流转创新

组建了高规格的"三区同建"工作领导小组，由书记、市长亲自挂帅，并从农工委、国土局、规划局、住建局、财政局等相关部门抽

---

①　拥有合法土地使用证、土地他项权利证明书的个人、形成有效抵押决议等证明文件的企业法人。

②　政府如直接给企业提供融资反担保的话，将面临诸多风险。如，法律风险，按照担保法，政府不可以出具对外担保；道德风险，在给谁担保的问题上，政府有寻租的可能；财务风险，如果出现大面积违约，政府的财政收入很难保证政府可以完全承担担保赔偿的责任。所以，宁国市的政府财政为集体建设用地使用权人提供反担保的做法，值得商榷。

③　《新型城镇化建设系列报道之七：坚持"三区同建"　推动城乡统筹发展》，2018年5月31日，中国政府网（http://www.gov.cn/zhengce/2016-05/27/content_5077294.htm）。

④　焦明瑞：《让343万农民普惠新型城镇化》，《衡水日报》2017年2月23日。

调精干力量成立办公室，实行集中办公，负责抓好顶层设计、综合协调和工作指导，各县市区也相应成立了专门机构。通过目标引导，在全市建立示范区，加强考核和绩效评价。出台了《衡水市农业农村重项工作考核办法》，把"三区同建"作为农业农村十五个重项工作之一，列入对各县市区的年度考核，一月一报表、一季一调度，年终抽调专业人员进行考核评比，结果与干部使用直接挂钩。

（二）把握住规划这个前提，坚持有序推进

以规划为核心，推动"三区同建"科学有序推进。一是全域规划。以规划指导各县市区全部完成了区域镇村体系规划的修订完善，做到了与产业发展、城乡规划、基础设施、土地利用总体规划等相关规划的"多规融合"。[①] 二是布局规划。依据城乡发展的方向和目标，按照区域镇村体系规划，以县城周边、乡镇周边、园区周边、景区周边、重点项目周边为重点，按照"可以联村并建，可以单村新建，也可以选择原新民示范区扩建"的原则，确定了全市农村新型社区（中心村）、保留村、撤并村等的数量和位置。三是建设规划。在建筑设计上按照"结合当地实际，突出乡村特点，集中集约用地"的原则，纯农村社区以 3+1、4+1 楼房为主，乡镇驻地以多层楼房为主，城中村可以建设特色民居。农村新型社区（中心村）聚集人口原则上不低于 3000 人，乡镇驻地要达到万人以上。四是周期规划。各县市区根据农村新型社区（中心村）示范点实际情况，合理安排进度，制定实施方案，确保核心村 3 年内，其他参与联建村庄 5 年内全部完成新建、搬迁、拆旧、复垦等各项具体任务。

（三）以改革为根本，坚持创新驱动

一是借助政策，为龙头企业和农民搭桥和扶持发展。二是搭建平台。每年融资 10 亿元，重点用于支持"三区同建"。对于完成拆迁的，按照每亩 2 万元的标准给予奖励；对于搬迁入住农村新型社区的，按

---

① 焦明瑞：《让 343 万农民普惠新型城镇化》，《衡水日报》2017 年 2 月 23 日。

照每平方米每年2元的标准给予物业管理补贴，连补5年。① 三是整合资源。整合水、电、路、信、房等农村基础建设资金和组织、教体、卫生、民政、环保等农村公共服务设施资金，用于支持农村新型社区建设。市财政每年安排预算资金2000万元以上，各县市区财政每年安排预算资金500万元以上，市、县两级财政每年安排预算资金总计不低于1亿元，按照进度快慢、规模大小、标准高低对农村新型社区建设进行奖补。四是创新方式。建立周转资金补助机制，要求各县市区根据自身实际，从财政资金或美丽乡村融资平台拿出适当规模周转资金，支持农村新型社区建设，旧村拆迁复垦后，用土地置换收益进行补偿。在破解用地难题上，探索出了原拆原建，滚动开发，不占耕地、不受土地指标限制的办法。五是引入市场。采取多种融资模式，使全市共有137家工商企业参与到"三区同建"当中，撬动社会资金50多亿元。

（四）把握住农民这个主体，注重以人为本

按照政府主导、农民自愿的原则，把决策交给群众，把政策交给群众，把福祉留给群众，以群众认同不认同、满意不满意作为标准，全过程让农民参与、当家、做主人。一是尊重民意。全市各示范点的迁建村全部成立了村民自拆自建委员会，由党员代表、群众代表和威信较高、办事公道的明白人，在家的公职人员及志愿者组成；在组织发动群众上，重点采取走出去学、集中起来议、入户走访谈三种形式，统一思想认识；在楼房设计上，提供多种模式供群众自主选择；在质量监管上，组成由政府部门、乡村干部、群众代表三方参加的监督小组，负责全程监管。二是倾听民情。坚持集思广益、开门议事，集体讨论，达成共识。村庄迁建必须经95%以上的农户同意，签订《拆迁补偿协议》并缴齐拆迁押金后，方可组织实施。新型社区建设规划、建设资金使用方案、社区户型设计等涉及切身利益的所有事项，全部交由自拆自建委员会民主议定，过程公平公正，结果公示公开。三是关注民生。在农村新型社区（中心村）示范点建设验收标准上，确定了"布

---

① 焦明瑞：《让343万农民普惠新型城镇化》，《衡水日报》2017年2月23日。

局优化、民居美化、道路硬化、村庄绿化、饮水净化、卫生洁化、路灯亮化、服务优化"的"八化"要求，突出了"新规划、新民居、新设施、新服务、新产业、新管理"的"六新"内容，既从根本上改变了农村人居环境，又促进了农村社会治理方式和体制创新，把共享发展的理念真正落到了实处。

（五）把握住产业这个支撑，促进致富增收

农村新型社区与产业园区、生态园区统筹谋划、同步建设，与土地流转、产业发展、农民增收等紧密结合、协调推进。目前，衡水市省级工业园区实现了县县全覆盖，涌现出安平丝网、景县铁塔、枣强玻璃钢、冀州采暖铸造等一批闻名全国的县域特色产业。通过工业园区建设和特色产业发展，"上班入园区，下班进楼房"成为农民生活"新常态"。同时按照"绿色发展、循环发展、和谐发展"的要求，积极推广应用新材料、新技术、新装备、新样式，大力抓好饮水安全、厕所改造、村庄绿化、清洁能源利用、垃圾处理和污水处理，注重做好生态环境的修复和保护，形成了人与自然和谐发展的现代化建设格局。

第七节　土地流转金融创新模式

一　山东平度农村金融供给侧改革创新模式

实践证明，资金是创业的血液，没有资金，创业就成了无源之水，破解农村融资难题是推动农民"双创"的关键环节。平度市的改革探索，目标明确，思路清晰，措施有力，打造了以"农创金融"助力"农创平度"的精彩亮点与鲜明特色。

（一）基本情况

平度市地处青岛西北部，在 61 个中小城市综合改革试点城市中，平度市经济处于中上游水平。2016 年完成地区生产总值 813 亿元，增

长 9.8%，在全国县域经济 100 强排名中位列第 33 位。平度市工业经济实力较为雄厚，2016 年实现规上工业总产值 1834 亿元，位居全国工业百强县第 29 位。平度市城乡发展不平衡、二元结构特征明显。当前，经济下行压力加大背景下，大量农民工返乡，加上农村的存量人口，就业和农民增收压力更大，促使农民产生了十分强烈的创业动机。

（二）平度农村金融创新主要做法

1. 建立政府增信扶持机制

平度市农创企业规模都不是很大，尤其是一些新建立的公司，由于规模极小和缺乏担保机制，融资难度极大。针对这一问题，平度市重点建设信用等级和风险分摊机制。设立 2 亿元的企业扶持基金，以市场成本约 1/3 的费率为农创企业"过桥"。当农创企业面临周转困难时，可以申请企业扶持基金帮助企业完成续贷，待银行放款后，企业再及时向政府还款；开展"政银保""助保贷"融资服务模式。政府出资建立"风险补偿基金"，农创企业向保险公司投保贷款保证保险，形成政府、银行和保险公司共担风险责任合作机制。银行无须农创企业提供抵押物或担保，只需凭保险公司的保单和政府增信向农创企业借款，当发生贷款逾期，属于贷款保证保险责任范围内的事故，政府、银行和保险公司按照事先约定比例进行风险共担。通过"政银保""助保贷"等融资服务模式，为 13 家企业授信贷款 2 亿元，有效破解了企业"担保难""融资难"问题。

2. 创新农户信贷模式

针对农村融资渠道窄、信贷模式单一等问题，平度市从以下几个方面入手创新信贷模式。开展试点互助合作，专业合作社信用互助业务对接了农户小额、分散、季节性的资金需求，形成了内生于农民专业合作社的金融生成机制；开展农村承包土地经营权抵押贷款试点。[①]

---

① 农户或农创企业购买该保险公司的贷款保证保险，并以农村承包土地经营权为抵押向银行申请贷款，银行向农户或农创企业发放贷款，当农户或农创企业未按合同约定履行还贷义务并在等待期结束后，由保险公司按照相关约定承担银行贷款损失赔偿责任。同时，政府设立 1000 万元风险补偿基金，对保险公司超过一定比例的赔付部分给予补偿，以提升保险公司的承保意愿。

推出担保公司抵押担保模式，该担保公司为农户从源头建厂规划到养殖出栏结束提供全方位的技术指导与专业化的金融服务。担保公司作为"第三方"对交易双方进行卡款监管，防止资金挪用；银行根据养殖周期推出信贷产品，确保资金期限与养殖周期同步，防止贷款不及时到位与资金闲置。

3. 创新涉农保险产品

针对农业生产靠天吃饭、农产品价格波动震荡、农民抗风险能力差等问题，平度市拓宽涉农保险业务，创新涉农保险产品，化解农产品价格风险。一是开展农业价格指数保险。目前，投保种植户、专业合作社、家庭农场已达 310 户，承保马铃薯已从 8500 亩增加到 30000 亩，提供风险补偿金逾 3500 万元，赔付 71 万元，有效减轻了因"菜贱伤农"造成的农户损失。[①] 二是探索农产品"保险 + 期货"模式。[②] 2017 年 6月，平度市完成了国内最大一宗"期货鸡蛋"交割，20 万斤鸡蛋以高于市场价一倍的价格售出，鸡蛋养殖企业不但实现了"不赔"，还实现了"稳赚"。

4. 健全农村信用体系

针对农村信用环境差，农户个人信用意识较弱，恶意逃废贷款的现象时有发生的问题，为改善县域农村信用环境，平度市开展了农村信用体系建设，累计评定信用户 3.8 万户，创建信用样板村 450 个，信用镇 2 个，为信用户提供贷款授信总额 20.34 亿元。

（三）经验与成效

全面小康不能落下农村，创业创新也不能让农民掉队，但是城乡

---

① 平度市开展了马铃薯、蒜薹等农产品蔬菜价格指数保险试点。鼓励农户或农创企业向保险公司购买保险服务（政府承担 80% 的保费），当保险农产品的实际价格低于投保价格时，保险公司对农户或农创企业进行理赔。

② 针对近年来鸡蛋等部分农产品市场价格低迷、波动频繁，养殖户亏损严重，养殖积极严重受挫的问题，平度市开创了全国首单"政策性鸡蛋价格保险"。养殖户购买价格保险（保费的 60% 由政府补贴），在保险责任期间内，如果市场价低于保险约定价格，保险公司向养殖户进行赔付，养殖户提前锁定利润，化解价格风险。同时，保险公司购买期货公司的看跌期权，通过套期保值的方法对冲价格风险。

金融发展不平衡已成为制约农村发展、影响农民创新创业的最大短腿。农业大市平度的农村金融改革创新正是在这一背景下展开的。以"涉农、增信、普惠"为特色，平度市着力深化农村金融体制机制改革，创新涉农金融产品，广大农村逐步实现了从资金"抽水机"向"蓄水池"转变。截至 2017 年 6 月末，平度市共有各类金融机构 69 家；全市金融存款余额 649.4 亿元，较年初增加 42 亿元；各项贷款余额 369.1 亿元，较年初增加 42.4 亿元，新增存贷比由 2014 年末的 50.7% 增长到 112%，其中相当一部分信贷资源回流农村，反哺农业，为农民创业补充了资金"血液"，有力助推了农民创新创业和农村产业融合发展。2016 年平度市农民创业人数达到 13354 人，同比增长 42%，农村居民可支配收入达到 17223 元，城乡收入比为 2.1∶1，明显低于全国 2.72∶1 的水平，城乡收入差距明显缩小，在青岛市率先完成脱贫攻坚任务，扶贫第三方考核评估居全省前列。平度市的改革探索对深化农村金融体系改革、促进农村"双创"具有重要的经验意义：

一是实现了市场与政府在农村金融改革中的有机统一。我国农业是弱质产业，自身具有高投入、低产出的特征，决定了其具有高风险性。绝大多数农村经济发展水平都不高，经济、金融的市场化程度比较低，很多农民创业时不具备获得商业性贷款所必需的抵押品和担保条件。[①]因此，如果把城市的金融发展模式简单移植到农村，往往难以取得预期效果，这也是很多地方农村金融改革进展缓慢的重要原因。与之相比，平度市把金融的市场调节和政府的政策扶持有机地结合起来，政府在农村金融改革创新中既积极参与，又不过度干预，恰到好处地发挥了为农户和农创企业增信、保险和托底的功能。

二是探索了金融服务"三农"、服务实体经济的现实路径。创新农村金融是农业供给侧结构性改革的题中之义。目前农村融资途径狭窄，农民融资主要靠信用社贷款和民间高利贷两种途径；金融服务品种单一，主要集中在传统的存贷款业务上，农民可选择的金融产品非常有限。一方面广大农户多样化的资金需求得不到满足，另一方面农村资

---

① 陈红飞：《完善农民创业金融体系的对策研究》，《金融纵横》2009 年第 9 期。

金向城市逆向流动，农村资金的供应严重不足。平度市针对农民创业特点推出了"助保贷"、"政银保"、农村承包土地经营权抵押贷款等新颖的金融产品，满足了农民个性化、多样化的信贷需求，成为金融服务实体经济在"三农"领域的生动实践。

三是创新农业保险为农民增收撑起了"保护伞"。近年来，我国农业保险快速发展，自2007年到2016年的10年间，我国农业保险承保额从1126亿元增长到2.16万亿元，年均增速38.83%，我国农业保险业务规模已仅次于美国，居全球第二，亚洲第一。不过，农业保险领域还有诸多空白，目前仅有中国人民保险公司、中华联合财产保险公司等少数几家保险公司开展农业保险业务，险种一般局限于巨灾险，投标门槛高、价格贵，并且绝大部分农民创业活动都在保险范围之外，缺乏针对农民创业的风险保障体系。我国是一个农业大国，又是世界上灾害频发、受灾面积广、灾害损失严重的国家之一，农业保险如果发展不足，农民创业过程中农业生产的风险就得不到有效转移，一旦遭受各种"灾害"时就没有抵御能力，甚至于破产，这样会使农民产生畏惧心理，大大挫伤农民创业的积极性。[1] 平度市探索开展的农产品价格指数保险和"保险+期货"等农业保险业务，改变了原有的农产品价格风险转移方式和国家对农产品补贴方式，利用保险和期货市场承接和转移农产品价格风险，最终将价格风险转移分散到金融资本市场，化解了农户的价格风险，保障了农民创业积极性，成为推动农民创业创新的一项重要举措。

（四）经验推广建议

推广平度市的经验，需要做好与现有法律法规和政策的衔接，主要包括：

一是研究将政府为农创企业增信行为法制化、规范化轨道。我国的《担保法》规定，"政府机关不得为保证人，只有经国务院批准，为适用外国政府和经济组织进行转贷的除外"。从这一点来说，平度市设立企业扶持基金为企业转贷以及"政银保""助保贷"为农创企业增信

---

[1] 陈红飞：《完善农民创业金融体系的对策研究》，《金融纵横》2009年第9期。

等做法，跟国家法律是相冲突的。事实上，目前国内不少地区都是通过政府财政或政府性融资平台出面担保来解决小微企业融资难的问题，并且实践证明政府为农创企业增信确实是一个行之有效的办法。建议研究修订《担保法》等有关法律，解决改革探索与现行法律相冲突的问题，将政府为农创企业增信行为纳入法制化、规范化轨道。

二是研究修改相关法律或出台司法解释，解决农村承包土地经营权抵押问题。根据《农村土地承包法》农村土地承包经营权按照取得原因的不同可以分成两种：一种是通过发包方和集体组织的成员订立土地承包经营合同，即通过村内家庭承包方式取得。一种是其他方式，即"四荒"地的承包方式。虽然《农村土地承包法》第49条规定农村土地承包经营权可以依法流转，[①]但由于该条被规定在《土地承包法》的第三章"其他方式的承包"中，因此应认为不适用于家庭承包的情形。另外，抵押权也受到相关法律的限制，《承包法》和《物权法》只规定四荒地承包经营权的抵押，对家庭承包的土地经营权能否抵押没有明文规定。《担保法》第34条第2款规定，耕地、自留山、自留地等集体所有的土地使用权属于不得抵押的财产，可见现行法律对家庭承包的土地能否抵押持否定态度。但是《平度市农村承包土地经营权抵押贷款保证保险试点融资方案》中并没有限定必须是以"四荒"地的承包方式取得的农村承包土地经营权，在实践中也无此限制。建议启动相关法律条款的修订或针对上述问题出台司法解释，使改革创新能在法律的框架下运行。

二　河北饶阳县农村"九位一体"融资模式

河北衡水饶阳县是传统的农业大县，耕地面积58万亩，蔬菜种植面积42万亩，其中设施蔬菜32万亩，面积居河北省第一。近年来，该县大力推进"农业转型"战略，家庭农场发展到860家，投资亿元以上

---

① 《农村土地承包法》第49条规定："通过招标、拍卖、公开协商等方式承包农村土地，经依法登记取得土地承包经营权证或者林权证等证书的，其土地承包经营权可以依法采取转让、出租、入股、抵押或者其他方式流转。"

农业产业化龙头企业达到 20 余家，年产各类果蔬 240 万吨，年产值 43 亿元。随着农业现代化的不断发展，农业经营主体贷款难、融资贵的问题日益突出。针对这一问题，该县以被列为农村土地承包经营权抵押贷款试点县为契机，在推行"一权一棚"抵押贷款的基础上，整合金融、保险、扶贫、农业、土地等相关领域资源要素，创造性地构建了"九位一体"融资模式，有效引导了金融资金更多投向"三农"领域，实现了农村资源与金融资源的有效对接。

（一）创建一种模式

就是"政府风险补偿资金 + 合作商业银行 + 合作保险公司 + 供销社 + 扶贫办 + 投资担保公司 + 农投公司 + 农业龙头企业 + 农户"九位一体金融支农扶贫模式。政府风险补偿基金：由县政府整合涉农扶贫资金 2600 万元，为农业经营主体贷款提供担保，为金融机构实行风险补偿。合作商业银行：由县农行在贷款风险补偿资金规模基础上放大 10 倍，投放贷款到三农投资建设领域，支持农业产业发展。合作保险公司：由中华联合保险公司按照自愿的原则，为农业经营主体办理贷款保证保险和损失类保险，降低金融机构贷款风险。供销社：由县供销社为农业经营主体提供产权交易流转、抵押登记、合同鉴证、反担保等服务。扶贫办：由县扶贫办依据相关政策为贷款的贫困户提供涉农保险补贴及贷后贴息。投资担保公司：引入河北省新合作投资担保公司，对贷款额度较大的农业龙头企业进行信贷担保支持。农投公司：由县供销社和龙头企业联合出资成立农业投资建设公司，积极争取国家政策性资金扶持，开展涉农投资项目建设。农业龙头企业（农户）：由龙头企业与农户建立合作信用体系的利益联结机制，把分散的小农户有效有机地组织到主导产业和农业园区建设当中，使金融、龙头企业、农户更紧密联系在一起，推进现代农业全面发展。

（二）建立一个体系

就是金融支农扶贫工作体系。成立了以县长任组长的县服务"三农"金融工作领导小组，全县金融支农扶贫工作，在县服务"三农"金融工作领导小组领导下统一开展，主要负责金融支农扶贫工作运行机制的组织、协调、推动，以及农业扶贫贷款和贷款风险补偿资金的日常管理。各乡镇区全部成立服务"三农"金融办公室，主任由主管副职兼任，办公地点设在乡镇区政府，负责辖区内的金融支农扶贫工作和农业扶贫贷款工作的日常管理。各行政村成立金融工作站，站长由村支部书记或村主任担任，负责本村农业扶贫贷款的日常工作，建立农村群众信用体系，负责贷款项目的初审、推荐和协助贷款回收。饶阳县农行及其他驻县银行，主要负责对贷款项目履行调查、评估、贷款发放和催收等贷后管理。中华联合财产保险股份有限公司饶阳支公司，负责开展"政银保"合作农业贷款保证保险业务及相关保险业务的承保与理赔工作。中华保险河北省公司在饶阳县服务"三农"金融中心设立涉农保险产品研发工作站，及时为饶阳县提供创新型涉农保险产品。

（三）搭建一个平台

就是县服务"三农"金融中心。围绕九位一体的金融支农扶贫工作模式，借助县委供销社综合改革金融平台，饶阳县在 2018 年 6 月 6 日，成立了全省第一家服务"三农"金融中心。在县委、县政府的领导下，集中财政、扶贫、供销社、农林、畜牧、土地、不动产管理局等相关涉农部门及金融机构入驻服务"三农"金融中心，对有贷款需求的农业经营主体提供贷款服务及管理。服务"三农"金融中心主要包括农村产权交易中心、合作金融服务中心、电子商务孵化运营中心、新型农民职业培训中心、农民专业合作社联合社、现代农业产业集团公司、农村建设投资公司等板块，既能为农村经营主体土地承包经营权、林权等 12 项农村产权提供流转、评估、推介、质（抵）押融资等服务，撬动农村沉睡资源变资产；又能为农业经营主体提供产前、产中、产后的全产业链金融服务。中心的成立打破了行业界限、部门分割，提高了财政资金的整体利用效益，调动了银行对农业领域投放贷款的积极性。为全县现代农业发展创造了良好的金融环境及金融体系支撑，实现了金融精准扶贫，推动了金融创新促进产业发展。

（四）明确一套流程

就是"政银保"农业扶贫贷款办理流程。建立县、乡、村三级金融服务网络，对有资金需求的农业经营主体提供贷款服务及管理。各农业经营主体（农户、合作社、家庭农场、农业公司）申请贷款，须经村推荐、乡初审后，由县服务"三农"金融工作领导小组办公室确认后交合作银行按贷款条件给予办理，经过合作银行调查后批准放贷款的经营户，由服务"三农"金融中心审查办理扶贫贷款户名下的承包土地经营权、棚权等资产对政府的反担保手续，合作保险公司办理相关保险后，农村产权交易中心填写《政银保合作协同扶贫贷款反担保通知书》，通知银行发放贷款。[①] 对于符合条件的农业经营主体，从村推荐到贷款发放时间原则上不超过一个月；单笔贷款超过 20 万元的贷款业务，须呈报服务"三农"金融工作领导小组审议通过，规模经营主体有大额信贷需求时，根据具体情况引入有资金规模的担保公司进行反担保。风险补偿资金由政府指定的部门负责管理。

（五）加强一个管理

就是农业扶贫贷款贷后管理。充分发挥乡镇村、金融中心、银行、保险公司、供销社、农村产权交易中心工作职能，共同做好农业扶贫贷款贷后管理，防范贷款逾期不还的行为，杜绝发生系统性风险。乡镇服务"三农"金融工作办公室、村金融工作站协助合作银行做好贷后管理工作，每月至少进行一次入户调查，查看生产经营情况，监督贷款资金使用、引导客户按期还款；发现贷款客户家庭发生变故、经营活动异常，出现经营风险等情况，及时向金融中心进行通报，协助金融中心、合作银行、农村产权交易中心、合作保险机构共同采取措施，消除风险隐患。银行若发现贷款客户有违反贷款合同约定的行为，可提前收回贷款，并告知推荐人。对贷款到期未还贷款客户，由贷款推荐人协助银行进行催收。超过一个月未收回的，由银行书面通知县

---

① 王琪、王春晖、郝琪、郭晓丽：《"政银企户保"金融扶贫模式及其推广路径——基于衡水饶阳县的分析》，《时代金融》2018 年第 15 期。

农业开发扶贫办公室、金融中心、县农村产权交易中心，由县农村产权交易中心利用土地流转交易平台等资源，对借款人的土地经营权、大棚等反担保资产进行处置清收。对列入逃废债"黑名单"的经营主体，由各家金融机构进行联合制裁，并通报全县相关单位暂停各种政策优惠、资金补贴和项目支持。

（六）制定一套机制

建立农业扶贫贷款风险控制机制：借款人到期未能还款，超过 30 天等待期后，保险机构承担贷款本金额度的 80%，银行承担 15%，风险基金承担 5%。建立追偿机制：借款人出现还款违约时启动贷款追偿程序，追偿成功后合作保险公司、合作银行，风险基金按 80%、15%、5% 的比例进行分配。在法院确定无法执行，确定形成呆、坏账的情况下，损失部分按约定比例托底承担。借款人用于反担保的建设用地、厂房、设备、土地经营权等资产由产权交易中心或产权交易中心指定的龙头企业或合作社接管，代替经营或将土地经营权进行流转经营，由产权交易中心负责接管剩余贷款额度，并于约定时间内补偿银行、保险公司和风险基金的损失。建立大灾预警机制：为防控风险集中爆发，实行由政府、产权交易中心、合作银行、合作保险公司、风险补偿资金共担风险的模式。当贷款不良率达到 3% 时，银行则暂停放贷，并由饶阳县服务"三农"金融工作领导小组办公室、产权交易中心、合作银行、合作保险公司共同查找原因，提出整改方案。明确保险公司赔偿上限，保险公司赔偿上限为政策性保险和所有贷款保证保险费总额的 70%。如政策性农险赔付率达 100% 时，保险公司赔偿上限为贷款保证保险费的 120%。

三 湖南长沙"粮食银行"全产业链经营模式

粮食加工企业近年来出现了粮食种植困难、粮食收割困难、储粮困难等问题，难以稳定粮食来源，难以整合品种，难以保证粮食质量。湖南长沙市支持湖南卫红米业公司打造以"粮食银行"为基础的"215"

经营模式，①以服务为纽带整合粮食产业资源，打造粮食全产业链经营。

（一）运作模式

"215"经营模式是指涉及两个农业经营主体（当地的农业龙头企业和农民合作社），一个中心（粮食综合服务中心）和五项工作服务的简称。②"215"是实现产加销全产业链一体化的新型粮食生产经营模式。作为一个综合性农业经营平台，可以服务的农地面积为1万亩左右，通过与农民签订粮食生产协议，提供专业化一条龙生产服务。③同时，公司还建设了26个镇村服务网点，"储户"凭"储粮卡"可到服务点兑换粮油或其他商品。

（二）实践效果

在实践中，"215"经营模式充分调动了企业与农户的积极性，提高

---

① "215"经营模式发展两年以来，加入农户数量稳定增加，服务范围逐步扩大，目前已建成粮食综合服务中心6座，签约入行农户5000余户，其中合作社40多家、种粮大户500多户，覆盖了长沙及周边地市共34个乡镇、133个行政村，服务覆盖面积超过13万亩。

② 五大服务分别是：一是农资供销服务。与大型种业公司和农资直销商结成战略联盟，选择优质、高产、高效稻谷品种和优质农资，按厂价直供农民。二是技术与信息服务。公司以湖南农大等科研院所为技术支撑，成立由高级农艺师牵头，拥有60多名技术员的技术服务小组，免费为农民提供生产技术服务。建立卫红粮食学校，为入行农户提供多种专业技术和经营管理培训。建立手机信息发布平台，适时向农民无偿发布农资、农机、价格、气象预警等信息。三是农机服务。整合区域植保、机耕、机插、机收等设施装备，成立专业的农机服务队，统一农机服务质量和价格，为入行农户提供专业化农机服务。四是烘干服务。入行农民种植收获的稻谷，可从田头直接送公司烘干，公司按低于市场价30%的价格（每吨80元）收取烘干费用。五是存储兑换服务。创办"粮食银行"，农户将粮食送到公司，根据需要实行顺值存储或定值存储。顺值存储指"涨价顺价、落价保底"，粮食按市场时价核定入库，不结算资金，2个月后，需要资金时，按市场价随时结算，结算时价格保底，不低于入库价。定值存储指按市场价核定入库后，依照每月每吨20元的标准从存储之日起获得利息。结算资金时，粮价升值的增值金扣除支付利息后的剩余部分，公司和农户按50%的比例再次分红。

③ 粮食综合服务中心与自愿加入的农户签订生产协议，负责制定生产标准，提供社会化服务，以及收购、存储、加工、销售农户生产的粮食。

了粮食全产业链的生产经营效益，实现了农户、企业、政府的多方共赢，推动粮食产业化发展水平有效提升。一是种粮农民收入增加。通过享受各项服务，种粮农户节约了生产资料和烘干成本，减少了运粮支出和劳动力成本，提高了粮食生产技术及增加了收益，平均每亩可为农户节本增收 425 元，农民种粮积极性明显提高。二是企业经营效益提高。"215"经营模式为企业发展粮食加工提供了稳定、优质的粮源，提高了加工成品粮品质，出米率提高 6%，每吨大米可增值 180 元。同时，大幅降低了企业在原粮收购时的流动成本。据测算，每吨大米每月可为企业减少财务成本 10 元左右，有效提高了企业综合经营效益。三是粮食安全得到巩固。"215"经营模式通过提供专业化的农业服务，提高了区域粮食种植水平，促进粮食增产；通过集中存储，减少了存粮损耗；通过"藏粮于企"，减少了政府托市压力。四是粮食生产经营现代化水平提升。现已推广服务的 13 万亩耕地基本实现了粮食品种、技术和产品品牌的统一。

（三）经验与启示

经过实践证明，"215"经营模式可不断进行复制，具有强大的生命力和适应性，能够有效推动部分产业链的整合。一是更紧密地联结企业与农户。二是更全面地实现收益传导。各项服务为企业提供了更加多样化的利益传导渠道，同时，在粮食生产综合服务中心建设上，采取企业与农户共同入股的方式，使入行农户充分分享粮食全产业链经营带来的收益增量，有效提高了农户参与的积极性。三是更可控地实施标准化生产。通过提供统一的农资购销和专业的生产技术服务，直接推动农户按龙头企业提供的良种和技术生产，有效增强了对农户生产的干预能力，提升了区域粮食生产的标准化水平，确保粮食高产与优质。四是更高效地整合区域资源。

第八节 宅基地流转制度改革创新

一 浙江温州乐清"农房"抵押制度创新

2015 年 12 月，浙江温州乐清市列入全国 59 个农民住房财产权抵押贷款试点县（市）之一。沿着"确权、赋权、活权"的改革路径，以创新机制为重点，有效破解"确权颁证难、价值评估难、不良处置难"困境，推动农房抵押贷款扩面增量。2017 年底乐清全市农房抵押贷款余额达 54.4 亿元，比上年增长 10.6%，受益农户 21567 户，比上年增长 14.8%，不良率 0.93%，低于温州全市平均 1.56 个百分点，名列全国 59 个试点地区中期评估第一名。

（一）多管齐下，破解确权登记难

1.确权颁证是农房抵押贷款的前提条件

乐清全市共有农户 30.8 万户，据不完全统计，实际拥有宅基地约 27.89 万宗，已确权宅基地 26.4 万宗，已登记颁证农房 14.84 万处，一般农村和山区农村农房确权率非常低。乐清市以不动产登记为契机，制定出台了《乐清市农村宅基地确权登记规定》《乐清市集体土地范围内的房屋登记办法》，有效破解了农房权源依据不充分、审批资料不完整、"四界"不清、少批多建、移位偏向等问题，大力推进农房确权颁证工作，为农房抵押贷款扩面增量打下坚实基础。

2.创新分类登记办法

按照建设时段分类，1982 年 2 月 12 日前建设的农房，可直接办理登记；1982 年 2 月 13 日至 1986 年 12 月 31 日建设的农房，按照当时规定处罚并补办用地手续后予以登记；1987 年 1 月 1 日至 2014 年 3 月 26 日建设的农房，区分各种情况，依法处置。根据空间界限分类，以固定界限、独立使用且有明确编号的特定空间为基本单元进行登记，纵向可以以宗地或间来登记、横向可以按套来登记，并规定"住宅占地面积超出建房最大限额的，责令自行拆除或有偿使用，超占面积在35 平方米以下的，对超出限额标准部分作阴影处理，对未超出限额标准部分予以补办手续登记"。截至目前，宅基地确权颁证率为 94.67%，农房确权颁证率为 56.2%。

3. 突破历史遗留难点

针对农村历史遗留的违建问题，作为难点进行专题突破，出台了《乐清市农村历史遗留违建住宅处置办法》《关于加快宅基地使用权及房屋所有权登记工作的通知》等文件，明确农村住房历史遗留问题的处理，加快对违建宅基地的处置、补办工作，并进一步规范农村宅基地及住房确权登记发证。同时借助"文化大礼堂"地方特色平台，累计开展"不动产登记、农房抵押贷款进农村"宣传活动 21 次，提高农户确权意识。截至目前，已累计办理历史遗留违建住宅确权登记 1674件，占总发证量的 15% 以上。

4. 打破传统服务模式

设立不动产登记综合窗口，将交易、缴税、登记三线"并联"，改变以往住建、地税、国土三部门依次"串联"的传统服务模式，实行一站式综合服务，20 分钟即可受理全部手续，并将原来的 30 个工作日办理时限压缩至 3 个工作日。同时通过地籍调查，查实宗地的权属、位置、界址及土地利用状况，建立地籍调查数据库，为不动产登记提供基础数据平台支撑，有效节约农户办证时间。

（二）多谋善断，破解价值评估难

1. 抵押物评估是农房抵押贷款的关键环节

国有土地上房屋一般采取市场法、收益法、成本法等评估方法，选用其中一种或者多种方法进行评估，并建立了两年期内一房一评备案制度，而农村宅基地和集体土地房屋缺乏市场对比、收益来源、开发假设参考，给抵押农房评估作价造成难题。中介评估机构以标的物评估价为基数进行收费，部分中介评估机构为了追求利润最大化，导致评估价虚高，既扰乱了评估市场，也增加了农房抵押贷款成本。引入灵活评估方法，更能贴近实际需求，有效破解评估难问题。

2. 协商评估

针对申请贷款额度 100 万元以下的，采取银行与农户"双方协商估价"的作价方式，由客户经理与借款人协商确定抵押物评估价。通过对客户经理进行房产评估业务培训，在对抵押农房进行调查分析的基础上，综合考虑借款人诚信积分、融资需求、还款能力等，结合周边经济发展程度、交通位置及配套条件、变现能力等因素，协商确定抵押物价值。推行免专业机构评估、免担保和免保险"三免"政策以来，可平均减少房产评估费用支出 709 元 / 户。试点以来，已有 3 家银行建立自行协商估价制度，累计协商评估 4015 起，涉及抵押贷款本金 17.6 亿元，减免农户评估费用近 300 万元。

3. 专业评估

由于大部分商业银行的风险评估权限在上级行，上级行规定农房抵押贷款必须提供专业机构评估报告，基于这种情况，加强了中介评估机构的管理，实行分段计费制度，有效抑制评估价虚高问题。目前，乐清全市有专业房产评估机构 12 家，通过专业房产评估机构已评估 16196 宗，涉及评估费用 1149 万元。随着时间推移，专业评估将大量被协商评估所替代。

4. 自行评估

对列入整村授信，融资需求 20 万元以下的，依托农村金融互联网平台，利用"互联网 +"预评估农房价值。由当地村委成员、驻村干部、村民代表、惠农通服务点负责人等组成不少于 5 人的村民评议小组，全方位获取有价值的村民信息，并按照农房地段区位、构造、楼层、房龄等因素，综合拟定农房预估价值，作为农房抵押贷款"整村授信"的直接评估参考指标。截至目前，乐清全市农户信贷建档总数达 13 万户。

（三）多维防范，破解不良处置难

1. 抵押物处置成功率是农房抵押贷款的生命线

在正确认识农民住房保障性与财产性二重性、主次性关系前提下，采取多维防范、多措并举，有效破解了住户腾退难、受让范围窄、违章依附多等问题，强化了司法保障。

2. 准确把握第一、第二还款来源

金融机构通过平移、转贷、展期、债务重组、减额续贷等内部化解手段，以"时间换空间"，短期解决客户现金流问题。当内部手段无法化解时，银行机构采取司法诉讼方式进行催收，通过司法拍卖处置抵押物，实现风险化解。司法已成为农房抵押处置的重要方式。试点以来，已自主催收 14 笔、减额续贷 4 笔、平移转贷 1 笔、核销 14 笔、通过淘宝网司法拍卖成功处置 39 笔，合计金额 6777 万元。

3. 司法处置农房抵押贷款问题房

制定出台了《乐清市抵押农房司法处置暂行规定》，有效解决了农房抵押贷款中出现的问题房（户），尤其对进入司法程序、只有一处住房的贷款户，坚持"先安置、后处置"原则，以实物和货币两种办法进行安置：在司法处置时提供足以保障被执行人及其所抚养家属最低生活标准所需住房的安置办法；按照保障被执行人及其所抚养家属最低生活标准，折算成被处置房屋所在位置 5 公里范围之内相应购房款，由被执行人自行安置。同时扩大受让范围解决违章房，区别对待违章农房的合法部分和违章部分，允许两证齐全、局部违章的农房正常起诉，随同确权部分一起拍卖和流转。截至目前，共实物安置 2 户，货币安置 11 户、落实安置款 72 万元。

4. 建立风险补偿金制度

由乐清市财政出资 500 万元建立风险补偿金，实施风险补偿、还贷周转、资产收储等功能，有效解决腾空难、贷款本金受损补偿、维稳等方面问题，实现农房抵押贷款不良处置与善后处理的常态化、制度化。同时银行机构通过摸底排查，形成案例库，并实地走访贷款户予以现场核实确认，提高风险补偿精准度。

二 安徽金寨县"宅基地+"流转机制创新

2015 年初，中央批准金寨县为农村宅基地制度改革试点县。试点工作启动以来，在国土资源部和省委、省政府的坚强领导下，在国

家土地督察南京局、省国土资源厅的精心指导下，该县始终坚守改革底线，大胆创新，着力构建"依法公平取得、节约集约使用、自愿有偿退出"的农村宅基地制度，探索农村宅基地制度改革与精准脱贫协调发展的新路子，形成了一系列制度性成果，较好地完成了阶段性改革目标任务，得到广大群众的支持和拥护。[①]2017 年 3 月 17 日、3 月 27日，《中国国土资源报》先后两次报道了金寨县宅基地制度改革试点工作成果，特别是 3 月 27 日，以头版头条做了整版面大篇幅报道。截至2017 年底，全县自愿申请有偿退出宅基地 14476 户，已实施搬迁 9426户、35192 人，其中：在册贫困户 5267 户、19036 人，水库移民户 3693户、14724 人（含双搬户 1487 户、5754 人），一般户 1953 户、7186 人。全县已腾退复垦宅基地 2.3 万亩，扣除规划村庄建设自用地 5000 亩，新增耕地 1.8 万亩。[②]

（一）主要做法

1. 构建"2+4+n"宅基地制度体系，确保改革试点规范运行、风险可控

坚持"改中试""试中改"，不断充实和完善各项制度，建立了"2+4+n"为基本框架的农村宅基地制度体系。即，以《安徽省农村土地制度改革试点工作领导小组关于金寨县农村土地制度改革试点实施方案的批复》和县委县政府《关于农村宅基地制度改革试点工作的实施意见》为核心，以农村宅基地自愿退出奖励扶持、农村宅基地节约集约和有偿使用、农村居民建房用地管理、农村宅基地流转 4 个办法为支撑，以若干配套制度为基础，逐步建立较为完善的宅基地制度体系。

2. 实施"1+X"村庄布点规划，确保农村居民户有所居、有序集中

按照每个行政村 1 个中心村庄、不超过 3 个保留自然村庄原则，

---

① 李定胜：《安徽金寨：大力实施乡村振兴战略》，《当代农村财经》2018 年第 1 期。

② 《宅基地制度改革的"硬骨头"怎么啃？》，2018 年 8 月 1 日，http://www.p5w.net/n 。

编制村级土地利用规划和村庄布点规划，全县规划 183 个中心村庄、397 个保留自然村庄，引导农民有序向城镇、向规划点集中。出台促进农村居民有序向城镇转移的意见，从住房、就业、公共服务等多方面为农村居民进城入镇提供保障。对到县城或集镇购买商品房的，按 800 元 / 平方米、200 元 / 平方米给予"房票"补贴；对到规划村庄建房的，采取农民自建、集中统建、多户联建等方式满足"一户一宅"。对退宅购房或新建住房农户，协调金融机构提供惠农安居贷款。

3. 制定"50+3"有偿使用费阶梯累进收费办法，确保农村宅基地节约集约、高效利用

初步建立疏堵结合、奖惩并举的农村宅基地管理利用机制。对"一户一宅"超规定面积部分，按阶梯累进办法收取有偿使用费。超出 20 平方米以下部分，不收取有偿使用费；超出 20—70 平方米（不含 70 平方米）部分，按每年 3 元 / 平方米收费。超出规定面积每增加 50 平方米，收费标准提高 3 元 / 平方米。同时建立宅基地节约集约利用激励机制，对新建住房低于规定宅基地面积标准的，给予 100 元 / 平方米奖励；对符合宅基地申请条件自愿放弃申请的，按 2 万元 / 户给予奖励。将宅基地有偿使用与有偿退出相结合，一倒逼一激励两头发力，促进节约集约利用土地。[1] 所有行政村及大部分村民组成立了村民事务理事会，主导规划村庄建设、宅基地腾退、有偿使用费收取等重大事项，实现了农民事农民办、农民事农民管。

4. 创新"120+20n"农村宅基地面积标准，确保宅基地管理有章可循、有制可依

创新差别化的宅基地面积标准，改单一按户确定为按户和人口综合确定。对每户 4 人及以下的，宅基地面积控制在 120 平方米以下，每增加 1 人，可增加 20 平方米，但最高不超过 160 平方米。[2] 改革宅基地审批权限，对农民建房使用新增建设用地的，将审批权由省、市审

---

① 潘东旭：《宅基地制度改革引领精准脱贫——基于安徽省金寨县的改革经验》，《中国土地》2017 年第 11 期。

② 《中国国土资源报》编辑部：《安徽省金寨县农村宅基地制度改革试点调查》，《国土资源》2017 年第 5 期。

批改为县政府审批，省、市备案；使用存量建设用地的，将审批权限由县下放至乡镇，着力破解农民建房审批落地难题。

5. 出台"补偿+奖励"宅基地退出政策，确保农村宅基地自愿有偿、有序退出

因地制宜，采取无偿和有偿相结合的方式引导宅基地自愿有序退出。无偿退出方面，对一户多宅的多宅部分等三种情形实行无偿退出，最大限度让利于民，乡镇可以给予适当补助。[①] 有偿退出方面，对有合法权属来源及一户一宅等五种情形，除按照分类标准给予宅基地退出和地上房屋拆除补偿外，还可享受到不同的优惠奖励政策，充分满足农村居民的不同需求。

6. 探索"宅改+项目"改革试点新思路，确保宅基地改革与脱贫攻坚有机结合、保障有力

捆绑叠加宅基地改革、易地扶贫搬迁、水库移民解困、农村危房改造等多项扶持政策，引导"两户三房"即"贫困户、移民户"和居住在"土坯房、砖瓦房、砖木房"的农户自愿搬迁，改善住房条件，保障住房安全，加快脱贫攻坚步伐。通过政策叠加，部分贫困户不用掏一分钱，仅利用政策补贴就能在规划村庄住上新房，实现了"一年宅改，万户脱贫"。为在更大范围优化配置土地资源，显化土地级差收益，将改革试点政策与国家扶贫政策有效衔接，探索宅基地复垦腾退的建设用地指标在省域范围有偿调剂使用，缓解改革资金压力、增强改革内生动力，提高农民群众财产性收入水平，为加快脱贫攻坚提供资金支撑。[②] 目前，金寨县已成功交易四个批次、10857亩宅基地腾退节余建设用地指标，每亩成交均价达45万元。

（二）取得的改革成效

1. 推动了脱贫攻坚战略化

坚持宅基地改革试点与脱贫攻坚工作紧密结合，并将宅基地改革

---

① 高伟、林远：《宅基地制度改革有望率先扩围》，《经济参考报》2017年5月23日。
② 同上。

作为推进精准脱贫的主引擎、主路径，摆上了脱贫攻坚主战略位置，全力唱好整合戏，做好叠加法，打好组合拳。实际工作中，做到宅改政策让贫困户优先享受，宅改项目在贫困户优先实施，各类扶持资金向贫困户优先倾斜。据统计，目前全县自愿有偿退出宅基地已搬迁的9426户中，在册贫困户5267户、占56%，水库移民户3693户、占39%，实现了"一年宅改、万户脱贫"。部分贫困户不用掏1分钱，仅仅依靠补贴政策就能搬进规划村庄，住上漂亮新房，有的甚至还能结余补贴资金。

2. 加快了山区农村城镇化

截至目前，全县已启动实施311个规划村庄建设，引导近50000人向城镇和规划村庄集中。一部分群众放弃农村宅基地使用权，到县城和乡镇集镇购买商品房，去年全县共消化房地产库存近3000套，去化周期由改革前的36个月降为15个月。金寨县常住人口城镇化率由之前的37%迅速提高到现在的43%，更多的山区农民变成了城镇居民，各类公共设施更加齐全完善，农村居民享受公共服务更加均等，居住条件和生活环境发生巨大变化，生活质量明显提高，精神面貌显著改观。

3. 提升了土地利用集约化

通过实施宅基地改革，全县将搬迁群众近15000户。宅改之前，根据《安徽省实施〈中华人民共和国土地管理法〉办法》，每户建房占用宅基地不超过300平方米，加上分散的庭院、晒场、辅助用房等用地，占用村庄建设用地超过10000亩。实施宅基地改革后，金寨县规划的580个村庄，除贫困户外均为2层以上4层以下多层结构，实际占用村庄建设用地尚不足5000亩。宅基地改革试点不仅大大减少了土地占用，而且全面实现了单层向多层转变、地面向空间发展，有力提高了土地利用的集约化水平。

4. 落实了耕地保护增量化

把加强耕地保护作为推进宅基地改革试点的重要目标之一，要求乡镇、村尽最大努力按照较高标准对腾退的宅基地进行复垦。目前，全县已完成宅基地复垦2.3万亩，除去规划村庄建设自用地5000亩，其余大部分新复垦耕地均已种上了农作物，新增耕地保有量 1.8 万亩。

5. 实现了群众利益最大化

过去，农民的宅基地和住宅根本没有什么价值可言，现在通过改革试点、政策叠加，户均增收 15 万元以上，并且显著改善了居住条件，群众利益得到倍数级放大，获得感普遍增强。[①]改革受益群众对宅基地改革政策非常满意，不仅在试点中给予大力支持配合，而且在自己创作的新居对联、打油诗、三句半中，充分表达对党委政府的赞誉，尽情抒发难以抑制的喜悦之情。同时，基层干部到群众中开展工作，都能受到群众的热情欢迎，党群干群关系日益融洽、和谐。

本章小结

（1）农地流转模式创新盘活了农村土地产权，缓解了农村经济发展与制度障碍的矛盾。通过承包经营权流转制度改革创新，一方面将解决土地抛荒问题，另一方面将实现土地的规模化经营，增加土地的有效收益，保障了农村土地权益，促进农村经济发展，实现"国家""集体""农民""经营主体"多赢局面。不同的流转模式利弊各异，各地在选择和推广中应因地制宜。

（2）农村土地转让模式往往采用一次性补偿措施，为农民解决短期生活所需，较少用于社会保障，使农民丧失土地持续收益权。另外，农村土地承包经营权转让缺乏法律规范，容易产生转让纠纷。

（3）土地互换模式是属于较低级的流转形式，方式简单，便于生产。互换是一种互易合同，在法律框架范围内实现土地流转。互换模式流转难以实现规模化发展，一般通过口头或者协议形式完成（实践中协议比较简单粗糙），由于城镇化和土地耕种条件等变化，互换的土地容易因为利益等原因引起农民间的矛盾。

---

① 李定胜：《安徽金寨：大力实施乡村振兴战略》，《当代农村财经》2018 年第 1 期。

（4）农村土地流转入股方式目前各地纷纷进行了有益的探索。在集体土地入股改革的地区，往往是资产积累较多的村镇，较为发达地区，[①] 而与此同时，也是人口流动最频繁、户籍人口与常住人口出入较大的地区，因此，集体成员资格的科学合理确认成了股份制改革的前设条件。从各地实践看，关于集体土地入股股权设定考虑上，一些村干部是希望保留集体股以便解决集体债务和基础建设等公共支出，而村民是希望"分光分净"，一些村干部希望改革后保留一块集体股，以解决可能存在的集体债务和公共支出，而多数群众希望改革不留尾巴，不再保留集体股，以免有新的利益纠纷。[②] 关于股权的管理，有股权随人口变动而调整的动态管理模式和人口变而股权不变的静态管理模式，在进行股权改革的地区，基本采用的是静态管理模式。[③] 从农地承包经营权改革制度设计考虑，各项制度应该有一个良性的衔接，因为要求农民的土地承包关系不变，那么农地权利入股的法律关系也应当实行长久不变的管理模式。关于农地承包经营权入股的流转范围，采用封闭模式还是开放模式一直也是争论不休，在现阶段的制度环境下，各地采用限制流转是基本遵循了中央的改革

---

① 从各地实践看，经济发达地区，改革历史长、样板多、经验多，推进农地入股改革有很多的选择。困难在欠发达地区。这些年，通过积极探索，欠发达地区也找到了一些发展模式，主要有三条路径：一是通过土地入股、农户入社，组建土地股份合作社，以解决土地细碎化和产出能力低下等问题。贵州六盘水地区探索开展的资源变资产、资金变股金、农民变股东的股份合作制改革，为我们提供了很好的借鉴。二是以集体林场、土地、水塘等资源性资产以及财政补助形成的资产等作为出资，引入工商资本或其他外来要素，发展农村混合所有制经济。三是探索将精准扶贫到户的财政补助资金、各级财政投入到村集体的建设项目资金，作为村集体经济组织或农户的股金。总之，发展壮大集体经济的路径很多，关键要立足实际、充分挖掘、不拘一格，多总结、多归纳、多推广好经验好模式。

② 王芳：《农村产权制度改革向深水区迈进——访农业农村部农村经济体制与经营管理司司长张红宇》，《经济》2018年第1期。

③ 农地产权入股静态管理模式按照"生不增、死不减，入不增、出不减"的原则进行，例如广东南海提出了"确权到户、户内共享、社内流转、长久不变"的股权管理办法，明确今后新增人员只能分享户内股权，集体经济组织总股权数不随人员增减而变动。

精神。①

（5）土地流转各种创新模式，主要基于农业承包合同实现权利的转移。农业承包合同运营正在走上一条集约化、规范化和法制化的道路，主要表现在：一是以合同形式确立农村土地流转关系已得到普遍认同和执行，合同条款较为规范。无论是在农业生产经营公司与农户之间、还是在土地合作社与农户之间，或者是在种粮大户与农业公司之间均有书面合同，双方的权利义务较为清楚。二是以农业生产经营公司为主导的土地流转关系在促进农业生产中起到了重要作用，龙头企业进行适度规模经营，不仅有利于土地资源的集约化管理，也减轻了政府和集体经济组织的管理土地的负担。

（6）我国实践中农村土地承包经营权流转创新模式和农地金融创新模式各有优势，在实际应用中需要结合地方特点因地制宜。由于缺乏完善的法律政策支撑，成为当前掣肘农地流转制度改革推进的一大难题。主要表现为：一是不同利益群体的诉求不一致。相比其他集体财产性收益，农民对农村土地的产权、股权的"变现"更关心，然而大多数地区由于土地经营权抵押贷款执行上的困难，造成了改革创新的实际梗阻。二是农村产权交易体系不完善。产权交易中心设置不合理、程序不完善、机制不健全、规则不明确，法律保障不足等，致使农村土地经过交易机构流转的数量不多。三是农地流转权利交易市场探索经验不足。目前，实践中关于农地承包权进入产权交易机构进行市场流转的模式尚在探索阶段，商业模式较为单一，金融产品业务受理较少。四是农地流转评估机制不健全。农地承包经营权入市价值评估缺乏明确的行业标准、银行贷款缺乏有效的农业担保体系等因素，制约了农村产权抵押业务的开展。

（7）随着农地承包经营权流转制度改革不断推进，一些深层次的问题也不断暴露，一些潜在风险和不良倾向需要警惕。一是警惕"吃

---

① 农地承包经营权入股，不同于工商企业的股份制改造，坚持成员集体所有，实行封闭型管理，是当前改革的典型特征。为了维护农村集体经济的社区性，防止外部资本侵占集体资产，中央明确了两点要求，即改革的范围严格限定在集体经济组织内部，股权的流转不能突破集体经济组织的范围。

光分净""一股了之"等思想蔓延。将农地承包经营权入股简单地理解成把征地"分钱",并且要求"分光"。二是人地矛盾等问题集中爆发。由于历史等原因,不规范合同、不规范流转等行为,在利益驱使下,集中出现。三是集体的组织力和号召力被弱化。例如一些地方成立土地经营合作社,农村土地产权流转创新所得资产进入合作社,而村委会上没有实际的财产,用于公共基础建设资金匮乏,村委会等集体经济组织的号召力和组织力被明显弱化。

第四章

农村土地承包经营权流转存在的主要问题

从实践案例考察来看，我国农村土地承包经营权流转纠纷大量产生跟利益驱动、法律意识不强、法律制度不完善、政策不稳定、农村土地制度供给不足有很大关系。其中，法律问题主要表现在农村土地承包经营权流转法律关系不清、法律体系不完善、缺乏协调性，流转规则不清晰、流转方式规则不明确、实现配套机制不完善，土地流转法律关系不够清晰，流转方式的规则不明确等。这些问题阻碍了农村土地制度改革的进程，也给土地流转留下了隐患，并且产生了各种的土地矛盾和纠纷，影响社会的和谐稳定，甚至造成了群体性事件，亟需进行法律制度的完善和配套体制机制支持的跟进，进而保障依法改革有序推进农地产权自愿有偿流转和退出。

第一节　农村土地承包经营权流转权属关系不清

一　流转主体不明晰

我国实行的是所有权和使用权分离的农村土地制度，《宪法》《物权法》《农业法》《土地管理法》《土地承包经营权法》《村民委员会组织法》等法律明确规定农村土地归农村集体所有，但并没有明确到底哪一级集体是农村土地的所有者。根据《民法通则》第27条，《农村土地承包法》第5条、第34条，《村民委员法》第8条第3款等规定，在我国现行法律体系中，农户、农村集体组织均为农村土地使用权主体，其中农户为农村土地承包经营权流转的主体。另外，通过我国2008年到2018年的中央一号文件内容对比分析①，可以发现，在农村土地承包经营权流转法律关系中，出现了一批新型农业生产经营主体参与流转过程②，即土地承包者、土地经营者、农民新型合作组织、农民专业合作社、股份合作社、专业大户、家庭农场等多种形式农村土地权利主体。这些主体的出现，致使土地承包经营权流转主体法律关系日趋复杂，侵权行为层出不穷。主要表现为：一是流转主体"缺位"。在实际流转中，流转主体不明确，权利义务指向不清晰，法律关系混乱，流转合同主体不适格，农地流转合同主体多元等。二是流转主体"越权"。例如有的乡（镇）为发展适度规模经营，违背农民意愿，由乡（镇）政府出面与其他单位或者个人签订土地承包合同侵害了农民土地合法权益。三是流转主体"侵权"。土地承包经营权人对土地进行处分的权利是土地承包经营权主体所享有的流转权能之一，因流转主体不明确，由不适格的主体签订了流转合同，或者农户超越期限签订土地流转合同等，实施了土地流转行为，导致真正的土地权利主体权益受到了侵害。

二　主体权利不确定

农村土地承包经营权流转中涉及多个权利主体，对于主体资格的把握和权利的确定直接影响着农民土地权利的行使和土地权益的保护。在流转的方式中，涉及土地权利转包、出租、转让等行为。现行法律对于这些重要的权利和法律行为概念不清、属性界定模糊，造成实践流转中认识上的偏差，进而产生各种土地承包经营权流转纠纷。

---

①　例如，2013年中央一号文件提出"家庭农场"概念，并指出了三类"新型生产经营主体"：专业大户、家庭农场、农民专业合作社。2014年中央一号文件着重强调"鼓励发展专业合作、股份合作等多种形式的农民合作社"，并对家庭农场、混合所有制农业产业化龙头企业发展做出了规定。

②　"新型农业经营主体"并非一个严格意义上的法律概念，较多地出现在有关政策规定中。2012年，浙江省率先制定《关于大力培育新型农业经营主体的意见》，将"新型农业经营主体"定义为："家庭承包经营制度下，经营规模大、集约化程度高、市场竞争力强的农业经营组织和有文化、懂技术、会经营的职业农民。"并规定以下几类新型农业经营主体：专业种养大户、家庭农场和合作农场、农民专业合作社、农业龙头企业。

主要表现为：一是集体成员资格的认定困难。集体成员资格认定直接关系到能否享有土地流转相关收益，但我国缺少具体确认细则和统一标准。[①]二是土地流转主体法律地位不明。当前农村土地流转制度改革实践中出现的农村土地专业合作社、土地股份合作社、家庭农场等流转主体，除了专业合作社有《农民专业合作社法》进行调整和规范外，其余的法律地位并不明确。这对其参与市场活动的行为和进行诉讼等活动直接造成影响。三是流转土地权利不稳定。由于法律地位的不明确，使得参与土地流转的主体所拥有的土地权利处于一种不稳定的状态，造成工商资本下乡预期不确定，对土地的投入动力明显不足，土地流转后"非农化""非粮化"倾向明显。

三　权责边界不清晰

权责清晰是农村土地承包经营权顺畅流转的前提。我国土地承包法实际上显示国家、集体和农户对土地所有权的分割，但却没有明确合理地界定他们之间的权利边界。[②]我国农村承包经营权流转存在主体权利义务不明确、土地经营权属性模糊、土地权利与权利之间边界不清晰，致使土地流转主体的权益不能有效保障。一是由于农民证据留存意识薄弱，举证能力普遍偏低，致使土地流转的过程不够规范，主体、程序、权利义务关系不够明确，甚至还存在主体错误、缺少书面合同等问题。二是由于流转权利关系不明，引起土地流转法律关系混

---

① 特别是对外嫁女、入赘婚、外出务工农民、空挂户、参军考学等几类特殊人员的成员资格认定问题，各地采用的标准和依据形式各异，出现的问题也是五花八门。根据法律的规定，我国农村土地所有权主体可以是乡（镇）一级的集体经济组织，也可以是村集体，甚至还可以是村民小组，而国家虽将绝大部分的农地所有权界定给了农民集体所有，但却保留了土地征收权、土地利用总体规划以及管理权，这样复杂、模糊的规定导致了集体土地所有权主体多样化以及实质上的土地所有权人的虚置。

② 于建嵘：《土地问题已经成为农民维权抗争的焦点——关于当前我国农村社会形势的一项专题调研》，《调研世界》2005年第3期。

乱，土地权利处于不稳定状态。[①] 三是土地经营权权属性质不明，权利边界不清。虽然我国物权概念具有模糊性、相对性和僵固性，但仍维持了债权物权二元的财产法结构。[②] 实践中的各种改革创新为"经营权"实现探索路径，但是目前立法并没有明确"经营权"的属性和法律地位，"经营权"创新存在法律阻碍。[③] 对农地流转各项权利的权责边界划定是厘清流转法律关系的前提基础。

第二节　农村土地承包经营权流转方式规定不明

一　流转方式内容规定欠缺

首先是法律规定原则性多，可操作性不强。我国《农村土地承包法》《物权法》《农村土地承包经营权管理办法》等以列举的形式规定了农地经营权流转方式，但条文多为一般程序性规定，欠缺实质的可实施的细则。[④] 其次是不同流转形式下流转的条件不明，内容较为混乱。对于以债权性质流转和物权性质流转的项下流转未做区分地进行了概括性规定，同时也未充分考虑不同属性的流转方式所适用的法律存在很大的区别。[⑤] 再次是裁判性的规定缺乏，约束性不强。而且这些规定缺

---

① 承包户与所在村委、承包户家庭成员之间、同一地块的几个承包户之间、原承包户与流转经营权人之间以及承包户与政府之间，形成各种土地流转法律关系，这些主体行为涉及合同行为、侵权行为还有行政行为等，法律关系盘根错节。

② 申惠文：《中国物权概念的反思与批判》，《河北法学》2014 年第 3 期。

③ 依据农村土地"所有权、承包权、经营权"三权分离的基本原则，所有权归集体或国家，承包权归农户，经营权与承包权分离，是土地流转的主要内容。例如，以"承包地经营权"入股土地股份合作社，如何办理入股登记和价值评估，没有健全的制度规范，存在"出资不实"的潜在风险，降低了农村土地财产性权利的流通性，制约了金融机构开展股份合作社融资的积极性。

④ 例如《农村土地承包法》第 32 条至第 43 条，所列内容比较原则，可操作性不强，对于各种流转方式应当履行的程序性要求，缺乏具体详细的规定。

⑤ 例如《农村土地承包法》第 33 条第 1 款第 3 项规定："土地流转的期限不得超过承包期的剩余期限"，由于土地承包经营权既存在物权流转方式，又存在债权流转方式，而不同的流转性质的期限存在很大差异。再如，农村土地承包经营权转包或者出租，属于债权性质的民事权利转移，其流转的期限应符合债权法理论规定，最长不得超过 20 年。

乏裁判性的内容，在实际应用中，形同虚设，在实践中没有起到相应的约束作用。① 最后是条款规定简单粗糙，法律适用性差。② 例如关于农地流转合同方面的规定比较粗糙，造成实际合同履行不能，合同效力认定等困难。

二　流转方式内涵外延不清

土地流转方式的内涵和外延界定不清，条款之间的关系区分不明确。以《农村土地承包法》等法律所列条款为例，目前只是简单地列举，各种流转方式之间的关系没有进一步界定和区分。这导致实践中经常因为方式混淆，而产生流转纠纷；③ 土地流转方式实施缺乏具体的标准，侵害农民转让土地承包经营权的自主权；④ 流转方式条款的实现程序规定缺失，例如关于土地流转纠纷仲裁规定，规定了可以采取仲裁或者

---

① 例如，《农村土地承包法》第37条规定："采取转让方式流转的，应当经发包方同意；采取转包、出租、互换或者其他方式流转的，应当报发包方备案。"由于没有关于不履行该条款所陈述内容应当承担的法律后果方面的规定，在实践中没有对当事人流转土地起到约束性作用，流转不备案情况司空见惯。

② 土地经营权流转形式不明现象在农村极为常见，主要表现为合同内容简单、残缺不全，表述不清，流转形式不具体。由于流转形式规定不明确，给司法认定合同效力带来诸多困难。

③ 以转包和出租为例，转包和出租从本质上说，都是在不改变原承包关系的前提下，承包方将林地承包经营权在一定期限内转给他人行使的行为。不同的是转包只能发生在同一集体经济组织内的成员之间。出租则对承租人的身份没有要求。其实这一区别很勉强，因为《土地承包法》和《物权法》都没要求转包主体必须为同一集体经济组织成员，只是《流转管理办法》对转包定义时进行了限定。如果出租发生在同一集体经济组织内部，则二者就没有本质区别。这样转包就失去了独立存在的价值。另外，转让和互换之间也有交叉。从本质上说，互换就是以物易物，是转让的特殊形式。当转让发生在同一集体经济组织内部时，二者也没有太大的区别价值。参见展洪德《浅析我国林权流转方式存在的问题及法律对策》，《法学杂志》2011年第1期。

④ 法律、中央政策和地方性法规以及地方性规章规定，转让、出租、转包、互换和入股等，须经发包方同意。往往发包方在同意时附加条件，但法律并未明确规定"经发包人同意"的标准，以及其在转让中可以行使的权力范围，在实践中往往造成发包方滥用权力，谋取私利，侵犯了农民土地权益。

法院二选一方式，然而如何进行仲裁缺少具体的说明。[①]例如对仲裁机构的成立、实施仲裁的具体程序与实体并没有相应的立法规定，因此，该条法律内容可实施性不强；流转方式条款间不协调。关于农村土地承包经营权流转方式的条款规定涉及多个部门，因为立法出发点的不同、出台的时间不同以及主要涉及的领域不同等原因，法律条款之间出现了不协调。

三　以其他方式流转的规则模糊

我国农村土地制度正式规则主要包括政府制定的法律法规及各种政策文件，这些正式规则有时在内容表述上并不明确，"有意"留下一定的模糊空间，让行为主体能够根据具体情况进行灵活决策，这就形成了"有意性模糊"。[②]农村土地承包流转的实质是经营权在一定的时间空间由承包方转移让渡给他人享有，流转的形式不同，对原土地承包关系的影响和结果都不同。[③]在法律中，明确了"转包、互换、出租、转让"四种方式，而"其他方式"具体指的是什么方式，法律不甚明了。[④]目前，这些内容无论是理论界还是实务界，均未达成共识。关于农村土地承包经营权流转方式涉及的种类较多，例如代耕、入股、抵

---

　　①　《农村土地承包法》第55条规定，"当事人不愿协商、调解或者协商、调解不成的，可以向农村土地承包经营权仲裁机构申请仲裁，也可以直接向人民法院起诉"。

　　②　徐美银：《制度模糊性下农村土地产权的变革》，《华南农业大学学报》（社会科学版）2017年第1期。

　　③　李义朝：《土地经营权流转形式不明合同纠纷的处理》，2018年7月1日，中国法院网。

　　④　例如，《中华人民共和国农村土地承包法》第32条规定："通过家庭承包取得的土地承包经营权可以依法采取转包、出租、互换、转让或者其他方式流转。"农业部《农村土地承包经营权的流转管理办法》第15条对流转方式也仅规定为："承包方依法取得的农村土地经营权可以采取转包、出租、互换、转让或者其他符合有关法律和国家政策规定的流转方式。"至于其他符合有关法律和国家政策规定的流转方式是什么，同样没有明确。

押、拍卖等，都可以被称为"其他方式"。① 以其他方式流转的方式不充分、过程受限、程序不规范。

第三节　农村土地承包经营权流转合同欠缺规范

一　流转合同规则有缺陷

我国农村土地承包经营权流转合同规则存在缺陷，主要表现为：一是农村土地承包经营权流转合同性质不明。依据法律规定，② 农村土地承包经营权流转合同有转让合同、出租合同、抵押合同、入股合同，基于不同的流转方式所产生的合同性质、履约方式及法律责任存在巨大的差别。二是土地承包经营权流转合同制度存在一些不合理规定。③《农村土地承包法》承认了承包经营权流转合同为民事合同，其规则设计和执行应遵循契约自由的合同理论，然而《土地承包解释》却要加入"发包方同意"之流转条件，造成了合同规则执行上的冲突。三是农地承包经营权流转合同规定不完善。④ 合同缔约、履约等欠缺具体操作依据，合同违约救济的程序等规定欠缺。

---

① 另外，无论是《中华人民共和国物权法》还是《中华人民共和国农村土地承包法》中，"以其他方式承包取得的土地承包经营权"流转的关系中，流转主体可以是本集体经济组织成员，也可以是本集体经济组织以外的单位和个人。

② 《农村土地承包法》第37条规定"土地承包经营权采取转包、出租、互换、转让或者其他方式流转，当事人双方应当签订书面合同"。

③ 例如，《农村土地承包法》第37条规定："土地承包经营权采取转包、出租、互换、转让或者其他方式流转，当事人双方应当签订书面合同。"最高人民法院《土地承包解释》第13条规定："承包方未经发包方同意，采取转让方式流转其土地承包经营权的，转让合同无效。但发包方无法定理由不同意或者拖延表态的除外。"

④ 例如未对农村土地承包经营权流转合同的主体以及入股合同、抵押合同和转让合同等农村土地承包经营权流转合同作详细规定。

二 流转合同签订不规范

虽然在法律法规中对于农地流转签订要求有书面合同，[①]但是在实践中，流转合同签订主体资格混乱、签订合同程序随意、签订内容缺项的现象大量存在。主要表现在：一是签订主体不规范。例如，一些地方农业经营企业需要集中土地进行成片经营，在具体操作中，大多数由村委会出面，与农业公司在缺乏农户授权委托手续的情况下，代替农民与农业经营公司签订流转合同，直接行使农民的土地权益。当合同在实际履行过程中，因为履行不能或者其他等原因，产生了矛盾纠纷，村委会作为签订合同一方当事人提起诉讼，往往因为原告主体资格不适格而再次对农民土地权益造成伤害。二是合同签订形式不规范。农地流转纠纷中，有相当一部分农地流转合同因为内容过于简单，形式粗糙简陋，要素欠缺，没有法律上的效力，给流转造成了诸多的风险隐患。有的土地承包经营权人在将土地经营权流转给他人时，因为法律意识欠缺或者传统的熟人社会乡情，并没有签订正式的土地流转合同，仅仅只是以口头约定，或者即使签订了书面合同，也是合同的形式和内容不符合规范。三是合同格式混乱。合同的格式过于随意，不能按照规定进行填写和签订，双方或者单方甚至不顾本来统一格式文本，在格式之外自拟合同，造成五花八门的合同签订问题。四是合同条款不符合法律规定。例如，合同约定的年限超出了农村土地承包经营权的期限、擅自改变了农用地的土地用途、内容约定不明确、不合理或者显失公平等。五是合同管理不规范。土地承包经营权流转合同填写模糊混乱，有的地名甚至面积，在合同签订时不严肃，随意涂改和重复签订等，造成了大量合同纠纷。

[①] 例如，《土地流转管理办法》第21条规定，承包方流转农村土地承包经营权，应当与受让方在协商一致的基础上签订书面流转合同。

三 流转合同履行不诚信

合同履行不诚信，随意违约是农地承包权流转中常见的一类纠纷形式。[①] 合同履约不诚信主要表现在：一是农地承包经营权流转合同执行过程中，合同一方或者双方随意非法变更、解除合同。这里合同违约有农户违约的，还有农业经营公司违约的[②]。由于农业经营露天性、广布性、边界模糊性等，导致农业生产经营主体维权困难。[③] 二是签订了流转合同的农地经营方，在合同期满后，未能按照合同约定的时间或约定条件交付承包地。[④] 三是农地经营方擅自改变了土地性质，用来从事房地产或者其他非农建设，破坏了土地原有的样貌。[⑤] 四是土地流转合同履行不规范。在实践中，经常会出现在签订合同的时候，未充分考虑到土地价值的变化，进行了土地置换等行为，

[①] 在农村土地承包经营权流转合同纠纷中，合同违约是较为常见的纠纷形式。由于缺乏对土地流入方的资信、经营能力的审查，当流入方因资信不足、经营能力欠佳导致管理不善无法按时支付土地流转费用时，只能终止流转合同。此外，部分土地连片流转用于规模生产，修建水利、道路、房舍等设施，势必要改变部分土地面貌和用途。由于合同中缺乏相关规定，部分农户以地貌改变为由请求解除流转合同，影响流入方的利益。

[②] 由于信息的不对称，农户对农业经营公司的营业能力不了解，无法判断其诚信情况和营业能力，一旦农业经营公司经营失败，往往选择逃跑，导致农民的土地权益受损。这深层次的原因还在于农业经营的不稳定性和农业经营保险业的不发达。

[③] 形成的原因在于法不责众和农业经营的特殊性。农业经营的露天性、广布性、边界模糊性导致维护农业经营者的正常生产经营权益非常困难，亦即打击这方面违法犯罪的难度很大，一旦流入土地的农业经营主体"得罪"（不管是否合法）了土地流出者，则可能招致诸如削断庄稼、弄破围栏、损坏机器等报复，而这些轻度的违法行为极难得到依法处理。再者，抬头不见低头见的农村，因农地流转产生矛盾，则会招致以其他事件为借口的打架、不合作事件，使租地者的经营环境恶化。所以，合法"不合理"的现象一旦出现，规范化的合同也很难被执行。

[④] 例如，农户未按照合同约定的时间或条件将标的物交付给土地专业经营公司经营使用，或者逾期交付、拒绝交付等行为给农地经营主体造成经济损失。

[⑤] 例如，有的土地经营方由于建筑、取土、采矿以及其他不合理使用土地的行为，造成土地荒漠化、盐渍化、破坏耕作层等，严重破坏了耕种条件。

一旦土地升值，相应的矛盾立刻产生。^①五是行政干预导致流转合同履行不能。由于宏观政策调控等，流转合同升值或者其他原因，引起农地流转合同不能如约履行。

第四节　农村土地承包经营权流转登记制度不完善

一　土地确权登记法律规定模糊

我国土地确权登记法律规定模糊，土地确权登记规则缺乏系统化的顶层设计。主要表现在：一是我国法律框架体系中，关于农地流转登记备案的法律规定较为混乱。我国法律上对于农村土地承包经营权确权的方式、期限、内容、标准等，没有统一的规定。《农村土地承包法》第 23 条规定，"县级以上地方人民政府应当向承包方颁发农村土地承包经营权证，并登记造册，确认农村土地承包经营权"，但根据《土地管理法》第 5 条、第 11 条的规定，国务院土地行政主管部门统一负责对"依法用于非农建设的集体土地"确认集体土地建设用地使用权，国土资源部颁布的《确定土地所有权和使用权的若干规定》《土地登记规则》中也没有农地使用权的内容。^②例如，有些地方在土地确权承包证期限一栏写着 30 年，有的地方则写着"长久不变"字样，但是目前关于"长久不变"的具体含义法律政策没有明确的解释。二是土地确权由于农地权属争议而制约了权利实现。根据现行的法律规定，类似农村土地这样的特殊主体确权，是以土地承包经营合同为要件，而不是土地登记证书，因此，会出现土地确权与合同主体不一致情形，引起了土地权属的争议，进而给土地确权造成了困难，限制了农民土地

---

① 例如存在先流转后委托的问题，委托书未明确流转价格的增长机制，置换调地村民没有及时签订协议等。

② 袁松达、郑朝龙：《我国农村土地承包经营权登记制度的完善》，《中州学刊》2013 年第 2 期。

权益的实现。[①] 三是土地确权变更非正式，容易造成合同履行违约。法律对于土地确权变更的规定基于当事人自愿原则，而未辅以其他条件为约束，仅以变更不能对抗善意第三人为后果说明，不具有违约惩罚性的裁判内容，这样的规定容易造成流转协议随意撤销的风险。

二 土地确权操作法律规则不明

农地承包经营权流转登记制度的设立，从政府角度而言，可以加强对土地流转的规范和管理，稳定土地权利关系，保障农民对土地长期使用的基本权利，在此基础上，激发农民从事农业生产的积极性，提高农地利用价值。根据农地登记的法律可以看出，未经登记的土地不能对抗善意第三人。[②] 农村土地确权的主体为乡级人民政府或者县级以上人民政府，土地管理部门作为人民政府的职能部门，具体承办确权工作，对确权的意见和建议，要报同级人民政府做出决定。[③] 实践中，土地确权制度和法律中存在很多模糊不清的地方，土地确权中操作性法律规则不确定，无执行依据和统一衡量标准，导致执行中"擦边球"现象不断出现。例如，在确权中，"证地不符"的情况时有发生，一些村民实际占有的土地面积和农户承包证书上的地块不一致，一些农户可能会对集体荒地进行私自开垦，由于缺少完善的法律政策，导致一些确权、清产等行为没有具体章程可遵循，可能给一些借改革之机牟利的人员留下了可乘之机。[④] 另外，一些地方无法标定土地权属界址

---

① 这与物权法中不动产物权都需要通过登记才能设立的规定相违背，也是土地承包经营权登记制度不健全的法律起源。

② 《土地管理法》第 16 条规定："土地所有权和使用权争议，由当事人协商解决；协商不成的，由人民政府处理。单位之间的争议，由县级以上人民政府处理；个人之间、个人与单位之间的争议，由乡级人民政府或者县级以上人民政府处理。当事人对有关人民政府的处理决定不服的，可以自接到处理决定通知之日起三十日内，向人民法院起诉。在土地所有权和使用权争议解决前，任何一方不得改变土地利用现状。"

③ 王晓征：《农村土地确权问题探讨——以豫东地区为例》，《商丘师范学院学报》2015 年第 2 期。

④ 管建涛、宋晓东、林超：《农村集体产权改革遭遇"难啃的骨头"》，《经济参考报》2018 年 1 月 8 日。

点、线，较难解决的土地权属争议问题被搁置。因此，农地流转登记制度的改革，首先应是登记机关体制机制的改革，从登记信息的录入，格式，设备，系统的统一建设等入手，完善土地登记制度和登记体系，促使农地流转登记与市场真正的相匹配和适应，进而推进土地流转制度的完善。（见表4-1）

表4-1　　　　　　　　确权登记中可能遇到的操作性问题 ①

问题	具体细节
1.集体机动地问题	集体机动地由农户暂时耕种的如何确权？集体机动地履行了发包程序发包给农户耕种的如何确权？
2.地类发生变化问题	未经国土部门批准擅自变更地类的土地如何确权？
3.土地互换问题	同一集体经济组织内成员交换承包且没有签订互换合同的如何确权？不同集体经济组织成员之间交换承包地的如何确权？
4.耕地征占用问题	国家征占集体土地且尚未支付补偿款项的如何确权？集体建设或公益事业占用承包耕地，且只纳入规划并未实际占用的，如何确权？集体土地征占后，由于面积计量标准不一致导致的"有地无面积"的集体耕地如何确权？农户承包土地部分被征占后剩余土地面积如何计算和确权？
5.承包耕地调整问题	在《农村土地承包法》实施前进行耕地承包经营权调整的如何确权？在《农村土地承包法》实施后进行耕地承包经营权调整的如何确权？
6.土地四至边界打乱问题	因土地流转或整理而打乱四至边界的如何确权？
7.开荒地问题	在原承包地周围开荒的土地如何确权？在集体四荒地上开垦的土地如何确权？
8.农民建房占用承包耕地问题	经国土部门批准在耕地上建设住宅用房的如何确权？原宅基地复耕的土地如何确权？未经批准私自建设住宅用房的土地如何确权？
9.毁损耕地确权问题	因自然灾害毁损无法复耕的耕地如何确权？因取土采石等造成耕地毁损的如何确权？
10.分户、并户确权问题	户籍由一户分为多户如何确权？户籍合并是否可以以合并的土地承包经营权进行确权？
11.有纠纷土地确权问题	存在争议或纠纷的土地且一时不能解决的，如何确权登记？

---

① 中国行政体制改革研究会研究部编：《行政体制改革行与思》，国家行政学院出版社2015年版，第111页。

三 土地流转确权登记流于形式

农地流转登记制度具有对流转的效力和形成法律关系进行公示和公信的作用，通过农地流转确权登记，能够降低农地交易中产生的制度性成本，减少市场信息不对称产生的成本，进而降低因土地权属而产生的各类纠纷。然而，当前我国农地流转承包经营权变动产生的是意思主义而非登记主义，根据现有法律可以看出，[①] 对于采取其他方式流转土地承包经营权的并无规定土地承包经营权登记，在登记效力上采用的是公示对抗要件主义，而非生效要件主义，这种制度上的冲突给实践流转埋下了许多纠纷隐患。[②] 容易让土地流转主体忽略登记的重要性，并且造成农地权利的不确定，不稳定，市场预期不明确。

第五节　农村土地承包经营权流转抵押制度不健全

一 抵押担保法律政策的冲突

近些年来，在农地流转鼓励性政策引导下，促进农村土地规模经营，探索开展农村土地经营权抵押贷款试点改革创新，推动农村经济发展。然而，对于农村土地承包经营权的抵押融资，政策更多地强调

---

① 《农村土地承包法》第 22 条规定："承包合同自成立时生效。承包方自承包合同生效时取得土地承包经营权。"第 23 条进一步规定："县级以上地方人民政府应当向承包方颁发土地承包经营权证或者林权证等证书，并登记造册，确认土地承包经营权。"第 27 条还规定了土地管理部门有对土地的流转予以登记的义务，在第 38 条又规定："土地承包经营权采取互换、转让方式流转，当事人要求登记的，应当向县级以上的地方人民政府申请登记。未经登记，不得对抗善意第三人。"

② 《农村土地承包经营权流转管理办法》不健全的登记制度，必将导致农村土地承包经营权内容不确定、效力不稳定和交易安全无保障等问题，这就导致了实践中很多土地承包方对于土地承包经营权的登记未给予足够重视，大部分土地承包经营权的设立和流转并未在农业部门办理登记手续，若一方违约，因没有登记而无法形成有效的约束机制，从而无法按照预先约定的条款追究其违约责任，另一方则无法取得应有的赔偿，严重影响了农村土地承包经营权流转秩序。

价值取向，与现行法律体系框架上存在障碍和冲突。主要表现：一是鼓励流转同时又限制土地权能。例如，一方面大力推进农地成片，适度规模经营，而与此同时关于农村土地承包经营权抵押缺乏法律效力，我国法律对农村土地承包经营权抵押采取了很严格的区别对待。[①] 法律上关于农地抵押限制性、冲突性的规定使得银行办理土地承包权抵押贷款业务存在一定的法律风险。二是中央政策对农地抵押采取了许可的态度。[②] 相比较法律而言，政策更多的是具有引导性功能，政策性规范不能作为农地权利抵押依据，在政策落地过程中，没有具体法律提供保障和操作依据，致使实施困难。三是农地承包经营权抵押处置难，足额抵押实现较难。实践中银行等承担农地抵押试点改革任务，采取的折中的办法，在农地抵押上，也将其价值进行"折中"，而未实现农地流转抵押应有的价值。[③] 四是配套法律政策不完善，对可能出现的风险无应对保障机制。因为农地流转抵押风险高，程序复杂，缺乏相应的法律保障，各地在创新中，人为地提高门槛，增加了抵押成本和制

[①] 例如，法律规定四荒地等土地可以抵押，而以家庭承包方式取得的土地承包经营权设定抵押权不得抵押。《农村土地承包法》第49条和《物权法》第123条规定，通过招标、拍卖、公开协商等方式承包荒地等农村土地的，该土地承包经营权可以以抵押方式流转。而《担保法》第34条、第37条规定，耕地、宅基地、自留山、自留地等集体所有的土地使用权不得抵押。《农村土地承包法》第32条、《物权法》第128条规定：通过家庭承包取得的土地承包经营权可以依法采取转包、出租、互换、转让或者其他方式流转。该条规定的流转方式并不包括抵押。《最高人民法院关于审理涉及农村土地承包纠纷案件适用法律问题的解释》第15条规定，"承包方以其土地承包经营权进行抵押或者抵偿债务的，应当认定无效。对因此造成的损失，当事人有过错的，应当承担相应民事责任"。

[②] 2013年11月党的十八届三中全会《关于全面深化改革若干重大问题的决定》中指出，要"稳定农村土地承包关系并保持长久不变，在坚持和完善最严格的耕地保护制度前提下，赋予农民对承包地占有、使用、收益、流转及承包经营权抵押、担保权能"。为了落实中央文件精神，2016年印发《农村承包土地的经营权抵押贷款试点暂行办法》，推进农村承包土地的经营权抵押贷款试点改革。

[③] 政策不稳定性影响当事人合理预期，农村土地经营权流转的预期收益远远不能满足种植大户及合作社资金需求，需要增加其他不动产抵押，但实际上不动产往往手续不全很难实现有效抵押，抵押物处置更是难上加难，银行也可能由于担心法律风险，缺少参与农地抵押贷款业务创新的积极性，阻碍了土地承包经营权抵押贷款模式的顺利实施与推广。

度性障碍。[1]

二　农村土地评估机制不完善

科学合理地估价，有助于农村土地承包经营权流转的市场价格的形成，为农地进行抵押提供参考，并为正常的土地流转法律关系的建立提供保障。农村土地流转市场机制缺乏限制了权利流转和土地财产性权益实现。具体来说，主要是缺乏农村土地权利交易的组织机构、农村土地价值评价机构、农村土地金融市场等。我国农村土地抵押评估机制不完善主要表现在：一是缺乏权威统一的土地评估规则和操作依据。在当前已经开展的农地承包经营权抵押试点改革中，并没有形成统一的土地承包经营权评估规则和机制。二是专业化的评估机构供给不足。缺乏专业化的土地评估机构参与土地承包经营权的抵押融资过程。由于农地评估机制的不健全，农地经营权的抵押价值难以确认，进而阻碍了农地承包权抵押的开展。三是农村土地抵押评估平台建设滞后。土地信息平台建设不足，信息共享机制不完善，土地交易市场发育不成熟。四是农村土地抵押管理制度不健全。负责抵押登记部门的部门不统一，职能不明确，登记流程不规范、登记效力不确定。五是缺乏农地抵押权利实现的保障机制。例如，农村宅基地实施"一户一宅"政策，将农房进行抵押贷款之后，一旦出现农户无力偿还贷款，银行的债权如何实现、农民的居住权如何保障、农户权益如何保障等问题就成为抵押担保配套体系亟须完善的内容。

三　农业投资融资机制不健全

民事主体因财产权属不明正请求有关行政机关予以确认，或正诉

---

[1]　为了规避法律风险，多数试点地区都进行了创新，包括方式、程序、相关制度等，利用法律允许的"土地流转"实现"土地抵押"担保贷款，结果使得农地抵押贷款的程序非常复杂、手续非常麻烦，人为地增加了农村土地承包经营权抵质押贷款的交易成本和复杂性。

请人民法院做出确认判决，或正申请仲裁机关做出仲裁，在行政机关、人民法院、仲裁机关尚未做出终局决定之前，其上不得设定抵押权。[①]因为农村土地承包经营权流转中，往往权属不清，主体不明，导致抵押权利受限，投融资机构也在业务创新上开拓空间不足。实践中，接受农地抵押融资的机构基本都是由地方政府指定的当地金融机构与土地承包经营权抵押人签订合同，发放贷款。这些参与农地承包经营权抵押模式创新的金融机构一般是农村信合联社或地方银行、部分商业银行，政府往往只是下达改革任务，无相应的政策激励机制保障，投融资机构交易成本较高，运作风险较大，资金或规模偏紧，贷款投放能力受限。如果法律仅仅开禁土地承包经营权抵押，而不根据金融抵押的运行规律进行巧妙的制度创新，虽然可以在一定程度上降低金融机构的经营风险，但却不能从根本上解决土地承包经营权抵押业务对金融机构的有效激励问题。[②]另外，在进行农村土地承包经营权抵押制度创新中，相应的农业保险制度改革并未跟进，农业经营保险业务不发达，不能为土地抵押提供担保和分担风险。

第六节　农村土地承包经营权流转救济制度不健全

一　农村土地流转服务机构市场供给不足

成熟的土地流转交易服务中介，是农地流转市场形成的重要因素。农村土地权利自身的特殊性，使其与城市土地交易存在很大区别，更是与一般普通商品交易规则和程序差别巨大。农地权利交易运行的规则和程序复杂，操作难度高，涉及利益主体多，所以对于交易服务中介具有很高的要求。交易主体素质的水平不一，交易程序的复杂要求，

---

① 叶知年：《论我国农村承包的土地经营权抵押法律问题》，《重庆工商大学学报》（社会科学版）2018年第1期；高圣平：《担保法论》，法律出版社2009年版，第297页。

② 郭继：《土地承包经营权抵押的实践困境与现实出路——基于法社会学的分析》，《法商研究》2010年第5期。

农地流转交易中介具有很强的专业性，完善的服务能力和机制，能够提供全面的服务业务。然而，我国目前针对农地流转提供专业服务中介较为匮乏，有的只能提供土地流转某一环节的业务，而无法形成整个产业链上的对接。另外，对于服务质量和水平，国家也没有相应的考核标准和参考依据，市场良莠不齐。现有的流转市场不成熟，中介水平不高，素质不齐，土地流转仅限于本村内部，不能跨区域有效地开展。

二　法律服务机制和纠纷解决机制不完善

目前解决农村土地承包经营权流转纠纷，依据这一规定当事人可以选择自愿协商、要求调解、申请仲裁和提起诉讼四种途径。[①] 这几种纠纷解决方式也都存在一些缺陷，实践中解决流转纠纷效率不高。协商时由于缺乏第三方的调停、劝导，双方当事人常常各执一词，难以接受对方意见。而调解时，本应以公正独立的第三方出现的村民委员会或乡镇人民政府，其本身往往在管理土地承包经营方面存在缺位，并且这种缺位还有可能是造成纠纷的原因，因而这些机构很难胜任居中调解者的角色，导致纠纷久调不决。对仲裁方式而言，由于多数县、区未建立仲裁机构，也缺乏规范的仲裁规则和工作制度，农村土地承包经营纠纷仲裁不同于普通仲裁，既不是一裁终局，仲裁机构也不能强制执行其裁决，裁决结果缺乏权威性，导致此种方式也难以发挥应有的作用。[②] 以上三种方式之间，尤其是诉讼与非诉方式之间，往往缺乏有效机制衔接，无法形成合力。另外，进行诉讼层面，实践中也是存在较大的障碍，诉讼纠纷解决机制不通畅。主要表现为：一是法律工作人员数量不充足，分布不合理，法律工作人员占农村人口的比重非常低，而且法律工作人员基本上集中在县城，不方便农民寻求法律

---

① 付薇：《审判视角下的农村土地承包经营权流转》，《审判研究》2013年第19期。

② 付薇：《审判视角下的农村土地承包经营权流转》，《审判研究》2013年第19期。

服务。二是法律服务面窄。农村中的法律工作者基本上是案件发生后去解决纠纷,服务对象也大都是案件的当事人,面向农村集体组织和一般群众的咨询服务少。三是法律援助不足。我国现行的法律援助适用范围有限,难以覆盖农村大量的贫困人口,在资金和力量的支持上也显落后。四是调解制度尚需规范和加强,民间调解和行政调解曾对化解民间矛盾起过很大的作用,但近年来其积极性和力量有所减弱。

三 基层组织纠纷化解作用未能充分发挥

村委会是农地流转最基层最直接的组织,但是在农地流转矛盾纠纷中,村委会的作用没有充分地发挥,村委会本身没有建立完善的流转管理制度,村与村之间也没有良好的互动衔接机制,对土地纠纷进行及时有效的化解。对于农地的流转,村委会也往往未充分发挥其基层组织协调作用,农地流转大多处于无序混乱状态。与此同时,随着城镇化推进,村委会的基层作用在明显弱化,对群众的影响力、说服力、号召力也在日益下降。一些本可以在村委会解决的小纠纷,农民直接诉至法院,增加了纠纷解决成本和法院的审判压力。更有甚者,有些村干部在利益面前,胡乱作为,从而激化矛盾,最终产生刑事案件。

本章小结

(1)我国的农村土地流转法律关系较为复杂且不稳定。这有历史的原因,也有制度安排上的不足。从新中国成立以来的土地政策演变路径上看,我国的土地法律关系与阶段性土地政策密不可分。而政策大多是具有指引性的作用,具有不稳定性和不可预测性,因此,以政策为依据而形成的土地法律关系也多呈现出不稳定性。实践中,因政策不稳导致农村土地承包经营权流转合同关系的调整,进而引发一系列的土地矛盾纠纷。例如,我国为了促进农村经济发展,或者是为了解决某一阶段的发展矛盾,通常会以试点改革的方式进行一定范围内的制度改革和创新，出台临时性的政策，这些政策措施从设计和推行上通常较为灵活，有些是没有法律依据甚至是与现行法律规定相违背的。

（2）我国农村土地承包经营权流转不规范。主要表现为五个方面：一是土地承包经营权流转主体不规范。流转主体的权利义务指向不清晰，法律关系混乱，流转合同主体不适格，农地流转合同主体多元等。主体不规范导致流转主体"缺位""越位""越权""侵权"的现象层出不穷，损害农民土地权益。二是土地流转权利不确定。由于主体的不确定，导致土地法律关系不稳定，无论是土地流出方还是土地受让方对于土地权利处于一种不确定状态，导致工商资本下乡预期不确定，对土地的投入动力明显不足，土地流转后"非农化""非粮化"倾向明显。三是土地权责边界不清晰。我国农村承包经营权流转存在主体权利义务不明确、土地经营权属性模糊、土地权利与权利之间边界不清晰，致使土地流转主体的权益不能有效保障。例如，以"承包地经营权"入股土地股份合作社，没有健全的制度规范利益相关方权利义务，存在"出资不实"的潜在风险，降低了农村土地财产性权利的流通性，制约了金融机构开展股份合作社融资的积极性。四是土地流转方式规定不明。流转内容欠缺法律规定，流转方式内涵和外延不清，以其他方式流转的规则模糊，流转缺乏可操作的法律依据。五是土地流转程序不规范。

（3）农村土地承包经营权流转合同欠缺规范。一是流转的合同法律规则不完善。流转合同性质不明，有些法律规定之间存在冲突，流转合同制度不完善，例如农村土地承包经营权入股合同、抵押合同和转让合同等欠缺详细的法律规定，在具体实施中出现各类纠纷和矛盾，并缺乏纠纷化解机制。二是农村土地承包经营权流转合同履行不诚信。由于农地经营的特殊性、经济利益驱使、国家政策调整、信息不对称、欠缺法律依据等原因，导致农地承包经营权合同在实际执行中往往履行难，合同双方单方或者双方肆意撕毁合同，不如约履行合同、不按时归还土地标的物等现象频出。三是农村土地流转运作手续不规范。土地流转较为随意，给后续的规范流转埋下诸多隐患。

（4）土地承包经营权流转抵押制度不健全。现有的法律关于农地承包经营权抵押规定不明、相关条款与土地流转制度改革创新政策之间存在冲突，农地抵押业务标准和操作规则欠缺，农地承包经营权抵押评估市场不成熟，评估标准和机制不完善，农地抵押成本高、风险大，农业投资融资机制不健全，金融机构市场预期差放贷不积极、农地承包经营权抵押保险制度不完善和产品不丰富等，[①] 阻碍了农地流转抵押权的实现。

（5）农地承包经营权流转相关制度衔接不通畅。主要表现在：一是农村土地承包经营权流转登记制度不完善。现有法律对土地确权登记的规定比较模糊，欠缺具体的流转确权操作法律规则，土地流转登记流于形式。二是农村土地征收征用制度不补偿制度不完善。现有的法律规定关于土地征收的范围模糊，国家与农民之间的利益边界不清晰，程序不完善导致政府征收征用权力滥用等；征收征用补偿分配标准较低、没有统一规则、土地征收保障配套机制不完善等，导致土地以征收形式进行流转的矛盾和社会问题突出，引起广泛的社会矛盾，甚至造成群体性事件。三是农村承包经营权流转救济制度不健全。农村土地流转专业的服务机构缺乏，市场较为混乱，土地纠纷解决服务机制不健全，纠纷解决途径较少和相互之间协调性差，基层组织化解纠纷的作用未充分发挥。

---

① 金融机构积极性不高的原因主要是，出现违约时，他们处置大棚、土地使用权等抵质押物时，只能寻找同行业或同村的经营业户或村民接手，资产转让较为困难，风险处置效率低下。新型农业经营主体贷款存在着保证困难、申请程序烦琐、交易成本偏高等问题。

第五章

完善农村土地承包经营权流转制度建议

新一轮农村土地流转 制度改革的重点应当是加强产权流转配套保障和推进农村资产市场化运作并重。一方面应该是增加农村经济公共服务保障制度的建设，提升农民对发展规模经济和农村产业经济认可程度，加强农民土地权益保障，从而降低家庭对土地流转和退出后农村权益的后顾担忧，增强预期收益的信心。另一方面应完善农村土地经营权流转政策，深化土地所有权、承包权、经营权三权分置的保障制度机制，加快建立健全农村土地流转市场服务体系，在自愿流转的原则下，降低农民对农村和农业的依赖度，提高农民土地流转的意愿。

第一节　明确农村土地承包经营权流转法律关系

稳定的农地承包经营权流转关系，有利于土地权利的确定，提高农业生产经营者市场预期，促进土地良性流转。明确清晰而具有可操作性的农村土地承包经营权流转法律关系，是土地承包经营权流转制度完善的前提与基础。因此，完善和健全承包经营权流转制度，首先要明晰土地承包经营权流转法律关系要素。

通过科学界定农村承包土地所有权、承包权、经营权内涵、权利边界及相互关系，建立规范的"三权"分置办法和高效的运行机制，健全归属清晰、权能完整、流转顺畅、保护严格的农村土地产权制度，优化土地资源配置，培育新型经营主体，促进适度规模经营健康发展。

一 明确农地承包经营权流转法律主体

我国《宪法》《物权法》《农村土地承包法》《土地管理法》《农村土地承包经营权流转管理办法》等法律都确立了农村集体土地所有权制度，规定了农地流转的权利主体。[①]《民法总则》的第 96 条明确规定农村集体经济组织为特别法人，从而赋予其真正的法人资格，结束了其因法律上地位缺失而面临的登记困惑和身份尴尬的局面，集体经济组织从此拥有了一张依法参与市场经济活动的"通行证"。[②]在市场经济机制中，土地产权通过流通实现交换价值，这个过程实际上是由众多的市场主体参加的财产流转的运动，不仅有法人参加，也有合伙、家庭农场、农业经营公司、城镇下乡农地经营者众多主体形式参加，完善合同主体制度，可以使得上述主体均具有合同主体的资格，同等身份地受到合同法的规范和保护，这对于我国城乡土地统一市场制度的确立显然是十分重要的。

第一，法律明确农地承包经营权流转主体的范围，确定新型主体的法律地位。目前，我国农村土地承包经营权流转主体多元，在土地流转中，除农户内部进行土地流转外，已有更多的种养大户、家庭农场、农民专业合作社、工商企业、农业生产经营公司等参与流转。现有法律虽未明确规定可以参与土地流转的主体范围，但是基于经济发展和交易习惯，应该从组织上囊括各类新型土地经营者，并采用分类原则区别对待。从民事法律的角度来说，法无禁止即可为，所以这些新型的主体可以作为流转受让方的主体依法依规从事农业生产。修改涉及新出现的土地经营主体的法律名称的法律条文，扩大现有法律对农地流转行为的调整对象，将各类新型经营主体统一纳入法律规范调

[①] 法律规定，农村土地承包经营权流转中，农村土地承包经营权流转的受让方可以是承包农户，也可以是其他按有关法律及有关规定允许从事农业生产经营的组织和个人。

[②] 臧之页、孙永军：《农村集体经济组织成员权的构建：基于"股东权"视角分析》，《南京农业大学学报》（社会科学版）2018 年第 3 期。

整的范围。

第二，明确农村集体经济组织土地所有权主体地位。取消法律中所有权由乡、村、村民小组三级管理的规定，统一规定由村集体经济组织行使所有权，并且对村集体的职能进行规范化，明确规定哪些权力可以行使，哪些不可以代替村民无授权行使。农村集体作为所有权的主体，不作为农村土地承包经营权流转关系的当事人，其具有对村集体土地产权进行监督、服务的权利和义务，村集体不干涉农民承包经营权的流转。^①并明确以此建立的各种法律关系的调整规则。

第三，明确流转关系中政府的职能和角色定位。用制度将政府的权力和行为规范在一定的活动范围内，避免政府过分干预土地流转，甚至成为"倒地""卖地"的当事人，其职能"错位""越位""缺位"。首先，政府应该是一个服务者；^②其次，政府是一个调控者；^③最后，政府是一个中介者。^④在新型土地权利关系中，明确政府、市场、集体等各自的法律地位及充分发挥法律赋予的权能。农村集体经济组织是土地集体所有权的权利主体，维护农村集体经济组织对承包地的发包、调整、监督、收回等各项权能。农村集体经济组织有权依法发包集体土地，有权因自然灾害严重毁损等特殊情形依法调整承包地，有权对承包农户和经营主体使用承包地进行监督并采取措施防止和纠正长期抛荒、毁损土地、非法改变土地用途等行为，有权就集体土地征收补偿安置方案等提出意见并依法获得补偿。

---

① 例如，规定农民集体所有，应当是乡（镇）、村集体或者是村内两个以上农村集体经济组织的全体农民，各级农村集体经济组织仅是土地的经营、管理者，未经过大多数农民的同意不能擅自处分土地。法律根据不同的经营主体组织形式和出资方式，明确规定土地承包经营权流转关系中各个主体的权利和义务，明确"农村土地承包权"和"农村土地经营权"的权利归属。

② 土地流转过程中，由于农村社会的相对封闭性，对土地流转的相关法律知识、相关程序的了解以及信息接收程度等都不全面。需要地方政府发挥其服务功能，加强公共基础设施建设，拓宽公共服务覆盖面，为土地流转市场的完善提供公共服务和各种公共信息。

③ 应本着"谁用地谁交易"的原则，让市场规则去调整交易双方的权利义务关系，对农村土地流转不能采取"放任主义"，要加强对农村土地市场的宏观调控。

④ 政府不能作为农村土地产权代表者的身份直接介入农村土地流转市场获取利益。

第四，完善集体所有权行使机制。引导农村集体经济组织完善集体经济组织成员（代表）会议和重大事项公开等民主议事制度，明确土地发包、组织连片流转、土地征占用及补偿分配等涉及集体土地重大事项的民主决策程序和内容，用规范的制度保障集体成员的知情权、参与权、决策权、监督权，确保农村集体经济组织有效行使集体土地的所有权。

二　明确农村集体成员资格的确认标准

农村集体经济组织成员资格的确认，是农村土地承包案流转及财产性权益分配的前提。但这份财产利益在农民收入中的比重越高，其收入水平就会越低。成员资格界定的背后是土地权利归属与土地利益的分配问题，最能体现社会资源分配的公平与正义。我国目前没有相应的法律或司法解释，对成员权资格认定予以规定，也尚未对农村集体经济组织成员权资格标准做出统一的规定。明确农村土地权利主体及对主体权利的确定，是农村集体组织成员资格确定的基础。村集体成员资格是以农地所有权为基础，是对土地权利所享有的资格。集体土地所有权作为一个"权利束"，是一个"集合"的概念，其成员的边界是敞开的，是处于一个动态变化的状态。实践中，各地创新性地设定了一系列的关于村集体成员资格认定方式和标准。[1]需要从立法上统一界定和明确成员认定细则，包括认定的条件、适用标准、确认程序及侵权救济方式等。[2]确定的规则和利益分配标准，是有效保障农村产

---

[1]　目前"成员权"的法律意义获得农民的普遍认同，并且在集体经济比较发达的地方已经基本固化或者相对固化，成为类似于"股权"的权利。集体组织成员资格的确定，应遵循农村集体的土地为其成员提供最基本的生存保障，也就是说农村居民只能在一个农民集体内享有成员的权利，不能同时享有两个或者多个集体成员的权利。

[2]　在《物权法》《农村土地承包法》《土地管理法》《农村土地流转管理办法》修订中，增加专门的章节，对于农村土地承包经营权流转中，出现的新型权利主体的范围和资格认定标准进行专门的规定，并对集体成员权资格认定设定明确的统一认定办法和规则。例如，在《物权法》第59条第1款的基础上进一步明确成员权制度，使农民享有村集体重大事项和村集体资产的决定处置权。

权制度改革中农民权益的重要手段。

在集体成员认定的制度规则制定层面，不仅重点考虑已经存在的各类成员资格认定情况，还需为新进入者设计相应的成员身份认定机制，，包括初始承包经营权的获得、土地使用的限制、进入集体后的权利和义务等，以应对土地承包经营权大量退出后集体需要新进入者进入的情况。例如，可将户口作为集体经济组织成员资格认定的参考标准。在本村出生且户口未迁出、与本村村民结婚且户口迁入本村、本村村民依法办理领养手续且户口已迁入本村的子女、经村民（代表）会议统一将户口迁入本村的，均可认定为具有集体经济组织成员资格，能够承接其他村民退出的土地。对于工商资本、龙头企业等不具备集体经济组织成员资格的经营主体，集体经济组织可通过召开村民（代表）大会的方式，讨论制定出相应的规范程序，对经营主体经营农户退出土地的条件和流程进行明确。

三　明确"三权分置"各项权利的权责边界

"三权分置"反映的是农户将自己所承包的土地由流转给其他个人或者单位经营时所形成的新的法律关系的客观形态。农村土地"三权分置"理论逻辑和实践改革经验表明，明确分离后的各项土地权利的边界和权能，是稳定承包经营权法律关系的关键。中央文件只是指明了改革的方向，但是法律上的操作措施必须稳妥可靠，必须考虑到现行法律制度本身的和谐统一等方面的规则。[①] 为此，根据我国农村土地制度变迁的规律和特点，在保留土地承包经营权合理规则基础上，结合农村社会及当前农村土地权利发展的需求和改革现实，从法律上尽快明确"农村土地集体所有权、承包权、经营权"三项权利的边界、分离后的各项权利权属、各自权能的实现方式和规则。

第一，确认农地承包权财产权属性。在"三权分置"法律结构框

[①]　孙宪忠：《推进农地三权分置经营模式的立法研究》，《中国社会科学》2016年第7期。

架下，承包权是一种依资格而享有的财产权，是农户获得和依法流转农村集体土地承包经营权的前置条件，独立于土地承包经营权的财产性权利，具有物权属性。在推行"三权分置"政策时顺势确立农村集体经济组织成员权制度，规定土地承包经营权人需支付承包费，并将承包费作为农村集体经济组织的收益在其成员之间予以分配，以使未承包集体土地的成员也可分享集体土地所有权之收益。同时，因为土地承包经营权人为取得土地承包经营权支付了相应的对价，此时法律规定的保持承包关系长久不变的制度自然能够得以顺利实现。①

第二，法定化农地承包经营权。对农户土地承包经营权的规范、界定和保护，由主要依靠政策手段过渡到依靠法律手段来规范的做法上来，通过完善对农村土地制度立法，用具有严格意义的农用地使用权取代模糊不清的土地承包经营权，并最终将农户的土地权利法定为农户对土地的当然权利。②通过法律，明确规定农民对已经取得承包经营权的土地享有稳定而受法律保护的占有权、使用权、收益权和处分权及其他所属的各项权能。在此基础上，完善承包土地的转让、抵押、继承等一系列的权利的实现规则。

第三，明确土地经营权债权属性。农地经营权是基于土地流转而产生的一种权利，农地承包经营权是受让方基于农地流转合同而对土地享有占有、使用、收益的一种权利。农地经营权是以合同债权形式表现的生产要素权，需要立法明确其契约性质或债权性质，严格限定土地经营权的利用范围，是完善农地经营权抵押权能的基础和前提。在农村土地承包经营权债权的条件下，农民享有一定收入债权的性质的权利，成为集体所有制下农地人格化的主体。其权利和义务通过合同法和债权法律关系予以保护和调整。

---

① 高飞:《土地承包权与土地经营权分设的法律反思及立法回应——兼评〈农村土地承包法修正案（草案）〉》,《法商研究》2018 年第 3 期。
② 刘敏:《农地产权制度变迁的历史分析及未来的改革取向》,《科教文汇》2007 年第 11 期。

第二节　完善农村土地流转方式和具体实现规则

一　法律明确"其他方式"的流转规则

制定一部符合我国当前国情的专门法——《农村土地承包经营权流转法》，以对现有法律加以整合，统一矛盾冲突，完善制度缺陷，填补法律空白。[①]《农村土地承包经营权流转法》的制定应当以《宪法》和《物权法》为基础。法律进一步明确农村土地承包经营权、承包权、经营权主体及相应责任、权利，明确不同土地流转形式的法律含义。对"其他流转方式"进一步明确。结合法理与未来流转发展方式及可能拓展的空间，对"其他流转方式"做出明确规定，列举出流转方式并加以规范，这样才能使这些现实中存在的流转方式得到法律上的确认，从而能够规范地运行。其一，对法律中已有的流转方式做出一些原则性规定，对新型流转方式留出法律规范空间。原则性规定主要应规定流转方式的必要条件、实现目的和后果。其二，完善对现行比较常见的几种方式的法律规定。细化传统的几类流转方式，而对于抵押和入股两类较为新型且创新模式较多的流转方式，在实践中采用越来越普遍，且法律对之规定较粗糙，所以当务之急是应当完善后两者规定。借鉴房地产交易市场和建设工程领域标准合同的做法，广泛征求改革实务界和司法界的意见，出台"农村土地承包权"流转的指导合同，实现对农村土地使用的有效监管。

二　适当扩大农地承包经营权流转范围

由于我国现行法律对农村土地承包经营权向集体外单位或个人流转在程序上的限制，使得我国当前合法的农村土地流转大多数仍然是

---

①　崔霞:《浅析我国农村土地承包经营权流转制度的缺陷》，2015 年 3 月 13 日，齐齐哈尔人民法院网。

集体内的封闭式市场：一方面，封闭式的土地流转市场使得土地流转过程中没法真正体现土地的市场价格，给土地资源的合理配置带来很大的障碍；另一方面，集体外的对土地的市场需求不会因为程序上的限制自然消灭，在不能进行光明正大的土地流转情况下，只有暗度陈仓，悄然进行，形成了我国土地流转的"黑市"。① 这主要是城市近郊和发达地区土地属性转变中，获得较大经济利益，使得农地转非农存在巨大价值空间，导致一些人无视法律规定，违法违规进行地下土地交易，土地流转缺乏有效管理和交易程序，造成集中批量爆发的土地纠纷。因此，应通过制定行之有效的操作规则，规范土地流转的地下市场，扩大土地流转范围，鼓励县域内土地流转，发展飞地经济，加强流转过程中的程序规制建设。

三　健全农村土地承包经营权流转方式

通过法律统一规定和建立农村土地承包经营权流转法律体系，整合和健全现有农村土地承包经营权流转方式。明确规定以物权流转和以债权流转两种模式下，不同的农村土地承包经营权流转的规则和实现方式。其中，按照物权流转的通过物权法律制度进行调整和规范，以债权方式流转的通过债权法律制度进行调整和规范。出台和修改符合当前改革实践需求的农村土地承包经营权流转法律法规和司法解释，包括《物权法》《农村土地承包法》《农业专业合作社法》《合同法》《信托法》《公司法》《继承法》《婚姻法》等，以及土地流转、登记、合同等相关的管理条例。建立健全农地流转监督调节机制，政府应按照土地配置的宏观社会效益对土地流转方式、内容、条件进行监督和调控。例如，在土地经营权入股上，实践中产生了优先股、先租后股、回购等方法来防范农民失地风险。建议将优先股实施细则纳入《公司法》规范的内容，作为防范入股失地风险的保障性规定。

---

① 冉华琴：《城乡统筹背景下农村土地流转问题研究》，学术论文联合比对库，2013 年 11 月 20 日。

创新土地经营权流转方式。采取委托流转、股份合作等方式，支持发展以村集体经济组织为主导的土地股份合作社，推进整村整组整畈连片集中长期流转。帮助支持承包农户将土地经营权入股发展农业产业化经营，倡导推行租金保底和利润分红结合的收益分配机制。深化土地经营权抵押担保试点，逐步推进土地经营权抵押担保工作。引导土地经营权向新型农业经营主体集中，发展多种形式适度规模经营。深化示范性农民专业合作社、家庭农场建设，提升土地适度规模经营队伍。鼓励社会化服务组织积极为经营主体开展多种形式的生产服务，实现服务规模化，提高主体经营效益。

第三节 完善农村土地承包经营权流转合同制度

一 界定农地承包经营权流转合同属性

农村土地承包经营权流转属于物权范畴，而流转合同属于债权范畴，两者的区别在于前者由后者创设，与普通民事合同相比，土地承包经营权流转合同具有特殊性，表现为合同主体特殊性、客体特殊性及合同形式特殊性。[1] 其中，主体特殊性主要体现在农地流转的流转方是承包人，成为承包人是做出土地承包权流转行为的前提。农地承包经营权流转合同客体具有特殊性。土地承包经营权流转合同的客体是土地承包经营权，权利的形式范围受到严格的限制。[2] 农村土地承包经营权合同形式具有特殊性。除了短期代耕形式外，农地流转涉及的形

---

① 黄国涛、陈希云：《肇庆法院关于农村土地承包经营权流转合同纠纷案件审理的调研报告》，2018 年 7 月 1 日，肇庆人民法院网。

② 范围限于农民集体所有或者国家所有依法由农民集体使用的耕地、林地、草地以及其他依法用于农业生产经营的土地，农村宅基地以及其他非农建设用地的使用权，尚不能成为流转的客体。

式都需要签订流转合同。①在依法保护集体所有权和农户承包权前提下，平等保护经营主体依流转合同取得的土地经营权，保障其有稳定的经营预期。在流转合同约定的期限内，土地经营权人对流转土地依法享有占有、耕作并取得相应收益的权利。在不违反流转合同约束条款的前提下，经营主体有权使用流转土地自主从事农业生产经营并获得相应收益。经承包农户或其委托代理人书面同意，经营主体可依法依规改良土壤、提升地力，建设农业生产、附属、配套设施，并依照流转合同约定获得合理补偿；有权在流转合同到期后按照同等条件优先续租承包地。经承包农户或其委托代理人书面同意，并向农村集体经济组织书面备案，经营主体可再流转土地经营权或依法依规设定抵押。

二　健全承包经营权流转合同管理制度

从国家层面统一规定的农村土地承包经营权流转合同格式。各地农业承包合同管理机构要统一制发土地流转合同文本，内容简单易懂，提高合同的规范性。强化违约责任的裁判结果，细化违约规则设计。加强农地流转合同的管理制度，完善农地流转合同备案制度，法律中规定要求备案的，须将备案作为合同成立和履行的重要因素。完善流转合同的备案程序，减少备案的制度性成本。②

在规范流转程序的基础上，根据新《农村土地承包法》修订土地流转合同示范文本，加强合同签订的指导，强调提前付款、复垦保证金、价格浮动、违约金等价格方面四要素。加强农村承包土地流转合

---

①　与普通民事合同既可以采用书面形式又可以采用口头形式不同，除不超过一年的代耕外，土地承包经营权流转（包括期限超过一年的代耕）都应当依法签订书面土地承包经营权流转合同。

②　应强化农地流转合同违约责任，在合同中应细化违约责任条款内容的设计。建立明确的土地承包经营权流转备案制度和同意制度，规范和保障合同管理。各地农业承包合同管理机构要对农村土地流转合同的内容进行审查、鉴证和指导，提高合同的合规性。要设置专门的合同档案管理专柜和专门的管理人员，完善流转合同的立卷、归档、调阅工作，提高合同的安全性和保密性。各地要进一步明确农户在土地转让中的主体地位，禁止乡、村两级组织在管理流转合同过程中，代替农户或越过农户对外签订土地流转合同。

同日常管理，将土地流转合同录入三资监管平台，并设置预警机制。定期开展流转费欠缴情况统计摸底，及时督促镇村催缴，各镇、村每年开展流转合同管理、履行情况的自查，及时发现和解决问题，切实把风险化解在萌芽状态。确立村规民约合同备案和审查制度。建立一户一册的农户家庭承包地台账，遵循自愿、公开、公平、公正原则，农户自愿申请土地承包权有偿流转和退出。规范土地经营权流转交易，深化农村产权交易市场建设，为流转双方提供信息发布、产权交易、法律咨询、权益评估、抵押融资等服务。健全市场运行规范，制定土地经营权交易规则，规范土地流转行为。通过流转合同鉴证、交易鉴证等多种方式对土地经营权予以确认，并由地方政府制发流转土地经营权证书，促进土地经营权权能更好实现。

三　完善农地流转合同履行及保险制度

农村土地进入市场顺利流转和实现交换价值，有赖于契约的有效成立和实际履行。实践中农村土地权利流转的契约形式往往过于简单和概括，或者缺乏要约和承诺制度，难以确定缔约人在订立契约时表示意思的效力，不易判定契约是否成立，时常发生纠纷，影响了农村土地交易顺利进行和定约双方权益保障，因而有必要确立专属的行之有效的有关土地权利入市的要约和承诺制度。[①] 完善农地流转契约的履行制度，对于农村土地权利入市现行法律没有统一明确的契约实际履行原则，这对于保证土地权利的有效让渡是欠缺的，但是由于片面强调实际履行原则，同样阻碍了土地权利的流转，不利于取得土地最优利用效率，加重了土地权利人的负担。土地权利通过契约合意予以转让是土地市场交易中的一种路径，其结果是使契约履行变得更为可能和现实。例如，可以探索建立农地合同履行保险制度，政府、保险公司和土地承包经营权主体签订农村土地流转履约保证保险项目合同，

---

① 李红娟:《我国农村土地权利身份性研究》，博士学位论文，中国政法大学，2015 年。

通过农村土地流转履约保证保险破解土地流转违约难题。

第四节　完善农村土地承包经营权确权登记制度

一　完善土地经营权确权登记公示制度

完善农村土地的整理登记、强化权利公示。明确部门职责，强化协调推进。强化县乡镇村的各级农业管理机构宣传职能，加强县乡农业管理机构政策性引导。按照物权公示的基本原则，对于农地流转中的土地应当依照法律规定登记。县级及其辖下乡镇国土部门应引导督促土地权利人进行土地权属登记。[①]从法律上规定确权登记的适用规则，明确其法律地位。权利证书若是由村委代农户集中统一办理的，要注意证书应发放到农户手中，并教育村民要妥善保管权利证书。对于农地流转的权利确认采用登记主义，确认形成的法律关系为债权法律关系，行为和结果受债权所调整。[②]以债权法律规定作为农地流转权利确认和纠纷矛盾解决的主要依据。

探索承包合同网签管理系统，健全承包合同取得权利、登记记载权利、证书证明权利的确权登记制度，依法开展变更登记业务，实现登记管理常态化。通过流转合同鉴证、交易鉴证等多种方式对土地经营权予以确认，并由区政府制发流转土地经营权证书，促进土地经营权权能更好实现。推广土地流转风险保障金制度，探索土地经营权履

---

① 规范制作土地权利证书，内容应当详细、明确，应当准确记载权利人的真实情况、土地权属性质、使用权类型期限及变动情况、土地的界址面积及地上附着物情况等内容。

② 农村土地承包经营权流转采用登记生效主义的立法模式，土地承包经营权流转双方根据自愿原则所签订的流转合同仅产生债权的效力，受让方所取得的使用农地的权利为债权。双方可根据流转合同，在对方侵犯自己合法权益时要求其承担违约责任。但经过登记，则受让方取得的使用农地的权利具有物权性质，不仅可以对抗流转方的侵害，还可以对抗来自第三人的不法侵害。按照规定的程序登记、备案，可以增强人们进行土地流转的安全感，扩大流转规模，同时也可以使政府掌握土地流转的实际情况，制定正确的政策措施。

约保证保险，保护流出农户及时获得土地收益。

二　完善农地确权登记配套法律规则

对我国法律、法规关于农村土地流转规定较为笼统不够明确具体、可操作性不强的条文，进行修改完善，增强执法司法的可操作性。① 根据法律规定，统一农地流转的合同文本和流转标准，完善律师介入农地流转的程序和机制，充分发挥专业人员对农地流转权利确权登记的服务作用，减少合同随意撤销的风险。② 梳理法律、法规与政策关于农地流转规定之间的关系，求同存异，建立一套统一的法律适用标准，确定农地流转权利的违约责任，并在立法中增加一些违约承担法律后果的内容，以有效地执行国家法律、法规。基层政府要优化农地管理服务体系，根据法律和当地的情况建立一套统一完整的土地承包经营权交易流程，并在政府设立专门办理此类事项的窗口。遵循现有法律关于经营权流转方面的规定，如经发包方同意、备案，经法定数量的集体成员同意，经乡镇人民政府批准等，还应包括一些事后手续，确保农地土地经营权证书、土地清册、实际流转的承包面积和所处位置一一对应。③ 充分发挥农地确权登记工作在土地流转中的制度保障作用，避免确权登记走形式，增加制度成本和土地权利流转交易风险，扭曲了制度改革的本来目标。

---

① 罗重海、禹楚丹等：《搞好土地确权　尊重公序良俗 ——湖南永州中院关于农村土地流转纠纷审理情况的调研报告》，《人民法院报》2016 年 9 月 15 日。

② 根据《农村土地承包经营权流转管理办法》（农业部令第 47 号）的规定，制定统一流转合同文本，健全登记备案制度，充分发挥"一村一律师"的律师作用，由律师指导村民依法依规进行流转行为，从源头上减少因土地承包流转行为不规范引发的纠纷。

③ 胡戎恩：《农民在土地承包经营权流转中的法律保障》，《社会科学家》2013 年第 5 期。

三　健全土地承包经营权登记簿制度

完善农村土地档案材料，确保土地确权登记公示依据完整可靠。整合确权登记业务部门，优化业务流程，提高确权登记人员的专业性和技术水平。按照《农业部、国家档案局关于加强农村土地承包档案管理工作的意见》，全面组织清理土地承包档案，着重解决土地承包方案、承包合同、承包台账不齐全及管理不规范等问题。严格执行土地承包档案管理规定，做到分类归档、分级管理、集中保管，便于公开查阅。县级人民政府农村土地承包管理部门依据《农村土地承包经营权证管理办法》建立土地承包经营权登记簿。已建立登记簿的，应当进一步健全和完善承包地块面积、四至和空间位置。未建立登记簿的，可以在现有土地承包合同、证书的基础上，确认宗地信息，并结合本轮试点工作抓紧落实。推进土地承包管理信息化，建立健全土地承包经营权确权登记颁证数据库，搭建土地承包经营权确权登记颁证管理信息平台，实现土地承包管理信息化和信息共享。

第五节　完善农村土地承包经营权流转抵押制度

一　规范农地承包经营权抵押法律关系

根据我国农地流转制度抵押试点改革实践看，各地在抵押模式上各有创新，比较典型的有：一是以重庆江津试点模式 [①]、宁夏同心县试

[①]　江津模式采取了土地承包经营权入股后再向贷款保证人设定质押的方式，它包含了政府、金融机构、担保公司和企业的介入，是一个"四位一体"的运作模式。这种形式降低了金融机构的信贷风险，同时又通过股权质押的方式绕开了我国法律关于禁止土地承包经营权抵押的规定，打了一记擦边球。在这种模式下，信贷风险被转嫁给了独立的农业担保公司，政府对在质押权实现时担保公司如何处置土地承包经营权却并无详细规定。

点为代表的结合模式^①；二是以山东枣庄为代表的土地经营权收益抵押贷款模式；^②三是以成都崇州市试点^③、山东寿光市试点、湖北天门市试点为代表的土地承包经营权直接抵押贷款模式。政策文件反映的是国家机关或政党组织在一定时间内的行为规范和行动准则，具有随着形势改变而变化的特征。建立在政策基础上的制度设计具有不稳定性，使得农地抵押的市场预期处于一种不可控状态，不利于农业投资资本的引入。为此要修改担保法相关规定，从抵押上为权利行使和权利确定提供保障。^④清晰界定"农村土地承包经营权抵押"概念，^⑤厘清和区别法律语境下的土地流转抵押所指向的内容。

二 完善农地承包经营权抵押风险机制

建立风险补偿机制。农业属于弱质产业，且风险较高，而农地抵押贷款资金规模小，在资产评估、处置机制不健全的情况下，如果风

---

① 保证担保与土地承包经营权抵押反担保相结合模式。这种模式的本质是土地经营权在集体经济组织内部的流转，其抵押方式类似反担保，其抵押权实现的结果类似转包。这种模式利用乡土社会事务处于"半透明"甚至"透明"的状况，在降低了金融机构信贷调查成本的同时，充分发挥村庄舆论和乡规村约的作用，督促贷款农民及时清偿金融机构的贷款。农户通过向土地协会抵押土地承包经营权获得的贷款，在农户无法还贷的时候强制性转化为了一定期间内的土地承包经营权流转费用，暗暗吻合了《农村土地承包法》对承包经营权流转的相关规定。并且，农村"熟人社会"的特点使得土地承包经营权的内部移交比较容易，解决了土地承包经营权处置难的问题。

② 枣庄模式在形式上采用了"土地使用权"的概念并颁发了相应权证，但抵押标的物实际上是抵押土地上现有和将有的农作物出产收益。这一法律关系的本质是动产浮动抵押和农产品期货交易的结合，并非严格意义上所说的土地承包经营权抵押。

③ 崇州模式在区分不同主体设定不同抵押条件的前提下，直接将土地承包经营权确认为抵押标的。这种方式的最大优点是允许规模经营业主用流转的土地承包经营权抵押贷款，解决了土地规模经营资金瓶颈问题，吸引更多专合组织和农业经营公司参与地方土地经营，有利于促进本地农业规模化、产业化发展。

④ 重点修改《物权法》第十六章第 184 条、《担保法》第三章第 37 条，明确农村土地的担保性质，赋予农民平等的土地财产权利，增加农村集体和农户的经营性收入和财产性收入，使农村财产抵押得到法律支持和保障。

⑤ 例如，准确区分农村土地抵押、农村土地承包经营权抵押、农村土地经营权抵押的概念。

险完全由金融机构和农户承担，就会影响双方积极性。对此，应推动地方建立市场化风险补偿机制。在试点初期，可以由政府和金融机构共同出资建立风险补偿基金，但政府承担的比例不宜过高，否则可能出现金融机构放松前置审查，甚至信贷双方合谋骗贷等道德风险。依托地方建立的农村产权交易平台构建土地经营权评估的专业化服务机制，也可以依托专业评估公司开展抵押土地资产评估工作。各地可以结合实际，制定包括土地流转价格、种植品种、设施投入、地理条件等指标的科学评估办法。设立农地经营权抵押处置机制。地方政府应切实承担监管职责和风险处置责任，重点完善县乡村三级土地流转体系，确保待处置的农地经营权能够被及时纳入土地流转体系再次流转。

三 积极培育农村土地流转中介组织

中介组织应该包括农村土地流转信息服务站、土地经营公司、土地评估事务所、土地银行、土地保险公司、土地证券公司、土地生产期货市场等，它们可以按市场化的运作来为流转主体提供咨询、代理、仲裁、融资、保险、地价评估等中介服务。这些中介组织可以有两种产生方式：一是新成立的组织，按照当地流转市场需求应运而生，二是由原有机构改造而来。一些中介服务机构或专业经济组织可由乡镇的一些"七站八所"改制而来，成为自主经营、自负盈亏的企业法人单位。中介组织的发展可以促进土地流转高效、公开、公正地进行，促进农村土地流转市场的形成。建设土地流转服务平台与规范土地流转程序相结合。首先要建立健全农村土地流转管理机构。土地流转是涉及农民土地承包权益和农村基本经营制度的大事，但当前，侵害农民土地承包权益、改变土地农业用途、随意违反土地流转合同约定、流转行为不规范等问题时有发生，因此，加强对土地流转行为的指导、监督和管理是当前形势的迫切需要，应当建立健全各级农村土地承包流转管理机构，建立土地流转合同台账和管理制度，监管农村土地流转交易行为和土地规模经营项目，强化农村土地流转过程中的物权保护，从而有效地预防农村土地流转过程中各类纠纷的发生。^①其次要建立健全农村土地流转服务机构。农户缺乏法律意识、市场信息把握不准是导致纠纷发生的重要因素，建议建立健全农村土地流转专门服务机构，为农户提供政策法律法规咨询、土地流转信息、受理流转价格评估、指导流转合同签订等服务，从而为规范土地流转打下坚实基础。特别是乡、镇政府应加强流转合同的引导和备案工作，对可能存在的风险和法律漏洞及时对农民进行提示，对已签订合同进行备案登记，引导农民规范合理进行土地流转，确保在源头上减少和预防土地流转纠纷的发生。

第六节　完善健全农村土地承包权流转救济制度

一　探索多元有效衔接的纠纷解决机制

多元化的农地流转纠纷解决机制，可以提高纠纷的化解效率，形成立体的疏通路径，防止集体性事件爆发，优化农地流转的市场环境。一是要充分发挥基层政府和村委会对农地流转纠纷的调解作用。^②二是完善仲裁机制。从法律上对农地流转纠纷仲裁机构的设立、运行等程序进行明确的规范，确立仲裁机构的法律地位，转变对仲裁机构的认识，政府从财政上给予相应的资金支持，充分发挥仲裁的解调作用。三是发挥司法裁判的作用完善诉调对接和司法确认。创新诉前机

---

① 罗重海、禹楚丹、夏宁春、石瑞婷、周纯：《搞好土地确权　尊重公序良俗》，《人民法院报》2016年9月15日。

② 农村土地承包纠纷发生在基层，其矛盾根源也在基层。从化解矛盾的角度讲，政府和民间组织的工作方式更为灵活，弹性空间更大，也更能贴近百姓，其处理效果比法院的依法判决会更容易被群众接受。因此，依靠基层调解组织，从源头上化解矛盾，避免冲突激化，建立诉讼调解与人民调解、政府调解的衔接机制，是处理农村土地承包纠纷的重要手段。

制，① 在诉调对接、司法确认之前，充分发挥农村习惯风俗、熟人社会、舆论监督等力量，节约诉讼成本，减少诉讼周期和降低诉讼成本，这无疑是人民法院完善农村土地纠纷解决机制的现实选择和努力方向。

强化乡镇调解机制建设，乡镇建立农村土地承包经营权流转纠纷调解委员会，明确成员构成、职责、议事规则等，配备调解人员。村（组）设立调解小组或指定专人调解。村里调解不成功的农村土地承包经营纠纷，再到乡镇农村土地承包经营纠纷调解仲裁委员会调解，仲裁前应由乡镇先行开展调解工作。健全土地承包仲裁机构，建立区农村土地承包仲裁委员会、设立仲裁庭、聘任仲裁员。探索建立在线调解、在线司法确认为一体的信息平台推进多元化纠纷解决机制建设，使大量矛盾纠纷通过调解等非诉方式解决，缓解了司法渠道的压力，并借助大数据、人工智能等现代科技，推动专业调解与司法确认衔接，拓宽社会力量参与纠纷解决的制度化渠道。例如，建设数字化土地纠纷调解室，建立人民法庭"互联网＋诉非衔接平台"，与社会综合治理、人民调解、基层调解、社区调解等机构信息平台对接。

二　充分发挥社会组织对纠纷化解作用

妥善解决农村土地纠纷，充分调动社会成员参与共治，建立政府主导，司法机关、土地主管部门、农业主管部门、信访局等机构共同化解纠纷的工作机制。在大力加强诉讼工作的同时，主动引导纠纷当事人参与调解，争取与当事人在友好协商中共同寻求解决纠纷的方法。同时要注意严把立案审查关。根据《土地管理法》、最高人民法院《关

---

① 充分利用新的诉讼收费办法对调解结案减半收取诉讼费用的有利条件，积极探索庭前调解制度、委托调解制度、示范庭制度，尽可能地引导当事人在平等自愿、互谅互让的基础上达成调解协议，降低诉讼成本，构建和谐秩序；完善乡村协商调解，强化村委会和乡镇政府调解的法律效力。由于这种调解协议不具有强制执行力，很多当事人在协议达成或部分履行后又行反悔，不仅造成了资源的浪费，有时还会激化矛盾，赋予这些调解协议一定的法律效力很有必要。赋予经村委会和乡镇政府调解达成的协议的效力，并对其职能进行严格的限制，防止村委会和乡镇政府在调解中不公正的行为损害农民的合法权益。

于审理涉及农村土地承包纠纷案件适用法律问题的解释》等法律法规、司法解释的规定，对属于法院受理范围的纠纷，依法及时立案受理，防止久拖不决激化矛盾；对不属于法院受理范围的，如未经政府处理的土地权属争议，以及"集体经济组织成员因未实际取得土地承包经营权提起民事诉讼的""集体经济组织成员就用于分配的土地补偿费数额提起民事诉讼的"，则不予受理，但须合理引导诉争各方通过提请党委、政府协调解决或引导当事人达成调解等方式解决。创新多元纠纷化解渠道和方式，充分发挥社会组织对土地权利纠纷的化解作用。发挥农村基层社区社会组织在农村土地权利纠纷方面的积极作用，协助提升土地流转矛盾纠纷预防化解能力。建立法律专业社会工作者与农村社区社会组织联系协作机制，发挥法律专业人士与农村基层社区治理联动的矛盾化解支撑作用。

三　发挥村规民约非正式规范微观作用

在目前农村土地纠纷处理方面，除了法律、政策对农村土地的宏观调整外，还普遍存在基于传统或者乡俗民约产生的非制度性规范。村规民约与法律之间不仅仅是合作与竞争的关系，还是延伸、扩展、补充和强化关系，两者不可偏废其一。审判实践中要正确把握好法律与村规民约的关系。正确处理法律与村规民约的关系。农村集体经济组织制定村规民约，是根据法律规定，实现法定自治权的一种方式。司法实务中尊重和支持村民自治权，确认经过合法程序产生的村规民约，只要内容合法、不违反法律的强制性规定，应当予以执行。若经审查内容违法的，对借村规民约之名侵害农民土地权益的行为应坚决依法纠正。加强对村规民约的指导和监督。在村规民约的协商制定阶段，村集体可以请当地政府或者法律专业人士参与制定过程，进行相应的法律指导，从内容和程序以及实现方式上进行审核和规范化，从源头上解决村规民约的违法而导致土地纠纷发生的问题。同时，建议规定村民委员会做出的村规民约应向当地乡镇政府备案。

本章小结

（1）完善农地承包经营权流转制度，首先要明晰的土地承包经营权流转法律关系要素。一是法律明确农地流转主体的范围，从法律上明确新型土地经营主体的法律地位。明确农村土地承包经营权流转关系中政府是一个服务者、调控者、中介者的职能。二是明确农村集体成员资格的确认标准。我国从立法上统一界定农地成员权资格认定的条件、确认程序及侵权救济方式。三是明确三权分置各项权利的权能边界。确认农地承包权财产权属性，法定化农地承包经营权，明确土地经营权债权属性。

（2）完善农村土地流转方式和具体实现规则。一是明确"其他方式"流转规则。结合法理和实践发展，对"农村土地承包权"的流转条件、程序、法律后果等方面做出详细规定。二是适当扩大农地承包经营权流转范围。取消对流转范围人为限制，扩大流转范围，加强流转过程中的程序规制。三是健全农村土地承包经营权流转方式。明确规定以物权流转和以债权流转两种模式下，不同的农村土地承包经营权流转的规则和实现方式。修改和完善涉及农地承包经营权流转规则和实现方式的法律条文。建立健全农地流转监督调节机制，政府应按照土地配置的宏观社会效益对土地流转方式、内容、条件进行监督和调控。

（3）完善农村土地承包经营权流转合同制度。从国家层面统一规定农村土地承包经营权流转合同格式。各地农业承包合同管理机构要统一制发土地流转合同文本，内容简单易懂，提高合同的规范性。强化违约责任的裁判结果，细化违约规则设计。加强农地流转合同的管理制度，完善农地流转合同备案制度，法律中规定要求备案的，须将备案作为合同成立和履行的重要因素。完善流转合同的备案程序，未经备案的不具有法律效力。建立对村规民约的审查机制，加强对村民自治的引导和监督。

（4）完善农村土地承包经营权确权登记制度。一是完善土地经营权确权登记公示制度。二是完善农地确权登记配套法律规则。对我国法律、法规规定较为笼统不够明确具体、可操作性不强的条文，进行修改完善，增强执法司法的可操作性。三是健全土地承包经营权流转登记簿制度。健全登记簿，颁发权属证书，强化土地承包经营权物权保护，为开展土地流转、调处土地纠纷、完善补贴政策、进行征地补偿和抵押担保提供重要依据。

（5）完善农村土地承包经营权流转抵押制度。一是规范农地承包经营权抵押法律关系，理解和区别法律语境下的土地流转抵押所指向的内容。二是完善农地承包经营权抵押风险机制。例如取消土地承包经营权转让中有关"发包方同意权"的限制性规定，允许家庭承包方式取得的土地承包经营权用于抵押等。三是积极培育农村土地流转中介组织。建立健全土地经营权价值评估体系，成立土地经营权价值评估机构，建设土地流转服务平台与规范土地流转程序相结合机制。

（6）完善农村土地流转金融服务制度。需要一方面加强与现有法律法规和政策的衔接，另一方面提高体制机制的协调性。主要包括两个层面：

其一是将政府为农村土地流转制度创新、农业经营企业增信行为纳入法制化、规范化轨道。我国的法律规定政府机关不得为保证人，例如，有的地方农地流转模式改革中，设立企业扶持基金为企业转贷以及"政银保""助保贷"为农创企业增信等做法，跟国家法律是相冲突的。事实上，目前国内不少地区都是通过政府财政或政府性融资平台出面担保来解决小微企业融资难的问题，并且实践证明政府为农创企业增信确实是一个行之有效的办法。建议修订《担保法》等有关法律，解决改革探索与现行法律相冲突的问题，将政府为农创企业增信行为纳入法制化、规范化轨道。

其二是从工作层面上推广市农村金融创新经验需要注意区域差异性和推广形式。推广农村金融改革创新的经验，至少需要以下条件：一是农村人口多，农业发展有一定基础，农民创业积极性较高。二是地方政府财力较强，能够安排一定资金为农创企业提供增信和担保。建议在全国农业大县（市）中选若干财政实力较强的县（市）进行推广，分步推进；推广形式灵活运用。及时形成地方农村金融改革创新经验做法案例，以案例形式推介，供有关推广地区参考。三是与有关部门协调，出台与现行法律相冲突的一些有益改革探索的司法解释，报请国务院和全国人大推进有关法律法规修订工作。

完善健全农村土地承包权流转救济制度。一是探索多元有效衔接的纠纷解决机制。充分发挥基层人民调解组织和基层政府部门的调解作用，依靠基层调解组织，从源头上化解矛盾。建立诉讼调解与人民调解、政府调解的衔接机制。改革和创新司法体制机制，发挥司法裁判的作用完善诉调对接和司法确认。完善乡村协商调解，通过一定程序和规范，确认村委会和乡镇政府调解的法律效力。二是充分发挥社会组织对纠纷化解的作用。建立党委领导、政府主导，司法机关、土地主管部门、农业主管部门、信访局等机构共同化解纠纷的工作机制。三是发挥村规民约非正式规范微观作用。正确处理法律与村规民约的关系，加强对村规民约的指导和监督。规定村民委员会做出的村规民约应向当地乡镇政府备案。

从我国农村土地制度改革过程来看，改革 40 多年来我国农村土地政策始终围绕着两种关系而展开：一是土地权利关系，即通过土地权利法律关系的调整，满足以土地为载体的权利主体的利益需求，进行权益的分配和规范，调动各主体参与经济发展的积极性。二是农村集体和农民的土地财产权关系，通过激活集体土地要素，提高农民财产性收益，促使现有的土地制度更好地适应农村经济发展的需求，加速推进农业现代化进程。国家制度的变化往往会呈现出一定的路径依赖性特征和文化传承的特征，当制度发生变迁与选择时，其将会不断地进行强化，并以此为基础顺着既定轨道不断地发展。[①] 由于法律是相对稳定且往往滞后于社会发展，而制度的改革创新往往是基于实践探索或者主体利益诉求不能得到满足，出现了既有制度安排与社会经济发展不协调甚至相矛盾的困境，农地权利制度改革在此表现得尤为突出。从本质上看，农村土地制度改革是"契约关系"代替"身份关系"的过程，农村土地承包经营权的"三权分置"政策也是基于这一脉络而不断地趋于成熟。

从农村土地承包经营权制度演进的路径来看，一直是市场需求引领政策做出转变，基本的路径是"实践需求—改革创新—出台政策—法律确认"。我国的农村土地承包经营权制度来源于人民群众在实践劳

---

① 李红娟、刘现伟：《农村产权治理机制创新释放改革发展新动能》，《全球化》2017 年第 11 期。

动生产过程中的自发创造，因其契合中国经济制度改革的发展和需要，转变成了多项政策推动其发展和形成的一项制度，最终由政策上升成了一项基本的土地制度。但是，政策具有内在的不稳定性和不可预测性，经常会因为经济发展需要或者社会某种集体的诉求而进行政策的调整和干预，这就使得农地流转法律关系处于一种不稳定的状态，缺乏立法上合理稳定的规范，为土地承包经营权流转中的矛盾和纠纷埋下了隐患。

城乡发展不平衡、农村发展不充分，农地产权保护制度体系薄弱是当前我国社会发展主要矛盾的突出表现。从总体上看，我国农地承包经营权流转范围小，规模不大，流转不充分，法律制度不完善。其中，封闭流转、私下流转、未符合程序流转、无书面合同流转、无法可依、有法不依、执法不严、法律依据欠缺等问题较为突出。在实际流转中任意性大，信息不对称，流转后合同不履行，随意撕毁合同、调整期限、改变合同标的额等现象频频发生。较之国有土地产权流转，农地承包经营权流转无价格、无市场、无法律上的平等地位。

从农村土地流转概念进程上看，农村土地承包经营权流转既非法律术语，也非严格意义上的学术术语，而是一个政策性语言。从土地权利归属的角度看，农村土地承包经营权流转，包含两个层面的含义：其一是不改变土地用途的情况下，土地权利的主体发生了变化，农村土地承包经营权在不同权利主体之间的流动，这是一种基于土地利用关系改变的流转。例如农村土地承包经营权在集体内部转包、农村集体建设用地转让等。其二是指土地用途和土地权属均发生了改变的流转，这种方式的流转彻底改变了农村土地承包经营权的所有权关系，例如土地征收。本书研究的农地承包经营权流转范围，指的是第一个层面所讲的农村土地承包经营权的流转，是基于农村土地承包合同性质，在自愿的基础上所发生的土地利用关系的改变，不包括行政干预下土地权利关系的调整和改变（例如土地征用、征收、村组合并与分立等）。

权能分割是在现行的农村土地立法体系下，实现农村土地权利效用最大化的权利行使方式。农村土地权利从两权分离到三权分置，既是城乡一体化发展背景下农地产权制度对法律关系调整的一种需要，也是农村经济发展下农地权利制度安排的一次重大改革，该项改革的目标应当是建立一套有利于实现城乡土地权利体系统一，实现城乡土地要素顺畅流转，实现农村土地财产性权利的土地制度体系，为农村经济发展和城乡统筹提供制度保障。目前，我国农村土地承包经营权"三权分置"制度改革正在积极推进，"三权分置"的理论起点更多地来自于经济学界与改革政策实际需要，并非法学界的权利体系构造。从法律制度安排上看，只有简单的构架设计，没有具体的理论逻辑和法律规范。农村土地承包经营权"三权分置"分的是身份权和财产权。其中，承包权是身份权，资格权，具有物权属性，经营权是财产权，具有债权属性。在当前和今后很长一段时期承载农民农村的社会保障功能，但是随着户籍制度、社保制度等基本社会制度改革的不断深入，承包权的农地经济重要性下降，承包权对于农民的保障性功能将逐渐弱于财产性功能，农地的利用方式和权利属性将会发生根本性改变。

农村土地承包经营权"三权分置"中"承包权""经营权"都是过渡阶段的制度改革的政策性产物，随着农地流转制度的不断完善、流转市场的成熟及相关配套机制的健全，以及农村集体经济成员对土地保障功能依赖性的降低，承包权的身份性越来越淡化，逐渐退出历史舞台，城乡土地权利结构趋于统一，农村土地承包权和经营权退出历史舞台，农村土地权利分为集体土地所有权和集体土地使用权两个层面。农村土地经营权的法律属性应分两个不同阶段进行定性。目前属于过渡阶段，其性质兼具债权和物权双重属性，受合同法和债权相关法律法规调整。在当前过渡性阶段，农村土地承包经营权分离成承包权和经营权不是新的权利形式的创设，也并没有派生出新的土地权能，只是一种当前土地制度框架下，发展经济的政策安排，一种调整土地关系的手段，经营权为债权性质法律，具备债权的权利特征，受债权法调整。

农村集体组织成员权主要是从身份资格角度界定集体经济组织内部成员对土地所享有的权责，是一组具有身份属性的权利束。在当前的法律语境下，农村集体经济组织成员权具有以下几点属性：一是具有身份性属性。农村集体组织成员权具有很强的身份性属性，身份权是其获得和使用的前提条件。只有成为集体经济组织内部的成员才有权利享有集体经济组织的财产权利、土地权利、收益分配权，以及参与集体经济组织重大决策权和政治权利等，属于请求权。土地承包经营权虽然也是身份性权利，但是权利主体享有的是对土地的财产性权利，是用益物权，兼具物权属性和债权两种权利属性。二是集体经济成员权的主体是村集体经济组织范围内的农户和农民，主体较为单一。而农村土地承包经营权的主体可以是集体经济组织内部的成员，也可以是集体经济组织外部成员，可以是个人，也可以是法人。三是村集体成员权取得和丧失是基于法律"事实"的"确认"，主要是以生死、血缘、婚姻、迁徙等法律事实而存在或者灭失。由于成员权资格界定没有统一标准和完善的法律制度体系规范，在土地承包经营权流转过程中，对于权利的确定和土地权益的分配造成了现实障碍。

农村土地承包经营权流转合同专业性较强，涉及物权变动、缔约、债权、合同履行、合同违约、土地权利侵权等法律问题，也是土地承包经营权流转矛盾纠纷焦点。在农地承包经营权流转合同纠纷中，常见的问题有以下几种：（1）发包方未依合同约定交付承包标的物。（2）将农地用途性质擅自改变，用于非农建设。（3）超过了农村土地承包经营剩余承包期限。（4）未经发包方允许，转让土地。（5）农村土地承包经营权流转合同签订不规范，或者未签订书面合同。（6）农村土地承包经营权流转后未及时进行权属的变更和登记，依法取得土地承包经营权证。（7）征地补偿引起的流转合同纠纷。包括征地补偿金额纠纷、征地补偿分配纠纷等。农村土地承包经营权流转合同纠纷产生的主要原因有农村土地承包经营权流转法律体系不完善，缺乏协调性；农村土地承包经营权流转规则不清晰，配套机制不完善；农村土地承包经营权流转合同不规范等。

完善农地流转制度，首先要从法律上定位政府、村集体、市场各自在流转中的职能和作用。明确农村土地承包经营权流转主体的范围，明确新型土地经营主体的法律地位。明确农村集体经济组织土地所有权主体地位。明确农村土地承包经营权流转关系中政府是一个服务者、调控者、中介者的角色。明确村集体成员确认标准，统一界定和明确农村集体经济组织成员权资格认定的条件、确认程序及侵权救济方式。明确"三权分置"各项权利的权能边界。确认农地承包权财产权属性，法定化农地承包经营权，明确土地经营权债权属性。

农地承包经营权流转制度改革创新不应该是封闭的，农民也不应该是被固定在土地上的，而只是一项职业，一个从业的选择，应允许农民和农村土地要素顺利地进入市场，土地权利随着农村人口的流动，实现权益动态管理。在法律允许的范围内，建立农村集体成员进入、退出机制，将成员资格的放弃与土地权利的有偿退出、土地权利的获取与流转相结合，为农村经济发展注入动能。要从根本上进行制度突破，解决农村土地承包经营权流转及退出问题，关键在于将集体经济组织成员资格权、社会保障享有权、户口彻底脱钩，以及建立城乡无差别待遇的公共服务保障体系。需要进行差别化的制度设计，将土地权利转让退出制度机制细分，循序渐进推进改革。把农民转让退出农村权益与城镇融入的内在逻辑联系起来，在此基础上进行农民自愿有偿退出权益制度机制的构建路径。

针对当前理论和实践中存在的农村土地承包经营权流转问题，需要从以下几方面完善农村土地流转方式和具体实现规则。

一是明确"其他方式"流转规则，明确在流转条件、程序、法律后果等方面做出详细规定。二是适当扩大农地承包经营权流转范围。取消对流转范围人为限制，扩大流转范围，加强流转过程中的程序规制。三是健全农村土地承包经营权流转方式。明确规定以物权流转和以债权流转两种模式下，不同的农村土地承包经营权流转的规则和实现方式。建立健全农地流转监督调节机制，政府应按照土地配置的宏观社会效益对土地流转方式、内容、条件进行监督和调控。四是完善农村土地承包经营权流转合同制度，确立村规民约合同备案和审查制度。五是完善农村土地承包经营权确权登记制度，完善农地确权登记配套法律规则；完善农村土地承包经营权流转抵押制度，清晰界定"农村土地承包经营权抵押"概念，理解和区别法律语境下的土地流转抵押所指向的内容。六是规范农村集体土地征收征用和补偿制度，确立农地流转

"公共利益"界定规则，明确农村土地征收的法律适用标准，适当合理地提高农地征地补偿标准。七是完善健全农村土地承包权流转救济制度。探索多元有效衔接的纠纷解决机制。充分发挥基层人民调解组织和基层政府部门的调解作用，依靠基层调解组织，从源头上化解矛盾。建立诉讼调解与人民调解、政府调解的衔接机制。充分发挥社会组织对纠纷化解作用。建立党委领导、政府主导，司法机关、土地主管部门、农业主管部门、信访局等机构共同化解纠纷的工作机制，发挥村规民约非正式规范的微观作用。

参考文献

（按照文中出现的先后顺序）

罗骧：《城市进化中的土地管理》，湘潭大学出版社 2014 年版。

张成玉：《农村土地承包经营权流转的相关概念研究》，《甘肃农业》2013 年第 14 期。

张红宇：《中国农村的土地制度变迁》，中国农业出版社 2002 年版。

陈小君等：《农村土地法律制度研究——田野调查解读》，中国政法大学出版社 2004 年版。

蒋月等：《农村土地承包法实施研究》，法律出版社 2006 年版。

胡吕银：《土地承包经营权的物权法分析》，复旦大学出版社 2004 年版。

左平良：《土地承包经营权流转法律问题研究》，中南大学出版社 2007 年版。

王利明：《物权法研究》，中国人民大学出版社 2002 年版。

王利明：《中国物权法草案建议稿及说明》，中国法制出版社 2001 年版。

史尚宽：《民法总论》，中国政法大学出版社 2003 年版。

谢怀栻：《论民事权利体系》，《法学研究》1996 年第 2 期。

鲍卫翔：《对当前市场监管体制机制运行的若干思考——以温州市市场监管系统为例》，《中国市场监管研究》2016 年第 2 期。

王利明：《民法学》（第 4 版），中国人民大学出版社 2008 年版。

王利明：《农村土地承包经营权的若干问题探讨》，《中国人民大学学报》2001 年第 6 期。

侯德斌：《农民集体成员权利研究》，博士学位论义，吉林大学，2011 年。

胡长清：《中国民法总论》，中国政法大学出版社 2003 年版。

徐勇：《再识"农户"与社会化小农的建构》，《华中师范大学学报》（人文社会科学版）2006 年第 3 期。

王利明、尹飞：《物权法·用益物权》，中国法制出版社 2005 年版。

彭万林：《民法学》（修订本），中国政法大学出版社 1999 年版。

李红娟：《农村土地产权制度改革：从身份到契约的嬗变》，中国政法大学出版社 2017 年版。

［德］马克思：《资本论》（第 1 卷），载《马克思恩格斯全集》第 23 卷，人民出版社 1972 年版。

周林彬：《论我国国家所有权立法及其模式选择——一种法和经济学分析思路》，《政法论坛》2002 年第 3 期。

翟研宁：《农村土地承包经营权流转机制研究》，中国农业科学技术出版社 2014 年版。

孙宪忠：《交易中的物权归属确定》，《法学研究》2005 年第 2 期。

薛平智、张月华：《论土地经营权物权化》，《陕西教育学院学报》2006 年第 1 期。

梁慧星：《中国物权法草案建议稿》，社会科学文献出版社 2000 年版。

钱明星：《我国物权法的调整范围、内容特点及物权体系》，《中外法学》1997 年第 2 期。

张红宵主编：《农村土地承包经营权流转制度的政策与法律研究》，中国林业出版社 2010 年版。

中国社会科学院法学研究所物权法研究课题组：《制定中国物权法的基本思路》，《法学研究》1995 年第 3 期。

陈甦：《土地承包经营权物权化与农地使用权制度的确立》，《中国法学》1995 年第 3 期。

屈茂辉：《农村土地承包经营权债权性质驳议》，《法制与经济》1998 年第 1 期。

唐文金：《农户土地流转意愿与行为研究》，博士学位论文，西南财经大学，2008 年。

李嵩誉、陈伟昌、曾学刚、刘欣然：《农村土地流转制度法律问题研究》，吉林大学出版社 2010 年版。

丁秋菊：《我国农村土地承包经营权流转中的问题及对策》，《资源与产业》2006 年第 3 期。

顾钰民：《建国 60 年农村土地制度四次变革的产权分析》，《当代世界与社会主义》2009 年第 4 期。

周其仁：《"土地转包"打开的第一个口子》，《经济观察报》2013 年 4 月 1 日。

刘新平等：《新疆新农村建设土地流转模式研究》，中国大地出版社 2009 年版。

王立争：《农户主体地位的法政策学辨思》，《中南大学学报》（社会科学版）2015 年第 2 期。

李在磊：《"农地入市"五年改革："沉睡的土地资本"被唤醒》，《南方周末》2018 年 3 月 8 日。

《杜万华大法官民事商事审判实务》，人民法院出版社 2016 年版。

李国强：《所有权的私法逻辑》，社会科学文献出版社 2013 年版。

张莉萍：《政府主导型农村土地流转模式界定标准探索》，《农业经济》2017 年第 7 期。

李春艳：《土地股份合作：开拓农业经营新方式》，《农村经营管理》2016 年第 5 期。

丁关良：《土地承包经营权基本问题研究》，浙江大学出版社 2007 年版。

廉高波、袁震：《论农村土地承包经营权的转包》，《西北大学学报》2010 年第 9 期。

薛永霞：《农村土地承包权转包纠纷若干司法实务问题研究》，硕士学位论文，内蒙古大学，2015 年。

翁士洪：《农村土地流转政策的执行偏差——对小岗村的实证分析》，《公共管理学报》2012 年第 1 期。

诸培新、张建、张志林：《农地流转对农户收入影响研究——对政府主导与农户主导型农地流转的比较分析》，《中国土地科学》2015 年第 11 期。

韩宁：《中华人民共和国成立以来农村土地经营政策演进研究》，《重庆理工大学学报》（社会科学版）2020 年第 3 期。

彭博：《浅谈法学视角中的农村土地三权分离改革》，《现代经济信息》2017 年第 14 期。

于传岗：《基于国家治理视角下农户主导型土地流转性质分析》，《农业经济》2012 年第 10 期。

朱圆：《论信托的性质与我国信托法的属性定位》，《中外法学》2015 年第 5 期。

王春超：《农村土地流转、劳动力资源配置与农民收入增长：基于中国 17 省份农户调查的实证研究》，《农业技术经济》2011 年第 1 期。

胡康生等：《中华人民共和国物权法释义》，法律出版社 2007 年版。

刘征峰：《农地"三权分置"改革的私法逻辑》，《西北农林科技大学学报》（社会科学版）2015 年第 5 期。

张毅、张红、毕宝德：《农地的"三权分置"及改革问题：政策轨迹、文本分析与产权重构》，《中国软科学》2016 年第 3 期。

王新国、陈晓峰：《从顺城村的实践看"三权分离"》，《湖北社会科学》1990 年第 10 期。

冯玉华、张文方：《论农村土地的"三权分离"》，《经济纵横》1992 年第 9 期。

陈绍坤：《正确引导土地使用权的转让》，《理论月刊》1991 年第 9 期。

谭葳：《农地三权分离改革的法学反思》，《中国高新区》2018 年第 2 期。

张力、郑志峰：《推进农村土地承包权与经营权再分离的法制构造研究》，《农业经济问题》2015 年第 1 期。

李升发、李秀彬等：《中国山区耕地撂荒程度及空间分布——基于全国山区抽样调查结果》，《资源科学》2017 年第 10 期。

张燕纯、韩书成、李丹、熊建华:《农村土地"三权分置"的新制度经济学分析》,《中国农业资源与区划》2018 年第 1 期。

陈燕芽:《新型城镇化建设与农民土地权益保护之关系辨析——基于"三块地"改革的视角》,《广西大学学报》(哲学社会科学版) 2017 年第 6 期。

丁关良:《土地承包经营权流转方式之内涵界定》,《中州学刊》2008 年第 5 期。

叶兴庆:《集体所有制下农用地的产权重构》,《毛泽东邓小平理论研究》2015 年第 2 期。

陈锡文:《关于解决"三农"问题的几点考虑——学习〈中共中央关于全面深化改革若干重大问题的决定〉》,《中共党史研究》2014 年第 1 期。

管洪彦、孔祥智:《"三权分置"中的承包权边界与立法表达》,《改革》2017 年第 12 期。

申惠文:《法学视角中的农村土地三权分离改革》,《中国土地科学》2015 年第 3 期。

孙宪忠:《推进农地三权分置经营模式的立法研究》,《中国社会科学》2016 年第 7 期。

刘守英、高圣平、王瑞民:《中国农地三权分置下的土地权利体系重构》,《北京大学学报》(哲学社会科学版) 2017 年第 5 期。

潘俊:《新型农地产权权能构造:基于农村土地所有权、承包权和经营权的权利体系》,《求实》2015 年第 3 期。

卫江波:《行政法理论基础之重构》,《山西省政法管理干部学院学报》2018 年第 1 期。

王卫国:《城乡一体化与农地流转制度改革》,《国家行政学院学报》2015 年第 3 期。

韩长赋:《土地"三权分置"是中国农村改革的又一次重大创新》,《光明日报》2016 年 1 月 26 日第 1 版。

谢经荣、吕萍:《房地产经济学》(第 3 版),中国人民大学出版社2013 年版。

张术环：《我国农村土地承包经营权权能残缺及解决途径》，《农村经济》2005 年第 4 期。

Morton J. Hurwitz, *The Transformation of American Law 1870—1960: The Crisis of Legal Orthodoxy*, NewYork, 1992.

Karl N. Llewellyn, *Cases and Materials on the Law of Sales*, Chieago,1930.

王涌：《寻找法律概念的"最小公分母"——霍菲尔德法律概念分析思想研究》，《比较法研究》1998 年第 2 期。

〔美〕肯尼斯·万德威尔德：《十九世纪的新财产：现代财产概念的发展》，王战强译，《经济社会体制比较》1995 年第 1 期。

蔡立东、姜楠：《承包权与经营权分置的法构造》，《法学研究》2015 年第 3 期。

刘凯湘编著：《经营权》，法律出版社 1987 年版。

〔德〕曼弗雷德·沃尔夫：《物权法》，吴越、李大雪译，法律出版社 2002 年版。

〔德〕鲍尔、施蒂尔纳：《德国物权法》下册，申卫星、王洪亮译，法律出版社 2006 年版。

陈金钊等：《关于"法理分析"和"法律分析"的断想》，《河南省政法管理干部学院学报》2004 年第 1 期。

陈朝兵：《农村土地"三权分置"：功能作用、权能划分与制度构建》，《中国人口·资源与环境》2016 年第 4 期。

王利明：《民法总论》，中国人民大学出版社 2009 年版。

郑鹏、罗湖平：《浏阳市农房抵押贷款实践中的道德风险及防范研究》，《湖南农业科学》2018 年第 4 期。

蔡立东、姜楠：《承包权与经营权分置的法构造》，《法学研究》2015 年第 3 期。

丁关良、阮韦波：《农村集体土地三权分立论驳析——以土地承包经营权流转中"保留土地承包权、转移土地经营权（土地使用权）"观点为例》，《山东农业大学学报》（社会科学版）2009 年第 4 期。

陶钟太朗：《从空间权看宅基地使用权》，载杨遂全《民商法争鸣》第 7 辑，法律出版社 2003 年版。

刘守英：《中国土地制度改革的逻辑与出路》，《财经》2014 年第 14 期。

于大海：《土地承包经营权系转让还是委托代耕的认定》，《人民司法案例》2009 年第 2 期。

阮文彪：《小岗村土地集并的制度经济学分析》，《学习论坛》2007 年第 3 期。

孙宪忠：《推进我国农村土地权利制度改革若干问题的思考》，《比较法研究》2018 年第 1 期。

孙宪忠：《推进农地三权分置经营模式的立法研究》，《中国社会科学》2016 年第 7 期。

胡戎恩：《农民在土地承包经营权流转中的法律保障》，《社会科学家》2013 年第 5 期。

主力军：《我国土地流转问题研究》，上海人民出版社 2012 年版。

黄河等：《农业法视野中的土地承包经营权流转法制保障研究》，中国政法大学出版社 2007 年版。

安子明、崔利平、王静：《集体土地确权规则与实务指引》，知识产权出版社 2016 年版。

庄伟民、李秀芳、赵领军：《欠发达地区农村土地流转问题的法律思考》，《华章》2011 年第 28 期。

徐美银：《制度模糊性下农村土地产权的变革》，《华南农业大学学报》（社会科学版）2017 年第 1 期。

付薇：《审判视角下的农村土地承包经营权流转》，《审判研究》2013 年第 19 期。

高云才：《人民日报话说新农村：着力强化制度性供给》，《人民日报》2018 年 1 月 7 日第 9 版。

臧之页：《农村集体经济组织成员权的构建：基于"股东权"视角分析》，《南京农业大学学报》（社会科学版）2018 年第 3 期。

陈敦：《土地信托与农地"三权分置"改革》，《东方法学》2017 年第 1 期。

王芳:《农村产权制度改革向深水区迈进——访农业农村部农村经济体制与经营管理司司长张红宇》,《经济》2018年第1期。

叶知年:《论我国农村承包的土地经营权抵押法律问题》,《重庆工商大学学报》(社会科学版)2018年第1期。

高飞:《土地承包权与土地经营权分设的法律反思及立法回应——兼评〈农村土地承包法修正案（草案）〉》,《法商研究》2018年第3期。

高升、邓峰:《农村土地产权"三权分置"政策解析》,《技术经济与管理研究》2020年第1期。